EBERHARD STRAUB

DER
WIENER
KONGRESS

Das große Fest und
die Neuordnung Europas

Klett-Cotta

Klett-Cotta

www.klett-cotta.de

© 2014 by J. G. Cotta'sche Buchhandlung

Nachfolger GmbH, gegr. 1659, Stuttgart

Alle Rechte vorbehalten

Printed in Germany

Umschlag: »Redoute paré während des Wiener Kongresses«,

Johann Nepomuk Hoechle (ÖNB / Wien, Pk 270,8)

Gesetzt in den Tropen Studios, Leipzig

Gedruckt und gebunden von

Friedrich Pustet GmbH & Co. KG, Regensburg

ISBN 978-3-608-94847-9

Bibliografische Information der Deutschen Nationalbibliothek

Die Deutsche Nationalbibliothek verzeichnet diese Publikation in der

Deutschen Nationalbibliografie; detaillierte bibliografische

Daten sind im Internet über <http://dnb.d-nb.de> abrufbar.

In Freundschaft für
Oleg Nikitinski
den Römer aus Moskau

Bisogna vivere questa nostra vita
come se fosse vita vissuta nel mondo di ieri.
Carolus Cergoly

Inhalt

EINFÜHRUNG

Schöpferische Restauration aus dem Geist des alten Europa

Während der Julikrise 1914 endeten hundert Jahre Frieden in Europa, deren Grundlage auf dem Wiener Kongress 1814/15 gelegt worden war. Damals wurde das Konzert der fünf Großmächte – Russland, Preußen, Österreich, Frankreich und Großbritannien –, das europäische Staatensystem, wie es seit den Friedensschlüssen von Utrecht (1713) und Rastatt (1714) bestand, abermals erneuert, nachdem die Französische Revolution und Napoleon Bonaparte es zerstört hatten. Der Ursprung dieses Staatensystems reicht noch weiter zurück, bis zum Westfälischen Frieden von Münster und Osnabrück 1648, an dem allerdings Russland noch nicht beteiligt war. Dem Wiener Friedenswerk gelang eine schöpferische Restauration, eine neue Ordnung Europas aus dem Geist der alten, vorrevolutionären Welt. Diese Ordnung löste sich im Großen Krieg oder im Ersten Weltkrieg, wie er in Deutschland genannt wird, auf. Europa geriet in seine größte Krise seit der Französischen Revolution. Außerdem konnten die europäischen Staaten 1919 zum ersten Mal in ihrer Geschichte nicht allein über ihre und die Zukunft Europas bestimmen. Unfähig, einen Frieden ohne Sieger und Besiegte zu finden, hatten die ratlosen Europäer die USA um Vermittlung und Hilfe gebeten. Sie zweifelten endgültig an ihrer herkömmlichen, in der Vergangenheit so oft bewährten Staatsvernunft, der sie allerdings schon im Jahrzehnt vor 1914 nicht mehr recht vertrauten hatten.

Das war 1814 noch ganz anders gewesen. Nichts fürchteten die in Wien versammelten Monarchen und Diplomaten so sehr wie die breiten, schwammigen Begriffe – Gerechtigkeit, Freiheit, Menschlichkeit, Selbstbestimmung und Menschenrechte –, in deren Namen französische Revolutionäre ein knappes Vierteljahrhundert zuvor den vollständigen Umsturz in Europa begonnen hatten, den Napoleon vollendete, indem er die Revolution erfolgreich erstickte. Das verschaffte ihm das Ansehen, trotz seiner imperialen Politik, die Europa vollständig veränderte, ein Mann der Ordnung zu sein, der zur Vernunft gebracht werden könne. Das Konzert der Mächte hatte Napoleon beiseite geschoben, aber Österreich gab es trotz vieler Demütigungen noch, Russland konnte er sich ebenso wenig zum Freund machen wie England die Seeherrschaft entreißen. Nach dem Einfall in Russland und der Vernichtung seiner »Großen Armee« 1812 war es zuerst der russische Kaiser Alexander I., der die Preußen zum Aufstand gegen Napoleon überredete. In Übereinstimmung mit ihm und Friedrich Wilhelm III. organisierte der österreichische Außenminister Klemens Wenzel Lothar von Metternich ohne Überstürzung einen Bund der Staaten und Monarchen, um Napoleons Kaiserreich auf die vernünftigen Grenzen eines französischen Königreichs zurückzustutzen und zu einer neuen Balance der Mächte zurückzufinden. Ohne ein starkes Frankreich konnte Europa, das von einem zu starken Frankreich vollständig durcheinander gebracht worden war, nicht wieder ins Gleichgewicht kommen.

Die Koalition aus den drei Kontinentalmächten Russland, Österreich und Preußen sowie Großbritannien, die sich 1813/14 erst formlos und dann verbindlich bildete, führte keinen Krieg gegen einen »Schurkenstaat«, wie man heute sagt, auch nicht gegen einen Verächter des Völkerrechts, der bestraft werden musste, wenn gar keine weiteren Sanktionen halfen. Vielmehr kämpfte sie gegen den legitimen Kaiser der Franzosen, den Störer der Ruhe Europas, hegte während der Feldzüge aber stets die Hoffnung, sich dennoch mit Napoleon über eine europäische Friedensordnung verständigen zu können, in der auch für ihn Platz wäre. Vor allem der angebliche Reaktionär Metternich, der Napoleon gründlich kannte und ihn mit viel Sympathie zu verstehen suchte, versprach sich von der Zusammenarbeit mit ihm sehr viel und von der Restauration der bourbonischen Könige in einem wünschenswerten neuen Europa sehr wenig. Doch Napoleon, der Sohn des Glücks, wurde zum Kummer Metternichs, aber auch des russischen Kaisers, nicht vernünftig. Dennoch behandelten die Sieger nach der Niederlage Napoleons Frankreich insgesamt glimpflich. Sie dachten nicht an die Vergangenheit mit ihren Schrecknissen, sondern an die Gegenwart und Zukunft. Ein nicht versöhntes Frankreich würde Europa nicht zur Ruhe kommen lassen und die Revision eines Vertrages planen, der seine Ehre und Würde als Großmacht empfindlich verletzte.

Deshalb musste Frankreich geschont werden und Gelegenheit erhalten, als gleichberechtigtes Mitglied im europäischen Konzert eine unentbehrliche Rolle zu spielen. Zaghafte Versuche englischer und preußischer Offiziere, französische Kriegsschuld und Kriegsverbrechen zur Sprache zu bringen, wurden von den andern Mächten abgewiesen, denn souveräne Staaten waren nach europäischen Rechtsvorstellungen niemandem verantwortlich und konnten keine Verbrechen begehen. Außerdem hatten sämtliche Souveräne während der Koalitionskriege in Napoleon den souveränen Herrscher und Repräsentanten seines Staates gesehen und im Umgang mit ihm weiterhin die formale Höflichkeit gewahrt, die er allerdings nicht immer gründlich beachtete. Im Übrigen waren die meisten Herrscher vorübergehend oder längere Zeit seine Verbündeten gewesen, einige gezwungenermaßen, andere freiwillig, und manche verdankten ihm ihre Kronen und Königreiche. Der Kaiser der Franzosen war, trotz allem, in einer Zeit wachsender Unübersichtlichkeit einer der ihren – kein Nero oder Domitian und nur zuweilen unbeherrscht oder schlecht beraten.

Die Geduld oder besser die Vernunft der Sieger wirkt heute nahezu fahrlässig, ungemein zynisch und vollkommen unmoralisch. Schließlich hatten Franzosen von Gibraltar bis Moskau aus der Geschichte eine Geografie in Bewegung gemacht und ganz Europa in Unordnung gebracht. Grenzen und Staaten wurden dauernd verschoben, die französischen Truppen plünderten oder erpressten übertriebene Kriegstribute, Handel und Wandel lagen darnieder, seit dem Dreißigjährigen Krieg hatte es nicht so viele Tote gegeben, vor allem unter der Zivilbevölkerung. Es war kein besonderes Glück, von den Franzosen befreit zu werden, um unter drastischer französischer Fürsorge überhaupt erst Mensch zu werden. Die Kriege ab Frühjahr 1792 wurden von den französischen Revolutionären als totale Kriege geführt, die ersten ihrer Art in der europäischen Geschichte. Die Revolutionäre kämpften nicht gegen einen gleichberechtigten Ehrenmann in einem Ehrenhändel, wie im Duell, zu dem der Krieg seit 1648 in den Kabinettskriegen des 18. Jahrhunderts geworden war. Vielmehr sahen sie in ihrem Feind einen absoluten Feind, der die Freiheit, die Menschlichkeit, die Menschenrechte bedrohte, und stilisierten ihre militarisierte Republik zur humanistischen Wertegemeinschaft, unersetzlich im Krieg gegen den Terror von Fundamentalisten aller Art. Wer Frankreich daran hindern wollte, seine Werte anderen aufzuzwingen, machte sich antifranzösischer Umtriebe verdächtig und bedurfte dringend korrigierender Maßnahmen.

Gegen den absoluten Feind ist alles erlaubt, er vertritt eine böse Macht, er ist ein Ungerechter, der sich gegen den Guten und Gerechten empört und Strafe verdient. Bislang unbekannte Aufgaben wurden mit dem Krieg als Strafaktion verknüpft: vernichten, ausrotten, auslöschen, eliminieren. Die Besiegten folgten zumindest zeitweilig diesem neuen Vorbild im spanischen Guerillakrieg ab 1808 gegen die französische Besatzungsmacht, beim Aufstand der Tiroler 1809 oder im russischen Freiheitskrieg von 1812. Da taten sich tatsächlich Abgründe auf, und die elementarsten Ungeister wurden losgelassen, die Vergils Juno gegen Aeneas und die verhasste Brut der Phryger entfesseln wollte. Wenn nämlich die eigene Macht nicht hinreicht für die gerechte Sache, scheut die rachsüchtige Göttin sich nicht, die Hölle in Aufruhr zu versetzen. Ihr *Acheronta movebo* aus der *Aeneis* (VII, 312) wurde seitdem zum schrecklichen geflügelten Wort. Alteuropäische Errungenschaften gerieten in Vergessenheit: den Gegner wie einen Gleichen zu behandeln; in der Tradition des Westfälischen Friedens die Frage nach der Gerechtigkeit nicht weiter zu berühren; sowie streng zu unterscheiden zwischen Kombattanten und Zivilisten. Eine ungemeine Rechtsunsicherheit machte sich breit, mit der wachsenden Moralisierung, die eigene Sache für die gute und gerechte auszugeben, ging die Dämonisierung der Absichten des Feindes einher.

Die Europäer waren schockiert. Als aufgeklärte Huma-

13

nisten entsetzte sie das Undenkbare, der Kulturbruch, wie es heute heißt. Sie machten die fürchterliche Erfahrung, dass zivilisierte Völker nicht weiter von der Barbarei entfernt sind als das glänzendste Eisen vom Rost, wie der Schriftsteller und Satiriker Antoine de Rivarol schon zu Beginn der Revolution angemerkt hatte. Diese Erfahrung machte die Monarchen und Sieger über Napoleon so klug, sich nicht von Hass oder Vergeltung leiten zu lassen. Auf dem Wiener Kongress enthielten sie sich jedes moralischen Urteils. Nach 23 Jahren Krieg, den bislang widerwärtigsten in der gesamten europäischen Geschichte, griffen sie zurück auf das alte Kriegs- und Völkerrecht, das *ius publicum europaeum,* das »europäische öffentliche Recht«, das von der Revolution und Napoleon für ungültig erklärt worden war. Diese Restauration reduzierte den absoluten Krieg wieder auf das Duell moralisch und rechtlich Gleicher und Gleichberechtigter. Der Krieg wurde wieder zum letzten Mittel der Politik, ganz gleich, ob es sich um einen Angriffs- oder Verteidigungskrieg handelte. Denn Angriff kann die beste Verteidigung sein, wie es sprichwörtlich heißt. In diesen Kriegen gibt es weder eine Kriegsschuldfrage noch Kriegsverbrecher. Deshalb erübrigt es sich, ja ist ausdrücklich untersagt, nach dem Krieg über das zu reden, was im Kriege geschah, um das Zusammenleben in einer neuen gemeinsamen Ordnung nicht unnötig zu erschweren. Der Wiener Kongress hielt mit seiner Berufung auf die alten Vorstellungen noch einmal Entwicklungen auf, die sich in den Revolutionskriegen zum ersten Mal auf furchtbare Weise bemerkbar gemacht hatten und seit dem Großen Krieg von 1914–18 nicht mehr zu bändigen waren.

Das war eine heilsame Restauration und sittliche Leistung, die den Siegern des Jahres 1814 eine Friedensfähigkeit und Friedensbereitschaft ermöglichte, die den Revolutionären und Napoleon gefehlt hatte.

Die Revolution und Napoleon hatten Europa ins Chaos gestürzt. Die aufgeklärten Staatsmänner des Wiener Kongresses, alle vor 1789 gebildet, erwiesen sich nicht als Reaktionäre, sondern als Realisten. Sie wehrten sich mit der moralisch indifferenten Staatsvernunft gegen revolutionäre Tendenzen, die Politik radikaler Bewegungen zu moralischen Erweckungsgemeinschaften zu überhöhen. Sie wollten Europa endlich wieder zum Gleichgewicht in einer neuen Ordnung verhelfen, gehütet vom Konzert der fünf Großmächte, deren Herrschaftsraum von Gibraltar im Westen bis zum Ural im Osten reichte. Sie versuchten den Zivilisations- und Kulturbruch zu heilen, indem sie keinerlei Rücksicht auf nationale Gefühle, von Moral befeuerte Leidenschaften und zivilreligiöse Stimmungen nahmen. Diese Gleichgültigkeit ermöglichte es den Diplomaten und ihren Monarchen, ein erstes System kollektiver Sicherheit einzurichten, in dem die fünf Großmächte dafür sorgten, dass auf Kongressen und Konferenzen Kriege mit allen möglichen friedlichen Mitteln verhindert oder zumindest lokalisiert wurden. Dieses Konzert der Mächte war manchmal gestört und uneins, aber es fand sich immer wieder zusammen. Es war in der Lage, Verstimmungen zu beseitigen und allen Europäern, gerade den kleinen Staaten, die Gewissheit zu vermitteln, in dieser Gemeinschaft europäischer Staaten nicht übervorteilt zu werden.

Der Nationalismus und das Selbstbestimmungsrecht der Völker galten den Staatsmännern der Wiener Friedensordnung nach den trostlosen Erfahrungen mit der einen und unteilbaren französischen Nation als verwerflich. Diese Erfahrungen hatten Rivarols Prognose drastisch bestätigt, wonach auch gebildete Völker grausam wie Nero, aber nie weise wie Marc Aurel handelten. Die Wiener Ordnung war flexibel, sie wurde später durch die nationale Einigung Italiens (1861) und Deutschlands (1871) nicht grundsätzlich in Frage gestellt. Denn das Deutsche Reich, Österreich-Ungarn und Italien schlossen sich bald danach zum Dreibund (1882) zusammen und bekräftigten damit abermals die Erwartungen der Friedensstifter von 1814/15, dass Europa eine große, beruhigte Mitte von Kiel bis Palermo brauche, um nicht seine Balance zu verlieren. Diese europäische Ordnung funktionierte bis in die frühen Jahre des 20. Jahrhunderts leidlich. Daher rührte auch die leichtfertige Zuversicht, die Julikrise 1914 meistern zu können. Doch mittlerweile hatte sich das Staatensystem, in dem jeder für jeden koalitionsfähig war, zu einem System zweier Blöcke verändert, die sich um England und das Deutsche Reich gruppierten und sich seit 1907 (Ende der britisch-russischen Rivalität im Abkommen über Persien) ziemlich erstarrt in ihren Bündniszwängen gegenüberstanden.

Der Erste Weltkrieg, dessen Ausbruch die Europäer insgesamt überraschte und erbitterte, wurde zu einem heftig ideologisierten Kampf der Kulturen und politischen Systeme. Die Feinde sprachen sich wechselseitig die Zugehörigkeit zur gleichen europäischen Gemeinschaft ab. In ihren gereizten Polemiken verloren die Begriffe Europa, Europäer und europäisch jeden allgemeinverbindlichen Sinn. Die Europäer bekämpften einander als totale Feinde in einem totalen Krieg, der es ihnen unmöglich machte, zu einem Frieden aufgrund vernünftiger Kompromisse zu finden. Auf der Friedenskonferenz in Paris 1919–20 wurden die Verursacher des Krieges – das Deutsche Reich und seine Verbündeten – rechtlich verantwortlich gemacht für dessen umfassende Folgen. Kaiser Wilhelm II. war als Kriegsverbrecher moralisch disqualifiziert und mit ihm das Volk und der Staat, den er repräsentierte, wobei eher Preußen als das Reich gemeint war.

Die Alliierten setzten die Ideologisierung ihres Krieges in der Moralisierung ihres Sieges fort. Sie handelten bewusst ganz anders als die klassischen Diplomaten im Wien des beginnenden 19. Jahrhunderts, allerdings auch unter dem Druck einer Macht, die um 1814 noch keine Großmacht gewesen war, nämlich der öffentlichen Meinung, gegen deren Wünsche oder Befehle nicht mehr regiert werden konnte. Die Friedensverträge von Paris veranschaulichen auf beinahe dramatische Weise, dass zwar das Bedürfnis nach Frieden vorhanden war, nicht aber mehr die Fähigkeit, einen Frieden auszuhandeln. Das Konzert der Mächte ließ sich nicht mehr erneuern. Österreich-Ungarn, das übernationale Reich, existierte nicht mehr, und das andere europäische Reich der vielen Völker, das russische, kämpfte nach der Oktoberrevolution 1917 in Bürgerkriegen, in die sich längst Tschechen, Polen, Deutsche und Franzosen eingemischt hatten, um seine Existenz. Das dritte Großreich, das Osmanische, wurde gerade endgültig von Engländern und Franzosen zerschlagen. Das Selbstbestimmungsrecht der Völker sollte fortan zum ordnenden Prinzip werden für ein Europa als Völkerbund neuer Art. In diesem Sinne führte der Weltkrieg, der sich an Balkanfragen entzündet hatte, zu keinem Frieden, sondern zur Balkanisierung Europas. Keiner der Staaten, vor allem nicht die neuen, war nach der Pariser Friedenskonferenz mit seinen Grenzen zufrieden. Außerdem waren die meisten keine reinen Nationalstaaten, weil sie Minderheiten besaßen, die überhaupt nicht zu der von ihnen nicht ersehnten Nation gehören wollten. Diese neuen Auseinandersetzungen weckten wenig Zuversicht, dass es sich bei dem vorläufigen Frieden um mehr handelte als eine Abwesenheit des Krieges.

Die Revision der Pariser Verträge begann sofort; sie schien den meisten Europäern die Voraussetzung dafür zu sein, sich im Wettbewerb der Nationen Vorteile zu verschaffen zum Nachteil der Nachbarn. Das war keine beruhigende Vorstellung. Eine Idee von Europa als geistiger, historisch begründeter Gemeinschaft wurde vermisst, doch sie wiederzugewinnen gab es nur halbherzige Bemühungen. Den Vorrang hatten stets die aufgeregten und unbefriedigten Nationen, die zusammen kein in seiner Vielfalt einiges Europa darstellten, sondern, im Gegenteil, die vollständige Unordnung und Abwesenheit übergeordneter Ideen. Deshalb ist und bleibt der Erste Weltkrieg die entscheidende Katastrophe in Europa, von welcher der Kontinent sich nie mehr erholte. Seine Folgen sind bis heute nicht überwunden. Europa ist weiterhin gespalten, weil Russland nicht dazu gehört. Der Balkan hat noch immer nicht zur Ruhe gefunden, und statt der Kriege aus orientalischen Anlässen seit 1821, vom Unabhängigkeitskrieg der Griechen bis zu den Balkankriegen, gibt es nun eine Krise nach der anderen im Nahen Osten und auf der afrikanischen Seite des Mittelmeers. Vor diesem fragwürdigen Hintergrund wirkt das Friedenswerk des Wiener Kongresses um so eindrucksvoller. Es hätte beinahe so etwas wie Glück nach Europa gebracht, wäre dieses Wort nicht, wie Jacob Burckhardt bedauernd feststellte, ein entweihtes, durch gemeinen Gebrauch abgeschliffenes Wort und deshalb unbrauchbar für die Welt als Geschichte geworden.

KAPITEL 1

Die französische Revolution gegen
die Vernunft der Staaten

»Was für ein Riesenwerk war (es), diesen unter dem Namen des Westfälischen berühmten, unverletzlichen und heiligen Frieden zu schließen.« Mit diesen Worten leitete Schiller am 21. September 1792 den letzten Absatz seiner *Geschichte des Dreißigjährigen Krieges* ein. Auf dem im Oktober 1648 abgeschlossenen Friedensvertrag, einem Riesenwerk, beruhten noch immer die Verfassung des Heiligen Römischen Reiches deutscher Nation und dessen Stellung in Europa. Zugleich konstituierte sich seitdem Europa – mit den Worten Schillers in seiner Jenaer Antrittsvorlesung vom 26. Mai 1789 – als zusammenhängende Staatengesellschaft. Das Corpus Europaeum, wie die erste europäische Gemeinschaft auf Latein, der Sprache der Diplomaten, genannt wurde, hob den unvermeidlichen Wettbewerb der souveränen Staaten nicht auf. Die Bewegungsfreiheit gehörte weiterhin selbstverständlich zum souveränen Staat. Doch der Egoismus sollte – wie jede Leidenschaft – von nun an nicht übertrieben werden und nicht weiter die *Tranquillität*, die relative, immer neu zu modifizierende Ruhe und Ordnung Europas, gefährden oder grundsätzlich in Frage stellen. Unter dem Schutz dieser *Tranquillität* konnte jeder seinen Vorteil finden, vorausgesetzt, er folgte in dieser »großen Familie«, wie die Europäer ihre Gemeinschaft allmählich verstanden, den ungeschriebenen Geboten »allgemeiner Staatensympathie«, von der immer wieder die Rede war und die von den europäischen Staaten verlangte, ihre Interessen nicht rücksichtslos geltend zu machen, sondern auf die Balance, auf das stets labile Gleichgewicht der Kräfte zu achten. Die Tugend stoisch-philosophischer und christlicher Weltvernunft, Maß zu halten, wurde auch zu einer politischen und damit zum Ausdruck der *raison d'État,* der Staatsräson.

Der Menschenfreund, Europäer und Historiker Schiller sah das europäische Staatensystem, »dieses mühsame, teure und dauernde Werk der Staatskunst«, noch nicht in Gefahr, obschon mittlerweile österreichische und preußische Truppen in Frankreich einmarschiert waren, dessen Regierung Österreich und Preußen am 20. April bzw. 8. Juli 1792 den Krieg erklärt hatte. Goethe begleitete seinen Herzog Karl August von Sachsen-Weimar-Eisenach auf einem kurzen, unentschlossenen Feldzug, der nach der Kanonade bei Valmy am 20. September 1792, einem insgesamt wenig auffälligen Ereignis, überstürzt abgebrochen wurde. Während Schiller letzte Bemerkungen über den großen Krieg am Schreibtisch verfasste, befand sich Goethe, gleichfalls ein Humanist und Weltbürger, inmitten unübersichtlicher Ereignisse, die von der Propaganda des revolutionären Frankreich allerdings sogleich überhöht wurden. Die Kanonade bei Valmy und der Rückzug der deutschen Truppen kamen während des immer heftiger werdenden Bürgerkriegs in Frankreich der Revolutionsregierung ungemein gelegen, um für die Republik zu werben, die am 21. September 1792 ausgerufen worden war. Für die militarisierten Republikaner begann damit eine neue Epoche im Kampf gegen die Despoten und Tyrannen im übrigen Europa, die Feinde der Freiheit und der einzig freien Nation. Zum äußeren Zeichen einer neuen Ordnung der Dinge schaffte das revolutionäre Frankreich am 22. September 1792 den alten Kalender ab. Es begann das Jahr 1 der neuen, revolutionären Zeitrechnung. Jeder konnte sich gratulieren, dabei gewesen zu sein, ob in Paris oder Valmy.

***

Für Napoleon begann mit Valmy der unwiderstehliche Siegeszug der französischen Truppen. Er erhob Valmy zum unvergesslichen Gedächtnisort, an dem ein junges Frankreich das alte Europa zum ersten Mal erfolgreich herausgefordert hatte. Dem General Franz Christoph Kellermann, einem adligen Elsässer sächsischer Herkunft, der kaum Gelegenheit gefunden hatte, sich bei diesem fortan unvergesslichen Ereignis auszuzeichnen, verlieh Napoleon als Kaiser den pompösen Titel »Herzog von Valmy«. Den später wieder eingesetzten Bourbonen, die sehr sorgsam mit den neuen nationalen Mythen umgehen mussten, dienten Kellermann und sein Sohn – der zweite Herzog dieses Namens – als nationale Helden. Die feierliche und programmatische Standeserhöhung machte eine historische Bagatelle endgültig zum dauernden Besitz der Grande Nation. Dass die Taten ihrer großen Armee in jenen Tagen des Ruhms Europa allmählich aus dem Gleichgewicht brachten, ahnte 1792 noch niemand. In den folgenden 23 Jahren kam Europa nicht mehr zur Ruhe. Erst der Sieg über Napoleon am 18. Juni 1815 in der Schlacht bei Belle-Alliance – für die Engländer Waterloo – wenige Kilometer südlich von Brüssel beendete die längste Kriegsphase in der europäischen Geschichte nach dem Dreißigjährigen Krieg. Diese neuerliche fast ununterbrochene Folge von Kriegen war noch fürchterlicher als jene zwischen 1618 und 1648, weil sie erstmals den gesamten

Kontinent von Gibraltar bis zum Ural erfasste und das alte europäische Staatensystem vollständig vernichtete. Das Riesenwerk des Westfälischen Friedens wurde von Franzosen aller möglichen politischen Richtungen, die sich wie Riesen vorkamen, als kindisches Spielzeug missachtet und zerbrochen. Das war die unmittelbare Wirkung der Revolution auf die Gemeinschaft europäischer Staaten.

* * *

Diese historische Erfahrung hatte Goethe hinter sich, als er zwischen 1819 und 1822 seine Erinnerungen an die *Kampagne in Frankreich 1792* verfasste und dabei sein ironisches Spiel mit der nun abgeschlossenen Mythisierung Valmys treiben konnte. Schließlich war er ebenso dabei gewesen wie der erste Herzog von Valmy, der 1820 gestorben war. Am Abend der Kanonade will Goethe mit einigen Offizieren fröstelnd herumgestanden haben. Nach eigener Aussage erquickte und erheiterte der Minister und Beamte in bürgerlicher Kleidung in der Regel die uniformierten Gefährten mit seinen militärisch knappen Sprüchen, auf die sie immer neugierig waren. Ratlos und unmutig darüber, dass der kommandierende General, Fürst Karl Wilhelm Ferdinand von Braunschweig-Wolfenbüttel, sich auf keine Schlacht eingelassen hatte und den Feldzug ohnehin als zu riskant einschätzte, baten sie den witzigen Weimarer Hofmann um sein Urteil. Geistreich wiederholte Goethe in seinen Erinnerungen, was revolutionäre Propagandisten und Napoleon – 1792 noch begeisterter Republikaner, weil die Republik kriegerisch gesinnt war – viel früher ähnlich gesagt hatten: »Von hier und heute geht eine neue Epoche der Weltgeschichte aus, und ihr könnt sagen, ihr seid dabei ge-

wesen!« Die Republikaner und Napoleon liebten Pathos-
formeln als Werkzeuge der Macht des Schicksals, das am
Tag des Ruhms, der in der Marseillaise beschworen wird, in
die Geschichte einbricht und das Hier und Heute dem Alltag entrückt. Goethe hingegen misstraute stets der Berufung
auf die Geschichte im unübersichtlichen Durcheinander der
rasch wechselnden Zustände. Ihn stimmten die Turbulenzen
der sogenannten Geschichte stets verdrießlich.

Verworrener Quark der Geschichte

Die Tage vor und nach Valmy schildert er als Folge widriger
Begebenheiten. Es regnet ununterbrochen, alle frieren in
ihren nassen Kleidern, im aufgeweichten Boden bleiben die
Fuhrwerke stecken, stürzen die Pferde, es gibt wenig zu
essen und zu trinken, aber schreckliche Gerüche erinnern
an hygienische Trostlosigkeiten, die Krankheiten und Seu-
chen ankündigen. Was die Leute, auch ein Kaiser, als welt-
historisches Ereignis feiern, das schildert der alte Goethe
als eine schaurig-banale Farce aus Schmutz, Dreck und Ge-
stank, als nahezu lächerlichen Zustand, von dem nur der
Schlaf in rasch ausgehobenen Gräbern befreit: »Der Herzog
von Weimar selbst verschmähte nicht eine solche voreilige
Bestattung.« Goethe, der Ironiker und Historiker, Augen-
zeuge eines angeblich historischen, erhabenen Augenblicks,
vergegenwärtigt ihn, wie er wirklich war, als »verworre-
nen Quarck«, mit dem die Geschichte so oft aufwartet und
viele verwirrt. Unter solchen Eindrücken schien es ihm –
wie übrigens jedem im Hier und Heute beschränkten Menschen – besonders ratsam zu sein, sich nicht historisch zu
begreifen, sondern lieber ungewohnte Licht- und Natur-

phänomene zu beobachten, seine Aufmerksamkeit also den nächstliegenden Erscheinungen zuzuwenden. Der Mensch könne nicht teilnahmslos wie die Natur bleiben, die im revolutionären Schreckensjahr 1794 mit einem vorzüglichen Wein aufwartete, aber er solle doch zusehen, nicht außer sich zu geraten, überwältigt von den ihn bedrängenden Zufällen im Dasein. Vernunft sei überall zugegen, gerade wenn die Geschichte seit 1789 die gebildetste Nation Europas in einen dauernden Taumel versetze, der sie um jede Besinnung und um den Verstand bringe, was Goethe ziemlich irritierte.

Goethe, aus dem Reich stammend, aus Frankfurt am Main, wo die Kaiser gekrönt wurden, lebte in den Vorstellungen der Ordnung, die der Westfälische Friede ermöglicht hatte. Wie Schiller freute er sich daran, dass ein weltbürgerliches Band alle denkenden Köpfe verknüpfte und die Staaten und Nationen aufgehört hatten, sich in feindseligem Egoismus voneinander abzusondern. In solch frohgemuter Einschätzung ihrer Zeit unterschieden sich die beiden Dichter in nichts von den Königen und Staatsmännern Europas. Die Revolution in Frankreich verursachte ihnen keinen Schüttelfrost und raubte ihnen nicht den Schlaf. Kaiser Joseph II. und sein Nachfolger Leopold II., Brüder der französischen Königin Marie Antoinette, begrüßten die dringend notwendigen Reformen im heillos heruntergewirtschafteten Nachbarreich. Mit einer Revolution von oben versuchten sie die Strukturen in ihren Erblanden zu verändern. Kaiser Joseph ungestüm, Leopold als Großherzog der Toscana umsichtiger. Der spätere Kaiser, der mit Benjamin Franklin korrespondierte und die Verfassung der Vereinigten Staaten aufmerksam studiert hatte, war der Überzeugung, dass die traditionellen Monarchien sich überlebt hatten und erheblicher Verfassungsänderung bedurften, um in der Zukunft ihren wachsenden Aufgaben gerecht zu werden.

Für politische Schriftsteller, Beamte, und Offiziere in deutschen Verwaltungsstuben bot die französische Bewegung deshalb wenig Überraschendes. Höchstens die mit ihr verbundenen Tumulte bargen den Reiz des Außergewöhnlichen. Andererseits bestätigten sie nur, dass Franzosen ohnehin leichtsinnig sind und auf grelle Effekte setzen, statt, wie die Deutschen, bedächtig eins aus dem anderen zu entwickeln. Diese fühlten sich den welschen Akteuren und deren wortreichen Auftritten in einer Revolution als großem Welt- oder Schmierentheater unendlich überlegen. In Goethes Dramen-Fragment *Die Aufgeregten,* 1793 begonnen, beruft sich sein Revoluzzer Breme, ein – allerdings deutscher – Phrasendrescher, der mit chirurgischen Eingriffen ein kleines Fürstentum retten will, auf die Gesinnungen Josephs und des großen Friedrich, »welche alle wahren Demokraten als ihre Helden anbeten sollten«, Gesinnungen, die auch sein aufgeklärter Regent teile. Beide Reformer waren nie und nimmer Demokraten. Darin liegt das Missverständnis des Maulhelden Breme, der im Übrigen gar nicht gebraucht wird, wenn der Fürst schon ein wahrer Demokrat ist. Aber Goethe, jetzt als Minister und Beamter, gedachte an anderer Stelle der Bedeutung Friedrichs des Großen und Kaiser Josephs II. für die Deutschen, die wegen dieser Reformer und Staatsdiener gar nicht auf Frankreich hingewiesen werden müssten, das mit seinen »Aufgeregten« vernünftige Deutsche nur auf Abwege locke. Die Revolution hielten die Brüder und Neffen von Marie Antoinette für eine innere Angelegenheit Frankreichs, die sich des Einspruchs anderer Staaten entziehe, weil es eine Missachtung der französischen Souveränität bedeutete, sich dort einzumischen. Die Verwandtschaft spielte keine Rolle mehr. Auch die Kaiser in Wien waren längst zu Organen des Staates geworden und standen nicht mehr über ihm.

Ihre Staatsvernunft sagte ihnen freilich auch, dass ein durch Unruhen geschwächtes Frankreich für sie nur vorteilhaft sein könne, weil es für einige Zeit nicht in der Lage wäre, österreichischen oder deutschen Interessen in der europäischen Politik zu schaden. Ähnlich dachten die übrigen Höfe und Kabinette. Der britische Premierminister William Pitt der Jüngere versicherte dem Parlament im Februar 1792, dass es niemals in der Geschichte Englands eine solche Zeit gegeben habe, die es vernünftigerweise erlaube, mit wenigstens 15 Jahren allgemeinen Friedens zu rechnen. Pitt bestätigte mit dieser naiven Gewissheit nicht die übliche Ahnungslosigkeit der Briten – *of Europe but not in Europe.* Er kannte Europa schlecht, aber er sprach dennoch wie die meisten Europäer, die sich von den Ereignissen in Frankreich weder bedroht noch zum Handeln aufgerufen fühlten. Sie lebten in der besten aller Welten, in einer sehr vernünftigen. Einen Kultur- oder Zivilisationsbruch konnten sie sich gar nicht vorstellen. Es konnte immer nur weitergehen, hin zu mehr Licht, das allmählich sämtliche noch verbliebenen Dunkelheiten aufhellte. »Die Strahlen der Sonne vertreiben die Nacht, / Zernichten der Heuchler erschlichene Macht«, wie Sarastro in Mozarts *Zauberflöte* zum ersten Mal am 30. September 1791 im Wiener Freihaustheater sang, fast ein Jahr vor Valmy und den französischen Bemühungen, die Österreicher als Heuchler und Söhne der Finsternis zu vernichten.

Der preußische Feldmarschall Karl Wilhelm Ferdinand von Braunschweig-Wolfenbüttel war einem Krieg von vorneherein abgeneigt. Ihm schien es am besten, an der französischen Grenze zu verweilen und abzuwarten, wie die Franzosen sich in ihrem Bürgerkrieg selbst ruinierten und in den Staatsbankrott stürzten. Doch damit konnte er sich bei Preußens König Friedrich Wilhelm II. nicht durchsetzen, auch nicht beim neuen Kaiser Franz II., Nachfolger des 1792 nach nur zwei Herrschaftsjahren verstorbenen Leopold II. Französische Emigranten, die, wie seitdem alle Emigranten verschiedenster Systeme, ihren Einbildungen folgten, versicherten den Monarchen, dass die Franzosen sie als Befreier empfangen und ihnen sofort alle Festungen ausliefern würden. Karl Wilhelm Ferdinand beobachtete die Revolution mit Sympathie und misstraute den Emigranten und ihren Luftschlössern. Die Jakobiner hatten sogar zeitweilig erwogen, ihn als Marschall anzuwerben. Ihm schien Vorsicht geboten. Die beiden Monarchen, zu einem Krieg genötigt, der ihnen lästig war, dachten an einen der üblichen Kabinettskriege, bei denen es bald zu einer Verständigung käme. Franzosen hatten im Elsass und in Lothringen die Rechte deutscher Fürsten verletzt, Abmachungen des Westfälischen Friedens einseitig aufgekündigt, außerdem unbesonnen den Krieg erklärt. Franz wie Friedrich Wilhelm hatten Gründe, sich zu wehren, aber gar kein Grund, einen Feldzug bis zur bedingungslosen Kapitulation eines Volkes zu führen. Das erklärten sie feierlich der französischen Nation und deren Repräsentanten, zu denen bei Kriegsausbruch noch der französische König gehörte. Die Monarchen stritten für das Reichsrecht und die Gültigkeit internationaler Verträge, sie wollten keine Eroberungen machen oder in Frankreich eine Verfassung umstürzen, die Ludwig XVI. gebilligt und beschworen hatte. Sie kämpften nicht für das monarchische Prinzip und eine uneingeschränkte Macht der Krone. Ihnen ging es um die Ruhe in Europa, die auf Verträgen beruhte. Die Revolutionäre erkannten freilich Verträge wie den Westfälische Frieden, die nicht vom Volk gebilligt waren, nicht an. Damit entzogen sie dem europäischen Staatensystem, wie es bislang bestand, seine Berechtigung und stellten es grundsätzlich in Frage.

Ideologisierung und Moralisierung des Krieges

Es waren die Revolutionäre und nicht die Monarchen, die den Krieg von Anfang an ideologisierten und moralisierten, und zwar auf eine für Europa längst ungewohnte Art. Sie führten den Krieg wie einen heiligen Krieg, ähnlich den Konfessionskriegen vor 1648, wobei die innerweltlichen Heilslehren wie religiöse Erlösungs- und Befreiungslehren propagiert wurden. Der Feind ist nicht mehr gleichberechtigt wie der Gegner im Duell. Österreicher haben unreines Blut, sind Tiger ohne Mitleid, wilde Tiere, eine Horde von Sklaven, eben unmenschliche Söldner gemeiner Despoten, die sich verschworen haben, die Franzosen zu knechten und um ihre Freiheit zu bringen, wie es in der Marseillaise heißt. Ein solcher Feind ist der Böse und Ungerechte, der absolute Feind; der Krieg wird darüber zur Strafaktion, zum gerechten Krieg, in dem alles erlaubt ist, um den Bösen und Ungerechten zu vernichten. Der Feind ist ein Verbrecher, ein Krimineller, ein Sozialschädling, ein Unmensch, ein Untermensch gar, wenn er brüllend wie ein wildes Tier ins süße, menschliche Frankreich einbricht. Zum schrecklichsten Kriegsverbrechen – ein völlig neues Delikt – werden unter solchen Voraussetzungen die Verbrechen gegen die Menschlichkeit, welche erst die Revolutionäre als Straftaten entdecken. Diese kann nur der Ungerechte begehen, weil der Gerechte, der Franzose, selbst wenn er mordet, sengt und brennt, als Rächer der verletzten Menschenrechte und Menschenwürde handelt. Als solcher muss er danach streben, den und das Böse zu vernichten, auszulöschen, zu zermalmen, zu vertilgen oder auszurotten, auf dass der Gute und das Gute, die gerechte Sache triumphiere. Was Gut und Böse ist, bestimmt der Gerechte. Der Krieg des Gerechten als gerechter Krieg hat unter diesen Voraussetzungen unweigerlich eine Tendenz zum totalen Krieg. Gerade um den Krieg zu zähmen und zu rationalisieren, verzichteten die Europäer seit 1648 darauf, sich wechselseitig moralisch in Frage zu stellen. Der Krieg galt als die Ultima Ratio der Politik, wenn alle anderen Mittel erschöpft waren. Es war überhaupt nicht unehrenhaft oder gar ein verbrecherischer Akt, statt der Argumente die Waffen sprechen zu lassen.

Diese für das Zusammenleben der Völker sehr nützliche und bequeme Übereinkunft setzten die Revolutionäre außer Kraft. Könige können nur Tyrannen, ungerecht und unmenschlich sein. Denn die Einzelherrschaft ist ungerecht, weil Herrschaft von Menschen über Menschen überhaupt ungerecht ist und der freien Selbstbestimmung des guten, von Natur aus gerechten Volkes widerspricht. Die Franzosen haben das Glück, als Befreite und Erleuchtete den übrigen Menschen fast zweitausend Jahre voraus zu sein. Davon waren Danton und Robespierre überzeugt. Dieser politisch-moralische Vorsprung ist allerdings kein Privileg. Die Revolution kämpft schließlich gegen Privilegien. Er verpflichtet vielmehr dazu, die befreiende, frohe Botschaft selbstlos, wie einst die christlichen Missionare, allen Völkern mitzuteilen und unter ihnen Kräfte zu wecken, um sich ihrer Fesseln und Ketten kühn zu entledigen. Frankreich wird unter solchen Voraussetzungen zum Erlöser von allem

Übel. Unter Umständen muss es – wie Danton 1791 stolz bekannte – im Namen der Freiheit als todbringender Engel auftreten. Denn Frankreichs edelste Aufgabe besteht darin, blutrünstige Wilde und unterentwickelte Barbaren daran zu hindern, gegen die Menschlichkeit und die Menschenrechte zu verstoßen, deren selbstlos-energischer Hüter die französische Republik ist. Aus der kulturellen Hegemonie soll eine sittlich-politische werden. Europa braucht kein Gleichgewicht der Mächte und Kräfte mehr, mit seinen moralischen Unzulänglichkeiten, wenn es sich auf Frankreich verlassen kann, den Schutz und Schirm aller Bedrängten und Verfolgten, den Hort von Freiheit und Mitmenschlichkeit.

Im Frühjahr 1792 warnte Maximilien Robespierre noch davor, den Völkern die Freiheit mit den Waffen zu bringen, schließlich sehne sich niemand danach, von Besatzungsregimen befreit zu werden. Aber schon bald waren sich die Revolutionäre gewiss, dass Frankreich nur Ruhe und Sicherheit finden könne, wenn es umgeben wäre von Nachbarn, die sich in ihrer politischen Organisation nicht grundsätzlich von der französischen unterschieden. Eine Republik kann nur in der Gemeinschaft von Republiken Ruhe finden. Daher also Krieg den Monarchen, den Königen, damit endlich Frieden in den Hütten herrsche, ein letzter Krieg, um den Krieg überhaupt abzuschaffen. Denn freie Menschen in freien Gesellschaften führen keine Kriege mehr. Sie freuen sich als Menschen unter Menschen an ihrer gemeinsamen Menschlichkeit. Eine äußerste Anstrengung ist allerdings notwendig. Das sah zuletzt widerstrebend auch Robespierre ein. In diesem Krieg gegen Österreicher und Preußen, bald gegen alle Deutschen, Belgier oder Holländer, befand sich jeder Franzose im Einsatz, wie es die Nationalversammlung ein Jahr später, am 23. August 1793, mit der »levée en masse« bestimmte. Jeder ist auf seine Art Soldat. Die jungen Männer kämpfen an der Front, die älteren produzieren die Waffen und übernehmen den Transport, die Frauen weben, schneidern und dienen als Krankenschwestern, Kinder verfertigen Mullbinden, und die Greise machen mit Reden allen Mut, indem sie die wehrhafte Demokratie preisen und den Hass auf die Monarchen schüren. Es ist die totale Mobilmachung der gesamten Gesellschaft für einen totalen Krieg, in dem es keinen Unterschied mehr gibt zwischen dem Kombattanten und dem friedlichen Bürger. Wer nicht kämpft oder sich nicht erfassen lässt, gerät in den Verdacht, ein Verräter zu sein.

Erst recht im besetzten Gebiet, wo überall Verrat und Niedertracht lauern, ist jeder ein Feind, außer den beflissenen Kollaborateuren. Die humanitären Freiheitsreden wichen schon in einer Erklärung vom 15. Dezember 1792 der Selbstermächtigung, jeden, der sich gegen die republikanischen Prinzipien Frankreichs wehrte, als Feind und Verräter zu behandeln. Toleranz kann jenen nicht gewährt werden, die keine Toleranz üben. Die Toleranten bestimmen die Grenzen der Toleranz. Besiegte dürfen sich unter solchen Voraussetzungen nicht in freier Selbstbestimmung eine Verfassung geben. Sie müssen sich strikt dem französischen Modell anpassen, wie es ihnen die Vertreter der Besatzungsmacht erläutern. Denn weicht unter Umständen ein Nachbar ab vom Pfad der revolutionären Tugend, wie Franzosen ihn verstehen, dann erlaubt er womöglich giftigen Schlangen freie Bewegung, vor denen sich Franzosen schützen müssen, indem sie diese sofort vernichten, um nicht zu ihrem Opfer zu werden. Brüderliche Nachsicht sei nur Schwäche und Torheit. Das rief unter donnerndem Applaus Henri

31

Jean-Baptiste Grégoire, ein ehemaliger Priester, in der Nationalversammlung. Europa sah sich mit einer völlig neuen Gefahr konfrontiert: der revolutionären Diktatur im Namen von Freiheit, Gleichheit und Brüderlichkeit, im Namen der Republik.

Dieses bislang unbekannte Phänomen ließ sich mühelos mit dem durch die Revolution entfachten französischen Nationalismus und dem traditionellen Ziel der französischen Könige verbinden, Frankreich endlich die ihm von der Natur gesetzten Grenzen zu verschaffen und diese dauerhaft zu befestigen. Gemeint war in Mitteleuropa der Erwerb des gesamten linksrheinischen Gebietes, Belgiens und Savoyens. Gegen solche, das europäische Gleichgewicht störende Absichten Ludwigs XIV. hatte die europäische Staatengemeinschaft erfolgreich gekämpft. Nun konfrontierten die revolutionären Franzosen Europa darüber hinaus mit dem Willen, sich überall in die inneren Angelegenheiten der Staaten einzumischen, Eroberungen zu machen und die Balance der Mächte durch eine Hegemonie zu ersetzen, die von einer unverhohlenen Erziehungsdiktatur nicht mehr zu unterscheiden war. Die Jungfrau von Orléans hatte zu ihrer Zeit verkündet: Wer gegen den französischen König Krieg führe, bekämpfe Jesus Christus. Die nationalen Revolutionäre erklärten nun jeden zu einem Feind der Freiheit und des Menschengeschlechtes, der Frankreich daran hindere, Europa von dem Bösen zu erlösen, von gekrönten Tyrannen, Despoten und deren Kollaborateuren. Die eine, unteilbare große Nation, weil zu Großem bestimmt, unterzog sich deshalb einer radikalen Säuberung, die Frankreich im Glanz seiner revolutionären Tugend dazu legitimieren sollte, überall strafend oder belohnend zu intervenieren. Solange die demokratische Tugend noch umstritten ist, muss sie kämpfen, um

Schwache oder Böswillige zu züchtigen. Ohne den Schrecken, den sie verbreitet, bleibt die demokratische Tugend hilflos. Sie braucht den Terror, um Schrecken zu erregen und damit abschreckend zu wirken, in der Erwartung, dass der Erschrockene vor dem Erreger von Schrecken zurückweicht und sich seinem Willen fügt.

Despotismus der Vernunft

Maximilien de Robespierre, der Mann des Schreckens, war kein Monster, kein widernatürlicher Unhold, wie seine Feinde, die ihm zuvor Macht verliehen hatten, nachträglich behaupteten, um sich zu entlasten. Er zog nur die Konsequenzen aus der nicht nur für ihn wünschenswerten Herrschaft der Vernunft, welche das Reich der Freiheit ermögliche und erhalte. Die Vernünftigen sorgen dafür dass die blinden Leidenschaften unschädlich gemacht werden. Ihre besondere Verpflichtung besteht darin, zu erziehen, aufzuklären, dem Diktat der Vernunft zu folgen und den noch im Aberglauben Befangenen zu diktieren, wie er zu denken habe. Nicht, um ihn durch den legalen, weil vernünftigen Despotismus zu bevormunden oder zu versklaven. Ganz im Gegenteil: Der Despotismus der Vernunft kultiviert den noch Unvernünftigen und weist ihm den Weg in die Freiheit und zu wahrer Menschlichkeit. Von diesem rettenden Despotismus spricht Sarastro in der *Zauberflöte*. Wen seine Lehren von Toleranz und humanisierender Vernunft nicht erfreuten, der »verdienet nicht ein Mensch zu sein«. Die Vernünftigen und Tugendhaften beurteilen, wer sich wie ein Mensch, Unmensch oder Untermensch verhält, es verdient, verworfen oder als wahrer Mensch anerkannt zu werden.

Das gehört zur Dialektik der Aufklärung und zum Erziehungsauftrag der schon Vernünftigen, die in der Tugend leben und ihre Leidenschaften beherrschen. Die Vernünftigen und Freien dürfen als Führer jene, die noch im Dunkel darben, zum Licht, zur Vernunft, zur Freiheit zwingen. Die Republik ist ein dauerndes Erziehungslager. Erst wenn alle von republikanischer Tugend erfüllt sind, haben Tugend und Vernunft triumphiert. Die Fülle an Vernichtungsworten, mit denen die aufgeklärten Menschenfreunde jenen drohen, die sich ihrer Menschlichkeit verweigern, belegt auf drastische Weise, was den erwartet, der sich ihrem Erziehungs- oder Umerziehungsprogramm verschließt.

Im seit Spätsommer 1792 herrschenden Bürgerkrieg konnte jeder, der nicht fest hinter der regierenden Vernunftpartei stand, damit rechnen, als Verräter, als Feind der Vernunft und der Tugend, und damit Frankreichs, behandelt und liquidiert zu werden. Denn die Unvernünftigen und Lasterhaften verfallen der gerechten Strafe, dem Tode, damit die Guten und Aufgeklärten vor weiteren Anschlägen auf die Republik und ihre Sicherheit bewahrt bleiben. Diese Sicherheit galt als unbedingte Voraussetzung für die Freiheit, als Versicherung gegen die Anschläge der Unvernünftigen und Unmenschen. Nur eine kämpferische Tugend, die sich mit dem Terror verbündet, kann die antifranzösischer Umtriebe Verdächtigen entmachten. Eine Tugend, die nicht schrecklich ist, befleckt sich mit Sentimentalität und verfinstert die Strahlen der aufklärenden Sonne. Irgendwann erübrigt sich der Terror, sobald die Feinde vernichtet oder umerzogen sind. Zwischen 1792 und 1795 wurden in Frankreich, das sich entschlossen von allen möglichen unreinen Elementen säuberte, Hunderttausende ermordet, damit die Streiter für Tugend und Menschlichkeit ihr befreiendes

Werk der Liebe unangefochten vollenden konnten. Die vernünftigen Humanisten dachten im Übrigen an den möglichst schnellen Tod ihrer Feinde. Die Guillotine als Tötungsmaschine, Massenertränkungen und Massenerschießungen erlaubten ungeahnte Steigerungsraten bei der Vernichtung des für Republikaner lebensunwerten Lebens. Manche dachten schon an den Einsatz von Gas und Gift. Dazu kam es nicht, auch nicht zur Entvölkerung ganzer Städte und Landschaften. Aber die Idee war in der Welt, und die Worte waren gefunden für das, was mit denen zu geschehen habe, die ihren Daseinszweck nicht in der Republik kämpferischer Tugend sahen.

Der Terror in Frankreich brachte die Republik in Europa bald in Verruf. Wer von ihr befreit oder ihr angeschlossen wurde, wie Belgier und Rheinländer, Holländer oder Italiener, verlor rasch jegliche Illusionen, sofern er sich je welche gemacht hatte. Die französische Besatzungsmacht ließ ihre Todesbrigaden vorerst in Frankreich arbeiten, nicht am Rhein oder Po. Denn die eroberten Gebiete sollten das durch die Kriege überforderte Frankreich finanziell und wirtschaftlich entlasten. Seit 1793 vollzog sich die systematische Plünderung Europas, die Napoleon dann vollendete. Dazu gehörten, was es früher nie gegeben hatte, auch die Plünderungen von Museen und Bibliotheken. Mit dem Kunstraub erwiesen die Franzosen nach ihrer Auffassung der Menschheit einen großen Dienst, indem sie Meisterwerke der freien Künste aus Ländern entfernten, die zur Freiheit gar nicht begabt waren, und sie in Paris, der Hauptstadt der Freiheit, konzentrierten. Selbstverständlich empörte es Europäer mit ihren verschiedenen Traditionen der Freiheit und freier politischer Mitbestimmung, nur Sklaven willkürlicher Macht zu sein, unfähig, ihr Joch abzuschütteln, das sie gar nicht als drückende Last empfanden, wie ihnen die Franzosen vorwarfen. Diese hielten alle unterworfenen Völker für unregierbar, unvernünftig, von ihren Despoten um jeden freien Willen gebracht.

Mit einer solchen Einschätzung gewannen sie keine Freunde. Die französische Herrschaft wurde überall als Fremdherrschaft empfunden, als Terrorsystem, das seinerseits Terror provozierte, vor allem in Süditalien und später in Spanien. Die fundamentalistische Republik kriegerischer Tugend weckte den Fundamentalismus unter den Besiegten, die vor allem als Christen ihren Kleinkrieg gegen die Gottlosen führten. Der Terror im Krieg gegen den Terror, den Napoleon später mit für Europäer bislang unbekannter Brutalität führte, entfesselte Scheußlichkeiten und Leidenschaften ungeahnten Ausmaßes. Europa erlebte einen Zivilisationsbruch wie zuvor nur während des Zusammenbruchs der antiken Welt beim Untergang des Römischen Reiches. Der französische Revolutionsgegner Antoine de Rivarol, einer der ganz wenigen Intellektuellen, die sich nicht von den sogenannten Ideen von 1789 verzaubern ließen, bewies Weitsicht mit seiner Prognose, dass nicht das Volk herrschen werde nach der Revolution, vielmehr werde irgendein glücklicher Soldat hervortreten und dem Spuk ein Ende machen, wie im alten Rom Sulla und Cäsar oder im 17. Jahrhundert in England Oliver Cromwell. In Frankreich war es der General Napoleon Bonaparte, der mit seiner Militärmonarchie die Revolution liquidierte und die Freiheit ins Exil trieb. Deren Stimme war die der Madame de Staël.

Die französische Schriftstellerin entdeckte die Deutschen als auserwähltes Volk der Freiheit, schon um Napoleon zu ärgern, was ihr auch vollkommen gelang. Die Deutschen verstanden sich selbst als ein Volk der Freiheit. Sie brauchten deshalb keine französische Entwicklungshilfe, um Ideen von politischer Freiheit zu entwickeln. Denn die vielen Staaten, Herrschaften und freien Städte auf dem Gebiet des Heiligen Römischen Reiches deutscher Nation mit ihren durchaus unterschiedlichen Verfassungen erlaubten viele Arten von politischer Mitarbeit und Mitbestimmung. Die Deutschen bewiesen eher zu viel als zu wenig politische Einbildungskraft und politischen Eifer. Die verbriefte Religionsfreiheit und Toleranz gewährten der Meinungsfreiheit mehr Raum als im Frankreich vor der Revolution und erst recht während und nach der Revolution. Darauf waren die Deutschen stolz, und im Großen und Ganzen fühlten sie sich wohl in ihrem Reich, in dessen Staaten seit einigen Jahrzehnten die Reform von Staat und Gesellschaft zur Leidenschaft von Fürsten und akademischen Ratgebern geworden war. Das Römische Reich erschien ihnen nicht als überlebt, als eine historische Ruine, in der alles Lebendige notwendig erstarre. Sie vertrauten vielmehr mit zahllosen Projekten auf dessen Reform- und Lebensfähigkeit. Im Unterschied zu den französischen Aufklärern und Intellektuellen haderten deutsche Akademiker nicht mit »dem Staat«. Sie suchten als Verwaltungsbeamte, Richter oder Minister die Zusammenarbeit mit dem jeweiligen Herrscherhaus und dessen Institutionen. Der beste Staat schien ihnen der am besten verwaltete, der zugleich der Wirksamkeit des Staates Grenzen zog. Das Recht setzte Schranken, die wiederum der freien Tätigkeit Spielraum zu ihrer Entfaltung boten. Aufgeklärte Staatsbeamte sahen sich nachgerade als Verfechter individueller Freiheiten und Möglichkeiten. Allerdings vertrauten sie nicht allein auf politische und rechtliche Institutionen. Die politische Freiheit setzte nach ihren Anschauungen eine innere Freiheit voraus, eine Bildung zur Freiheit, die zugleich eine Erziehung zu allgemeiner Menschlichkeit sein sollte. Die deutsche Bildungsidee war eine ungemein politische, weil eine äußere Freiheit der inneren bedarf, um nicht durch Äußerlichkeiten von ihrer wahren Bestimmung, der sittlichen Freiheit des souveränen Ich, abgelenkt zu werden. Franzosen sprachen von der Souveränität des Volkes und des Kollektivs, der Nation. Das war eine revolutionäre Idee. Die Deutschen sprachen von der Selbstbestimmung des Ich, des Einzelnen. Auch dieser Gedanke war revolutionär. Deutsche Philosophen wie Fichte, Schelling und Hegel, philosophierende Dichter wie Schiller und Hölderlin oder auch Goethe hielten den modernen Subjektivismus für eine wirkungsmächtigere Revolution als den französischen Tumult, der lediglich zeige, dass die Franzosen die wahre politische Freiheit noch gar nicht begriffen hätten. Damals kam das Bild auf, dass Deutsche und Franzosen, sobald sie über Freiheit redeten, dem Gastmahl zwischen Storch und Fuchs aus der Fabel Jean de La Fontaines glichen, bei dem beide nicht zum gemeinsam Genuss kommen. Die Deutschen als Erben der germanischen Freiheit des Adels, der Freiheit eines Christenmenschen, wie Luther sie mit seiner Reformation ermöglicht hatte, und nun als Erzieher zur sittlichen Freiheit feierten ihre Freiheiten als die wahrhaft lebendigen und Leben schaffenden im Gegensatz zu den mechanischen Konstruktionen der Franzosen, denen es an Geist und Schöpferkraft für sie gebrach. Dieses Gespräch, das während der Revolution begann, ist bis heute nicht beendet. Auch das gehört zu ihren Folgen

Der Terror und die ihn legitimierenden Ideen verwirrten die europäischen Mächte nicht. Die Herrscher und ihre Kabinette hielten an der herkömmlichen Politik der Staatsräson und der Suche nach dem bequemsten Vorteil fest, ohne am System des Gleichgewichts zu zweifeln, nur weil ein Staat vorübergehend nicht willens oder unfähig war, sich an die Spielregeln zu halten. Die französischen Truppen mit ihrem nationalen Elan waren keineswegs unüberwindlich, wie es eine Legende will. Sie erlitten manche Niederlagen. Wenn sie die deutschen Alliierten dennoch überraschend oft in Verlegenheit bringen konnten, dann lag das daran, dass diese dem Krieg mit Frankreich nicht ihre volle Aufmerksamkeit widmeten. Österreich hätte gerne Bayern erworben im Tausch gegen seine Niederlande, dem heutigen Belgien. Auch Ansbach-Bayreuth beschäftigte den Kaiser, dem es um den Ausbau seiner Vorherrschaft in Süddeutschland ging. Dafür könnte Preußen mit Teilen Polens abgefunden werden. Überhaupt rückte Polen in den Mittelpunkt des Interessenausgleichs zwischen der russischen Kaiserin, dem Römischen Kaiser und dem preußischen König. Die Gelegenheit erwies sich als besonders günstig, die polnische Frage im wechselseitigen Einvernehmen zu lösen. Frankreich hatte genug mit den Aufständen im eigenen Land und den wechselnden Feldzügen am Rhein und in Belgien zu tun, England wiederum war auf Österreich und Preußen angewiesen, damit Belgien nicht französisch wurde. Von den fünf Mächten, die Europa im Gleichgewicht hielten, waren zwei nicht handlungsfähig. Das europäische Staatensystem geriet in Unordnung. Polen war das erste Opfer, und die dritte polnische Teilung 1795 bewies, wie vorteilhaft für die Ruhe des Kontinents eine ausgeglichene Machtbalance war. Unter anderen Bedingungen hätte sowohl Großbritannien als auch Frankreich über Mittel und Möglichkeiten verfügt, die Zerschlagung einer klassischen europäischen Macht zu verhindern.

Geschichte als Geografie in Bewegung

Die endgültige Auflösung Polens 1795 war nicht der einzige politische Skandal. Geschichte wurde zur Geografie in Bewegung, seit das europäische Gleichgewicht nicht mehr funktionierte. Das lag nicht nur am aggressiven Frankreich und seinen Eroberungen. Dem entfesselten nationalen Ehrgeiz der Revolution entsprach ein hemmungsloser Landhunger der übrigen Mächte. Alle zusammen stürzten Europa in ein Chaos, aus dem sich keine neue Ordnung entwickelte. Die Staatenvernunft hatte sich noch nie als so kalt und unfruchtbar erwiesen wie jetzt, als kein Recht mehr als heilig oder verbindlich galt, alles zur Disposition stand und jeder Kompromiss nur ein Atemholen vor dem nächsten Krieg war. Das Heilige Römische Reich erlitt alsbald das gleiche Geschick wie Polen. Als mittelalterliches Relikt wurde erst die Reichskirche ausgeplündert und enteignet, es folgten die deutschen Fürsten, 1806 schließlich verschwand das Reich endgültig von der Landkarte. Könige nahmen sich an Räubern und Wegelagerern ein Beispiel. In Italien wurde die herkömmliche Staatenordnung beseitigt, wobei auch der Römische Kaiser prächtige Gewinne einheimste. Preußen glaubte möglichst unheroisch Beute zu machen zu können. Es zog sich 1795 in die Neutralität zurück, was dennoch hieß, frei von Vorurteilen zu allen möglichen Geschäften und Schandtaten mit den Franzosen auf Kosten der Nachbarn bereit zu sein. Die dauernden Kriege Napoleons gegen die untereinander uneinigen Monarchen und seine unberechenbaren Improvisationen rissen ein Land nach dem anderen ins Verderben. Grenzen wurden neu gezogen, wieder verschoben, Staaten entstanden so rasch, wie sie wieder verschwanden. Alles befand sich in stürmischer Bewegung, wie beim Untergang Roms, der nun als aktuelles Sinnbild für die Katastrophen der Gegenwart diente.

Ganz Europa war revolutioniert, nicht allein wegen der Forderungen nach Freiheit, Gleichheit, Brüderlichkeit oder des Strebens nach einer europäischen Gemeinschaft demokratischer Staaten. Denn solche Erwartungen hatten schon die erobernden Revolutionäre von Anfang an gründlich enttäuscht. Der französische Nationalismus und die »Große Armee« erwiesen sich als die weit stärkeren revolutionierenden Mächte. Sie hatten Napoleon emporgebracht und legitimiert. Er musste durch immer neue Siege bestätigen, dass er seiner Rolle gewachsen war, den Ruhm Frankreichs zu mehren und das neue Kaiserreich zum unbestrittenen Herrn über Europa zu machen. Der Kontinent sollte sein Glück darin finden, von diesem Reich, das nie zur Ruhe kam, geführt zu werden. Das militärische Genie des Soldatenkaisers mit dem wohlgenährten Prälaten-Antlitz wirkte zuweilen betäubend auf die oft reichlich unentschlossenen und mit sich hadernden Monarchen. Sie wurden aber vor allem immer wieder besiegt, weil sie der französischen Hegemonie lange Zeit keine eigene, europäische Idee entgegenzusetzen vermochten. Napoleons Unrast verhalf ihnen nicht zu ungeahnten und originellen Vorstellungen, wie Europa am besten zu beruhigen sei. Die Könige, Minister und Diplomaten waren groß geworden zu einer Zeit, als die Lehre vom heilsamen Gleichgewicht der fünf Großmächte, die sich wechselseitig hemmten und stützten, unumstritten gewesen war. Sie waren unsicher geworden, als dieses System der Machtbalance während der Koalitionskriege zusammenbrach. Sie selber hatten diese Entwicklung beschleunigt, weil sie vorzugsweise ihre eigenen Interessen verfolgten statt die der europäischen Staatengemeinschaft, was Preußen und Österreich und zuletzt auch Russland in manches Unglück stürzte. Diese Erfahrungen lehrten sie allmählich, in einer Erneuerung der alten Ordnungsideen Prinzipien zu erkennen, mit denen sich zwar nicht die alte Ordnung wiederherstellen ließ – die war ein für alle Mal aufgehoben und erledigt –, die aber helfen würden, eine neue dauerhafte Ordnung zu schaffen.

Die Überlebenskraft der Monarchie

Die Staatsmänner und Diplomaten waren alle von der Aufklärung berührt, verstanden sich als Europäer, als einer gemeinsamen Lebenskultur zugehörig. Die Revolution und Napoleon, der Nationalismus und Militarismus, hatten sich als katastrophaler Irrweg erwiesen und zum Ende jeder Sicherheit geführt. Die Revolution und das Kaiserreich gefährdeten die Legitimität der Staaten und überstaatlicher Zusammenfassungen wie Europa und den Ausgleich der Mächte und Kräfte. Trotz aller Turbulenzen erwies sich aber die Monarchie als ungemein widerstandsfähig. In ihr vermuteten die Staatsmänner, die alle in einem aufgeklärten, gar nicht erstarrten Absolutismus aufgewachsen waren, die feste Grundlage für eine neue Legitimität, die sich in einer europäischen Friedensordnung vollenden sollte. Die Überlebenskraft der Monarchie, vor der auch Napoleon kapitulierte, ist das erstaunlichste Ergebnis dieser Jahrzehnte voller Wirren und Umstürze. Kein einziger Kaiser oder König besaß die Talente eines Robespierre oder Napoleon. Als außergewöhnliche Individuen wären sie Genies gewesen. Könige müssen keine Genies sein; sie sollen repräsentieren, was den Staat und die Gesellschaft rechtlich und sittlich zusammenhält. Ihre Aufgabe und Pflicht besteht darin, im Wechsel der Zustände und Begebenheiten ein Bild der Dauer aufrechtzuerhalten und eindringlich an Beständiges zu erinnern. Herrschen heißt Sitzen – auf dem Thron, der *sella curulis* oder dem Heiligen Stuhl – und hat gerade nichts mit der Faust und der willkürlichen Aktion zu tun, worüber die jüngste Geschichte und Napoleon drastisch unterrichteten. Die Monarchen dieser Umbruchzeit waren oft hilflose Biedermänner, zuweilen fast bemitleidenswert in ihrem Verzicht auf Haltung und Charakter. Gerade deswegen wurden sie von den Untertanen als Landesväter geliebt, deren Unglück sie beweinten, deren Glück jedem die Gewissheit gab, dass wieder glücklichere Tage und eine schönere Zukunft kommen würden. Das Verhältnis von Untertanen und Monarchen revolutionierte sich: Es wurde herzlich, ja sentimental Das hatte es so noch nie gegeben. Denn es widersprach der Würde und Entrücktheit der Majestät, sie gleichsam mit Gefühlen zu füllen und sie anschließend zu erfühlen. Diese Monarchen gaben Halt, weil sie das Prinzip der Monarchie mit ihrer Person vergegenwärtigten.

Die Revolution stärkte das Vertrauen in die Monarchie, weniger in die Nation. Sie hatte nicht nur die Republik für lange Zeit diskreditiert, sondern auch die eine unteilbare Nation, in die eifernde Republikaner alle Franzosen hineinzwingen wollten. Die Nation war unmittelbar mit dem Militarismus verbunden, mit dem Schrecken der Kriege. Die revolutionäre Volksarmee, die in der kaiserlichen Armee fortlebte, hatte überall wegen ihrer Exzesse Wut erregt und Leidenschaften geschürt, die nicht so schnell verglühten. Der Staat und sein Symbol, die Krone, konnten auf den Enthusiasmus verzichten, ohne den die Nationen nicht auskamen. Im Staat offenbart sich die Vernunft, weil jede Ordnung vernünftig sein muss, um zu überzeugen und sich am Leben zu erhalten. Das war jedem aufgeklärten Beamten und Bürger klar. Für sie war der Staat als vernünftige Organisation eine neutrale Macht. Sie stand über den aufgeregten und widerstreitenden Kräften des gesellschaftlichen Leben, die sie durch Recht und Gesetz auf eine Ordnung verpflichtete, in deren Rahmen sie ihren Wettbewerb austragen konnten, ohne dem Gemeinwohl zu schaden. Die große sittliche Idee war die des Staates. Aber erst die Revolution und die kaiserliche Despotie Napoleons verschafften ihr eine ganz neue, ungewohnte Würde. In gewisser Weise war das Vertrauen in den vernünftigen Staat ein Ergebnis der revolutionären Unvernunft, die den Staat beseitigte und an seine Stelle die Diktatur des Wohlfahrtsausschusses setzte und sich später der Militärdiktatur Napoleons anschmiegte. Beide maßen sich außerordentliche Befugnisse an, die mit einem geordneten Rechts- und Kulturstaat unvereinbar waren. Dies steigerte das Misstrauen in die Nation. Ob der Nationalstaat, wie der Begriff suggerierte, Nation und Staat überhaupt miteinander vereinbaren konnte, blieb noch lange umstritten. Die Monarchie sollte als vermittelndes Element den nationalen Gedanken und die neutrale Staatlichkeit miteinander versöhnen. Sie sollte im Innern für ein Gleichgewicht sorgen, so wie die Monarchien sich im Konzert der Mächte verabredeten, um vermittelnd einzuschreiten, sobald eine Macht jenes Gleichgewicht stören wollte, zu dessen Hütern sich die fünf Großmächte auf dem Wiener Kongress ernannten. Das neue Europa, wieder mit sich versöhnt, war ein Europa der Monarchien.

KAPITEL 2

Ein Frieden ohne Sieger und Besiegte für ein neues Sicherheitssystem in Europa

»Eines Tages, davon bin ich überzeugt, wird das abendlän-
dische Kaiserreich sich erheben, weil die ermüdeten Völker
unter das Joch der bestverwalteten Nation eilen werden.«
Mit dieser Hoffnung versuchte Napoleon aus der Schwie-
rigkeit herauszufinden, Kaiser eines Reichs ohne jede Legitimität zu sein. Erinnerungen an Karl den Großen, Rück-
griffe auf den kaiserlichen Stil des Augustus und das vorbildliche Römische Reich der Antike sollten sein modernes
Reich in eine Tradition rücken – als Vollendung vieler Erwartungen, Europa endlich zu einer Willensgemeinschaft
zusammenzufassen. Seine Idee, der britischen Ozeanität eine
Kontinentalität gegenüberzustellen, die Nationen des Kontinents in einem Europäismus zusammenzuschließen, um
gemeinsam die englische Seetyrannei zu beenden, entsprach
durchaus verbreiteten Erwartungen. Alle Europäer teilten
eine kräftige Antipathie gegen Großbritannien. Im Laufe des
18. Jahrhunderts lernten sie, in diesem trotz aller Nähe fer-
nen Nachbarn den wahren Feind Europas und einer europäischen Ordnung zu erkennen. Die Seeherrschaft der Briten, die sich an kein Recht hielt, empörte die Europäer, je
weniger sie in der Lage waren, sich ihrer zu erwehren. Der
russischen Kaiserin Katharina II., der Großen, gelang es
1780, fast ganz Europa im Protest gegen die britische Willkürherrschaft auf den Meeren in einem Kontinentalblock

zu vereinigen. Aber dieses Bündnis der bewaffneten See-neutralität zwischen Russland, Frankreich, Spanien, Portu-gal, den Niederlanden, Schweden, Dänemark, Österreich und Preußen blieb erst einmal wirkungslos in den Kriegen mit Frankreich, bei denen alle europäischen Staaten auf bri-tische Subsidien angewiesen waren.

Der starke antibritische Affekt verlor sich deshalb nicht. Napoleon vermutete darin ganz zu Recht eine Kraft, wel-che die europäischen Staaten verleiten könne, der Führung Frankreichs zu vertrauen und nicht allzu störrisch auf der eigenen Souveränität zu beharren. Dennoch hielt er es nicht für nötig, Schriftsteller damit zu beauftragen, eine imperiale französische Europaidee zu entwickeln oder für einen euro-päischen Bundesgenossenverband zu werben, der sich um den französischen Kaiser als Hegemon und Führer scharte. So spürten die Europäer allzu sehr das Joch, das ihnen der Kaiser auferlegte. Sie verzweifelten schon um 1800 vor der Frage, wo sich der Freiheit und dem Frieden noch ein Zufluchtsort öffnen könnte. Schiller machte in seinem Ge-dicht *Der Antritt des neuen Jahrhunderts* (1801) keinen Unterschied zwischen den beiden Tyrannen Frankreich und Großbritannien: »Zwo gewaltge Nationen ringen, / Um der Welt alleinigen Besitz, / Aller Länder Freiheit zu verschlingen, / Schwingen sie den Dreizack und den Blitz.« Es war Napoleon nicht gelungen, moralische Eroberungen in Europa zu machen, sieht man von einigen sonderbaren Schwärmern ab, zu denen auch Goethe gehörte, der noch beim Einmarsch »seines Kaisers« in Russland hoffte, dass er, der alles wollen kann, auch und gerade jetzt den Frieden wolle. Allerdings übersah Goethe nicht den großen Gegen-satz zwischen England und Europa, der jeden Frieden so erschwerte. Denn »Das Kleinliche ist alles weggeronnen, /

Nur Meer und Erde haben hier Gewicht«, gab er in seinem Huldigungsgedicht an die französische Kaiserin Marie-Louise vom 2. Juli 1812 *(Ihro der Kaiserin von Frankreich Majestät)* zu bedenken. Deswegen entschied er sich für Napoleon und damit für die Landmasse, den kontinentalen Großraum, dem auch die Russen, vor denen Goethe sich ängstigte, sofern besiegt, nicht weiter gefährlich werden konnten.

Dabei war es gerade der russische Kaiser Alexander I., der im Herbst 1804 dem jüngeren Pitt einen Plan unterbreiten ließ, wie Europa zu Wasser und zu Lande wieder zum Frieden finden möge. Eine künftige europäische Ordnung sollte nicht mehr durch Druck und Gegendruck der Mächte, wie bis zur Revolution, gleichsam mechanisch funktionieren. Der aufgeklärte, gekrönte Menschenfreund Alexander sah seine Aufgabe darin, die Menschheit zu beglücken und wenigstens Europa eine dauerhafte Ruhe zu verschaffen. Die herkömmlichen fünf Großmächte – zu denen selbstverständlich auch das erst noch zu besiegende Frankreich gehörte – sollten darüber wachen, dass keiner mehr durch verwegenen Eigensinn den öffentlichen Frieden unterbreche, der auch ein gerechter Zustand sein müsse, erfüllt vom Geist christlichere Nächstenliebe oder philosophisch begründeter Freundschaft. Das neue System kollektiver Sicherheit könne eben nur als ein sittliches überzeugen. Der äußere und politische Frieden wurde von diesem Philanthropen mit dem inneren verbunden, mit einer durchdachten Friedfertigkeit und Bereitschaft, jeden Störenfried zurechtzuweisen, möglichst mit diplomatischen Mitteln. Das waren durchaus revolutionäre Ideen. Die alte und kalte Staatsräson konnte nicht mehr ausreichen, seit die Revolution, aber auch die Romantik und mit ihr die Philosophie den Menschen und die Menschlichkeit zu einem begeisternden Programm erhoben hatte. Auch die Staatenwelt sollte nun humanisiert werden, sodass in ihr der Mensch dem Menschen nicht als Wolf begegne, sondern eben als Mensch. *Homo homini homo* – Der Mensch behandelt den Menschen als Bruder, das heißt als Menschen. Das hatte Jean-Jacques Rousseau gefordert, den Kaiser Alexander bewunderte, das forderte aber auch das Christentum, das sich dadurch als erstaunlich zeitgemäß erwies. Mit Reaktion, mit einer Rückkehr zu erschöpften und bedeutungslosen Lebensformen, hatten solche Vorstellungen nichts zu tun.

Auf den jüngeren Pitt und auf die Engländer als Erfinder der Sentimentalität und der Sentimentalisierung sämtlicher sozialer Beziehungen musste solch ein edler Enthusiasmus keineswegs befremdlich wirken. William Pitt neigte denn auch dazu, gerade in Russland, am Rande Europas gelegen, einen idealen Partner zu vermuten, der keine selbstsüchtigen Absichten auf dem Kontinent verfolge und deshalb besonders geeignet sei, einen allgemeinen Frieden vorzubereiten. Er erkannte die Vorteile für England, wenn die Großmächte künftig nur in gemeinsamer Absprache die von ihnen garantierten Grenzen veränderten. Vollkommen unpraktisch kamen ihm allerdings Überlegungen vor, auch die Meere in den Frieden einzubeziehen und Britanniens Seeherrschaft, die von Kontinentaleuropäern als gesetzlose Dreieinigkeit von Krieg, Handel und Piraterie empfunden wurde, ebenfalls der Kontrolle und dem Einspruch der Großmächte zu unterwerfen.

Bei aller vorläufigen Anpassung an die sich ändernden Zeiten konnte der russische Kaiser allerdings sehr hartnäckig sein. Denn nach dem Scheitern des französischen Russlandfeldzuges, als die Briten Verbündete für ihren Krieg gegen Napoleon in Spanien suchten, bot Alexander sich 1813 als Vermittler in dem gleichzeitigen Krieg zwischen Großbritannien und den USA an. Er hoffte, mit den USA die Briten zu Zugeständnissen im Interesse eines allgemeinen Friedens nötigen zu können. Denn deren Anmaßung, auf den Meeren allein die Regeln zu bestimmen, verstand die neue seefahrende Nation jenseits des Atlantiks ebenfalls als Herausforderung. Alexander blickte über Europa hinaus und fasste die Welt als Einheit auf. Die Friedensordnung, die ihm vorschwebte, sollte als neue Weltordnung den amerikanischen Kontinent einbeziehen.

Solche Überlegungen stießen jedoch sofort auf den entschlossenen Widerstand der Briten, die nach der russischen Katastrophe Napoleons die Gelegenheit nutzen wollten, in den europäischen Angelegenheiten endlich wieder nicht nur als Zahlmeister gebraucht zu werden, sondern als mitbestimmende Ordnungsmacht auch eine Rolle in den weiteren Entscheidungen zu spielen. Dieser unverhohlene Ehrgeiz kam sämtlichen Europäern, auch den Franzosen, höchst ungelegen. Und Napoleon wusste, dass alle seine Feinde unter Umständen bereit waren, trotz ihrer Vorbehalte zu einem Frieden mit ihm zu kommen, ausgenommen die Engländer.

Kein Volkskrieg oder Kulturkampf

Diese blieben erst einmal weitgehend ausgeschlossen von den Verhandlungen in Europa, eine Koalition gegen Napoleon zu bilden, was auch an der völligen Inkompetenz ihrer Diplomaten lag, die Europa nicht kannten und keine europäische Sprache beherrschten, nicht einmal Latein. Sie waren schreckliche Provinzler, die, seit 1793 abgeschnitten von Paris, über keinerlei Eleganz verfügten und für nicht eben gutmütigen Spott sorgten. Viele Europäer mochten in Napoleon einen Despoten bekämpfen, aber nur wenige kämpften gegen die Vorherrschaft der französischen Mode, des französischen Geschmacks und der französischen Sprache. Europa war weiterhin durch und durch französisch. Das erklärt auch den Widerwillen der Europäer, etwa gegen Frankreich, eine Nation, eine Kultur Krieg zu führen. Sie führten ihren Krieg, wie sie 1813 immer wieder und noch 1814 bekundeten, nur gegen den störrischen Kaiser der Franzosen, der sich jedem Kompromiss verweigerte und das schon jetzt große und starke Frankreich darum brachte, seinen Platz in der Gemeinschaft der Europäer in rechtmäßigen Grenzen erneut einzunehmen. Im Mittelpunkt sämtlicher Erwartungen standen ab Oktober 1813 der österreichische Staatskanzler und Außenminister Graf Klemens von Metternich und Napoleon. Beide kannten sich seit Jahren. Mit keinem anderen Diplomaten hatte Napoleon sich in Paris zwischen 1806 und 1809 als Botschafter so häufig auseinandergesetzt. Er beneidete den ehemaligen rheinischen Reichsgrafen wegen seiner Anmut und Ruhe, die Metternich nie verlor, wegen der aristokratischen Selbstgewissheit, auch ein souveräner Herr zu sein, kein Fürstenknecht oder gar Beamter, vielmehr freier Diener einer Ordnung, die ihn ebenso verpflichtete wie seinen Kaiser Franz I. Napoleon war so leichtsinnig, auch Metternichs Leidenschaft für seine kluge, schöne und geschickt intrigierende Schwester Caroline Murat fast familiär, wie unter Kameraden, zu fördern.

Metternich redete mit dieser Geliebten, wie mit den meisten seiner Freundinnen, über das, was ihn wirklich interessierte: Politik. Im Boudoir kam es mit ihr zum gründlichen

Austausch von Nachrichten. Die beiden ersetzten sehr wirksam jeden Spion und sonstige geheime Dienste, die zwar dauernd versichern: Wir sind da, tatsächlich aber wenig auskundschaften. Napoleon erfuhr, was er wissen sollte, und Metternich wurde über Caroline gut über ihres Bruders Absichten unterrichtet. Der alte Aristokrat war jung genug, um in dem Soldatenkaiser das Genie zu würdigen, das die Zeit brauchte und emporbrachte, weil es ihre revolutionierenden Krankheiten heilte. Der angebliche Reaktionär bewunderte wie ein Romantiker dieses unerschöpfliche und unerklärliche Original, das Napoleon war. Es war nicht nur Eitelkeit, wenn Metternich bis an sein Lebensende so viel von »Napoleon und ich« sprach. Es war auch ein Ausdruck der Trauer darüber, mit ihm 1814 nicht zu einem vernünftigen Frieden gekommen zu sein.

Österreich hatte im Herbst 1809 einen weiteren, von Metternich vorbereiteten Krieg, den Fünften Koalitionskrieg, dramatisch verloren und war im Frieden von Schönbrunn dem napoleonischen Hegemonialsystem zugeschlagen worden. Seitdem befürwortete ein vorsichtig gewordener Metternich ein enges Bündnis mit Napoleon, der 1810 die Erzherzogin Marie-Louise heiratete, die älteste Tochter des österreichischen Kaisers. Die entschieden antifranzösische Habsburgerin, die sich alsbald regelrecht in ihren Mann verliebte, galt sofort als Symbol einer neuen österreichisch-französischen Allianz. Dabei war die alte und deren Symbol, die Ehe Marie Antoinettes mit Ludwig XVI., noch gar nicht vergessen. Aufgeklärte Patrioten hatten sie vor 1789 als widernatürlich und unvernünftig bekämpft und in der österreichischen Erzherzogin eine unvernünftige, unnatürliche Frau und Königin, den Inbegriff absolutistischer Willkür, verfolgt. Dies Zerrbild blieb den meisten in Erinnerung. Die neue Gattin Napoleons erregte hingegen keinen Widerwillen. Es bedurfte noch nicht einmal kaiserlicher Machtworte, um etwaige kritische Bemerkungen zu ersticken. Höflinge, Generäle und Diplomaten, allmählich der ausufernden Feldzüge Napoleons überdrüssig, hofften vielmehr, dass diese Ehe und der österreichische Einfluss bei ihm eine Wende zum Realismus und zur bewährten Staatsvernunft Europas bewirken könnten. Europa würde sich leichter an einen neuen König von Frankreich und eine neue Dynastie gewöhnen als an einen abendländischen Kaiser. Doch Napoleon nannte seinen 1811 geborenen Sohn »König von Rom« und bestätigte mit seinem Feldzug gegen Russland im Sommer 1812, seine Absicht, das gesamte Europa in einem großfranzösischen Reich zu vereinen. Die Niederlage seiner »Großen Armee« in den Weiten Russlands machte in Paris all jenen Mut, die Napoleon auf die königliche französische Tradition zurückführen wollten und unter diesen Voraussetzungen mit der Bereitschaft unter den europäischen Monarchen zu einer allgemeinen Staatenversöhnung rechneten.

Die russisch-preußische Annäherung zum Jahreswechsel 1812/13 in der Konvention von Tauroggen und die studentischen oder insgesamt sehr akademisch aufgeputzten Bemühungen, unter den Deutschen, die sich endlich als Deutsche begreifen sollten, eine kriegerische Stimmung gegen den Feind und dessen Besatzungstruppen zu entfachen, verleiteten Metternich zu keinerlei Unvorsichtigkeiten. Der Ruf, ein lauer Deutscher zu sein, kümmerte ihn nicht. Die Revolution hatte drastisch vor Augen geführt, welche Ausschreitungen mit populären Leidenschaften einhergehen, wenn sie nicht straff kontrolliert werden. In den darauf folgenden langen Kriegsjahren bestätigten die Gräuel der Vergeltungsmaßnahmen auf beiden Seiten, wie unklug es ist, auf »das

Volk« zu vertrauen, auf jenes unberechenbare Tier mit den vielen Köpfen, das, einmal entfesselt, so schwer zu bändigen ist. Und schließlich sorgten die Scheußlichkeiten in Spanien und auf Napoleons Russlandfeldzug, die an Grausamkeit noch einmal alles übertrafen, woran man seit 1793 gewöhnt war, dafür, dass er im Nationalismus keineswegs eine hoffnungsvolle Kraft sah, die beim Wiederaufbau eines neuen Europa hilfreich sein könnte. Misstrauisch beobachtete er Kaiser Alexander, der vage von Freiheit und von freien Verfassungen redete, sei es für die Polen oder die Völker der Deutschen. Zuerst und vor allem meinte er die Befreiung von Napoleon, als er am 23. März 1813 in Kalisch, nachdem am 28. Februar das preußisch-russische Kriegsbündnis vereinbart worden war, die deutschen Fürsten und Völker aufforderte, sich vom Rheinbund zu lösen, dieser trügerischen Fessel des Allentzweiers.

Der russische Monarch spielte mit Begriffen, die durch die Revolution diskreditiert worden waren. Ganz eindeutig revolutionär musste die Drohung wirken, dass jeder Fürst, der sich nicht am gerechten Krieg gegen Napoleon beteilige, das Recht auf seinen Thron verwirke, weil er durch die Macht der öffentlichen Meinung und gerechter Waffen vernichtet sei. Gerechte Kriege hatte es seit 1648 nicht mehr gegeben. Es gab sie erst wieder seit der Revolution. Kaiser Alexander kämpfte jetzt gleichsam mit den Waffen der Revolution, sich selbst und seine Verbündeten ermächtigend, über das Recht der Throne und Kronen nach eigenem Ermessen zu urteilen. Der Sieger versteht sich – wie der revolutionäre General – als Richter und als sittliche Autorität, die für das Richtige und Rechte zu sorgen hat und Schuldsprüche verhängen darf über politisch-sittlich Unkorrekte. Wie stets in Kriegen, gleichen sich die Feinde in ihren Mitteln und

Argumentationen einander an. Auch König Friedrich Wilhelm III. von Preußen wandte sich, nachdem er Frankreich am 16. März 1813 nach langem Zaudern den Krieg erklärt hatte, vier Tage später in einem Aufruf an Volk und Vaterland. Beides waren dem Leidenschaftslosen ominöse Begriffe. Er fürchtete viel Widerwärtiges. Die Existenz des Staates in einem Volkskrieg aufs Spiel zu setzten, das könnten sich nur Republikaner und Demokraten erlauben. Ein König sei vielmehr der Sachwalter des allgemeinen Wohls, ein Treuhänder des ihm anvertrauten Gutes, wie Friedrich Wilhelm gegenüber seinen Offizieren immer wieder beteuerte, die sich ihres ängstlichen Königs schämten.

Die totalitäre Fratze der Freiheit

Zu seinem Ekel und Verdruss nötigten ihn seine forschen Generäle am 21. April 1813, das Edikt zum Landsturm zu erlassen. »Jeder, der gegen die Wand pissen kann«, wie sich Scharnhorst, einer der Initiatoren der preußischen Heeresreform, ausdrückte, wurde verpflichtet, mit Messern, Beilen, Sensen auf den Feind einzuhauen und ihn totzuschlagen. Solche Forderungen, die einem gesitteten Volk Unmögliches zumuteten und dem Krieg das Gepräge fanatischer Barbarei gaben, verletzten den soldatischen und aristokratischen Anstand des Königs. Dieses Gesicht der Befreiung oder Freiheit verabscheute er. Es war das Gesicht der wütenden Jakobiner in der Vendée, der Guerilleros in Süditalien, Spanien und Tirol, unlängst der Russen. Es war das Gesicht der totalen Mobilmachung und ihrer totalitären Folgen. Zu seiner größten Erleichterung konnte er das Edikt einige Wochen später aufheben, weil die regulären Truppen sich erfolgreich bewährten. Gneisenau und dessen Gefährten, den Scharnhorst, Yorck von Wartenburg oder Clausewitz, vergaß er es nie, dass sie ihm einen derart revolutionären, unsittlichen und unmenschlichen Erlass zugemutet hatten. Auf diese Generäle waren und sind allerdings bis heute Generäle und Volksvertreter sämtlicher politischer Systeme in Deutschland sehr stolz. In Preußens König hingegen sahen sie, wie weiland schon die von ihnen bewunderten Verfechter des totalen Krieges gegen Napoleon, seit eh und je einen hartnäckigen Feind der Volkssouveränität.

Metternich versagte sich beharrlich dem Werben der beiden Verbündeten Preußen und Russland, die versuchten, eine antifranzösische Koalition um sich zu scharen, was die englische Regierung sofort unterstützte, die allerdings in britischer Tradition einmal mehr Außenpolitik mit Kraftsport verwechselte. Das britische Kabinett setzte bereits im Frühjahr 1813 die Legende in die Welt, der Zusammenbruch Napoleons in Russland sei Wellingtons improvisierten und wenig glücklichen, doch hartnäckigen Feldzügen im französisch besetzten Spanien zu danken. Nach solchen Vorstellungen war England der Retter Europas, das sich endlich dankbar erweisen solle. Metternich kümmerte sich nicht sonderlich um die britischen Diplomaten, die im Frühjahr 1813 auf dem Kontinent auf sich aufmerksam machen wollten. Sie störten ihn nur, zumal sie ihn für den unverbesserlichen Verbündeten des französischen Kaisers und den Verräter Europas hielten. Dabei war Metternich in jenem Frühjahr kein Verbündeter Napoleons mehr. Ohne mit ihm zu brechen, hatte er dem Kaiser angeboten, einen europäischen Frieden zu vermitteln. Sollte Napoleon auf die mit Preußen und Russland vereinbarten Bedingungen nicht eingehen, dann allerdings würde Österreich sich einer Koalition anschließen, um mit ihr gemeinsam Europa endlich wieder zu der ersehnten Ruhe zu verhelfen. Preußen und Russen ließen sich nach den Niederlagen bei Lützen am 2. Mai und bei Bautzen am 16. Mai 1813 auf dieses Angebot ein. Sie wurden vorsichtig, weil auf die Unterstützung Österreichs dringend angewiesen. Das lähmte erst einmal ihren kriegerischen Elan. Sie mussten internationalen Verhandlungen zustimmen und zumindest beteuern, einem Kompromissfrieden nicht abgeneigt zu sein. Am 4. Juni 1813 wurde im sächsischen Poischwitz ein Waffenstillstand mit Napoleon vereinbart.

Einen Kriegseintritt auf Seiten der Koalition schloss Metternich nicht aus, andernfalls hätte er keinen Druck auf Napoleon ausüben können. Aber er gewann Zeit, um die Armee zu vergrößern und kriegsfähig zu machen und um Vertrauen in seine Politik eines Verständigungsfriedens herzustellen. Fortan sahen sich zum ersten Mal in der europäischen Geschichte die drei Monarchen Preußens, Russlands und Österreichs in Böhmen oder in Schlesien fast täglich und führten höchstpersönlich die Verhandlungen über Kriegsziele und den Frieden, unterstützt von ausführlichen Memoranden und Denkschriften ihrer Minister, Diplomaten und Generäle. Die aristokratische Allüre, schwere Themen mit scheinbarer Lässigkeit zu behandeln, vertrug sich – bei aller Rücksicht auf adelige Umgangsformen – mit der Pedanterie bürokratischer Zweckmäßigkeit. Die absoluten Monarchen, nur Gott verantwortlich, verhielten sich im engsten Kreise untereinander wie Hofräte, Kanzleibeamte, eben wie Staatsorgane, die in ihren Beratern, bei selbstverständlich gewahrter Distanz, Kollegen sahen und sie in eine sachliche Kollegialität einbezogen. Das hatte es auf diese Art noch nie gegeben. Die Briten waren äußerst misstrauisch, weil nur ganz ungenau oder gar nicht unterrichtet über den Fortgang der Verhandlungen. Ihre den Europäern nicht immer verständliche Anhänglichkeit auch an gänzlich unpraktische Traditionen erlaubte es nicht, den König oder in diesem Fall dessen Vertreter, den Prinzregenten, ins Ausland reisen zu lassen. Da sie ihre Bräuche für hochheilig hielten, schlossen sie sich damit selber von den Konferenzen aus, was die drei Monarchen überhaupt nicht bedauerten, konnten sie sich doch, ungestört von britischen Einwänden, umso bequemer einigen.

Gemeinschaft der Staaten, nicht der Nationen

Die unklare Freiheitspropaganda der Russen hatte Metternich mehr irritiert als ihr Vordringen nach Europa. Zu Europa gehörte Russland seit Peter dem Großen, meist als guter Verbündeter des Kaisers, noch nicht Österreichs, sondern des Römischen Reiches deutscher Nation. Mit den Russen hatten Österreicher und Preußen Polen in den Jahren 1772, 1793 und 1795 unter sich aufgeteilt – wie sie meinten, zum Wohl Europas und ihrer Staaten. Ein neues Polen, als Teil des Russischen Reiches zwar, aber mit nationalem Sonderstatut, für das Kaiser Alexander im Jahr 1813 hartnäckig warb, widersprach vollkommen Metternichs Ordnungsvorstellungen. »Der Gesegnete«, wie die Russen ihren Kaiser ergriffen feierten, mischte sich in Räumen ein, in denen er zwangsläufig mit den Interessen Österreichs in Konflikt geraten musste. Österreich war ein Europa im Kleinen. Deshalb war ein österreichischer Kanzler der beste Sachwalter Europas, wie Metternich meinte. Es musste ihn beunruhigen, wenn der russische Kaiser Deutschen und Polen unbestimmte nationale Rechte in Aussicht stellte, über die

nur ein gemeinsamer, großer europäischer Kongress endgültig befinden konnte. Deutschland gab es 1813 so wenig
wie Polen oder Italien. Ein einiges Deutschland, Polen oder
Italien störte jede europäische Ordnung, die nach Metternichs Vorstellungen nicht als Ordnung von Nationen, sondern als Gemeinschaft von Staaten gedacht werden musste.
Deutschen Fürsten, die vorerst Napoleon nicht verrieten,
mit Thronverlust im Namen eines imaginären deutschen
Volkes zu drohen, das höchste Loyalität erwarten dürfe,
schien ihm kein förderlicher Beitrag zu einer künftigen Beruhigung unter den deutschen Völkern und ihren Fürsten
zu sein. Ganz abgesehen von der Heuchelei, die sich in solcher Empörung über eine Allianz mit Napoleon ausdrückte.
Denn jeder – mit Ausnahme des britischen Königs – war
länger oder kürzer mit ihm verbündet gewesen und hatte
gehofft, seinen Vorteil dabei zu finden. Politische Gesinnungen von Souveränen unterlagen nicht dem Urteil anderer
Souveräne, die sich allein nach dem richteten, was ihre Interessen ihnen nahelegten. So war es zumindest seit 1648
europäischer Brauch gewesen. Beim wechselnden Hin und
Her der Niederlagen und Siege und des Rückzugs der Russen und Preußen nach Schlesien empfahl sich vorerst ein
konzilianterer Umgang mit den Königen von Napoleons
Gnaden, weil sie gebraucht wurden, um zu einem Frieden
zu gelangen. Ein Abfall von Napoleon, der sie für ihre Va-
sallenrolle königlich belohnt hatte, musste sich für sie loh-
nen, sprich: ihre Gewinne sichern.

Im Übrigen unterschätzte Metternich die französischen
Truppen keineswegs und war sich gar nicht sicher, ob Kaiser Alexander nach weiteren Niederlagen von seinen Generälen nicht doch noch gezwungen würde, auf weitere Feldzüge und damit auf den »Endsieg« über Napoleon und den

Marsch auf Paris zu verzichten. Friedrich Wilhelm III. war ebenfalls kein Abenteurer und mochte – bei aller Freundschaft mit dem russischen Kaiser und Cousin – ohne Österreich nur ungern etwas unternehmen. Preußen und Österreicher hatten längst erkannt, dass ungeachtet vieler früherer Missverständnisse ihr Dualismus auch positiv verstanden werden konnte, nämlich als Chance zur Zusammenarbeit und Koordination ihrer Pläne in Mitteleuropa, im Raum des ehemaligen Römischen Reiches. Schon der junge Metternich hatte zu den Freunden einer solchen Politik der österreichisch-preußischen Verständigung gehört und war damit Überlegungen Friedrichs des Großen gefolgt, gemeinsam die Mitte Europas als eigenen Großraum zu schützen, samt Interventionsverbot für raumfremde Mächte, sprich: für Franzosen und Russen – Gedanken, die Österreichs Erzherzogin Maria Theresia leidenschaftlich abgelehnt hatte. Die Kriege seit 1792 waren aus Metternichs Sicht ein eindrucksvolles Lehrstück darüber, dass Europa nur dann zur Ruhe kommen könne, wenn die beiden deutschen Mächte, zwischen West und Ost gelegen, Franzosen wie Russen gleichermaßen daran hinderten, in Deutschland als geografisch-kulturellem Raum ihre diplomatischen oder militärischen Kunststücke zu zeigen. Weder Frankreich noch Russland verpflichtet, hielten die beiden deutschen Großmächte die Waage des Gleichgewichts in ihren Händen.

Das war Metternichs Gedanke. Indem sie in der Mitte für Ruhe sorgten, könnten sie die Unruhe ihrer östlichen und westlichen Nachbarn möglichst auf außereuropäische Ziele lenken oder auf die Randgebiete Europas an Mittelmeer und Schwarzem Meer. Solche Überlegungen waren indes nicht sonderlich originell. Seit 1648 – seit dem Westfälischen Frieden – herrschte eine Übereinkunft, dass das Gleichgewicht in Europa vom Gleichgewicht im Heiligen Römische Reich deutscher Nation abhinge. Preußen und Österreicher zusammen könnten es am ehesten garantieren, sofern sie sich einig waren. Gegen beide könnte keine Koalition in Europa wirksam werden, solange die Mitte über die Macht verfügte, zwischen allen zu vermitteln oder West und Ost auseinanderzuhalten.

Metternich, der angeblich undeutsche Staatsmann, wollte die deutschen Staaten endgültig in die Lage versetzen, den Frieden in Europa dauerhaft zu ermöglichen, indem sie ihre Schwierigkeiten untereinander gemeinsam lösten und davon absahen, Fremde in ihre Streitigkeiten hineinzuziehen. Es ging ihm durchaus um Freiheit, nämlich um die Handlungsfreiheit der deutschen Staaten, wie auch immer sie als Gemeinschaft organisiert waren. Deshalb war ihm an einem möglichst schonenden Umgang mit den Rheinbundfürsten gelegen, und er vermied jede Nachgiebigkeit gegenüber den Stimmungen exaltierter Deutscher, die mit – wie er sich ausdrückte – »erdichteten Bedürfnissen« in Form einer diffusen Sehnsucht nach Kaiser und Reich nur Verwirrung stifteten.

Der König von Preußen war ganz seiner Meinung. Er teilte Metternichs Abneigung gegen den Freiherrn vom Stein und dessen Anhänger, die von Abstraktionen und Mythen, wie deutscher Sinn und deutsches Volk, raunten. Der russische Kaiser protegierte den Freiherrn, der als Gegner Napoleons nach Russland emigriert war. Friedrich Wilhelm III. schätzte keine Emigranten, weil sie gegen seine vorsichtige Politik protestierten. Schon früher hatte er auch die französischen oder polnischen Emigranten nicht gemocht. Seit 1790 wurde umgangssprachlich jeder so genannt, der politischer Verfolgung auswich oder zu entkommen versuchte. Emigranten lebten in »spanischen Schlössern«, im Wolkenkuckucksheim ihrer Einbildungen, jenseits der Wirklichkeit. Davon war Metternich ebenfalls überzeugt. Als von den Franzosen Vertriebener – 1794 hatte seine Familie im Zuge des Vormarschs der Revolutionstruppen ihren gesamten rheinischen Besitz verloren – war Metternich zwar selber so etwas wie ein Emigrant, dennoch gab er nichts auf das Urteil von Emigranten. Er setzte nicht zuletzt deshalb so lange seine Hoffnung auf Napoleon, weil er bezweifelte, dass die Restauration der Bourbonen-Monarchie und ein von Emigranten beherrschter Staat unter einem König, der Frankreich seit 1789 nur aus der Zeitung oder aus den Gesprächen mit ahnungslosen Heimatvertriebenen kannte, für Europa überhaupt wünschenswert wären.

Kaiser Alexander hingegen umgab sich gerne mit Emigranten, ob preußischer, polnischer, korsischer, italienischer oder französischer Herkunft. Denn sie hatten sich nicht korrumpieren lassen von dem illegitimen Kaiser der Franzosen, mit dem er selber aus Weltklugheit doch lange genug kollaboriert hatte. Zum Entsetzen Metternichs hielt Alexander einen abtrünnigen General Napoleons und Marschall von Frankreich, den »Widerstandskämpfer« und »Emigranten« Jean-Baptiste Bernadotte, der 1810 von Karl XIII. von Schweden, dem letzten König aus dem Hause Holstein-Gottorp, adoptiert worden war, für den bestmöglichen König in Frankreich.

Frankreich als notwendige Großmacht

Die ungewöhnlichen Umstände, sich dauernd und möglichst zwanglos treffen zu können, erleichterten es Metternich, den russischen Kaiser von allzu verwegenen Gedankenspielereien und deren unmittelbaren Folgen abzubringen. Er garantierte ihm allerdings auch, dass Österreich mit Russland in den Krieg ziehen würde, sollte Napoleon sich während der Vorbereitungen für Friedensgespräche als uneinsichtig erweisen. Die drei Monarchen Russlands, Österreichs und Preußens verständigten sich unter Metternichs Anleitung darauf, Frankreich nichts zuzumuten, was seine Würde als europäische Großmacht verletzen könnte. Von Frankreich wurde lediglich gefordert, sich mit seinen »natürlichen Grenzen« zu begnügen, so wie sie seit der Revolution definiert wurden. Zu diesem Frankreich sollten – soweit Teile des ehemaligen Römischen Reiches – selbstverständlich alle Gebiete links des Rheins gehören und Savoyen. Um Frieden in ihrer Zeit zu erreichen, waren die drei Herrscher bereit, Napoleon zuzugestehen, was ihre Vorgänger jedem legitimen französischen König seit Ludwig XIV. verweigert hatten. Die drei Kontinentalmächte brauchten ein starkes Frankreich gegen die Seetyrannei Englands. Frankreich und Spanien waren 1789 Seemächte, von England gefürchtet. Admiral Nelson hatte die Flotten dieser vereinigten Feinde des Vereinigten Königreiches in zwei spektakulären Seeschlachten – 1798 bei Abukir und 1805 bei Trafalgar – vernichtet. In Europa gab es keine Flotten mehr. Frankreich, eine Kontinentalmacht, die auch immer eine starke Seemacht sein wollte, konnte sich vor allem auf den Wiederaufbau seiner Flotte konzentrieren, wenn zu Lande sein territorialer Ehrgeiz befriedigt war.

Die letzten militärischen Erfolge im Mai und Juni 1813 hatten Napoleon wieder zuversichtlich gestimmt, auf eine Friedensvermittlung Österreichs nicht angewiesen zu sein. Metternich reiste nach Dresden, wo Napoleon sein Hauptquartier aufgeschlagen hatte, um ihm am 26. Juni 1813 in einem Gespräch im Palais Marcolini, das fast acht Stunden dauerte, eindringlich zu erläutern, dass nur ein Friede seine Katastrophe verhindern könne. Metternich betrachtete sich, wie er 1822 schrieb, in diesem Augenblick als Vertreter der gesamten europäischen Gesellschaft. Der große Mann kam ihm ganz klein vor. Es war das Gespräch zwischen einem Glücksritter und einem Staatsmann; der eine dachte an sein Überleben, der andere an eine überpersönliche Ordnung der mit einander verbundenen großen Individuen, der Staaten. So interpretierte Metternich nachträglich die zuweilen stürmische Auseinandersetzung. Die Welt bedürfe des Friedens, nach dem sich nicht zuletzt die Franzosen sehnten, auch die Soldaten unter ihnen. Die Voraussetzung dafür sei allein, dass der Kaiser der Franzosen sich in die mit der allgemeinen Ruhe verträglichen Machtgrenzen schicke. Weigere er sich, das zu tun, werde er im Kampf unterliegen. Napoleon wollte sich nicht auf einen Kompromiss einlassen. Metternich warnte ihn davor, in Gegensatz zum Rest Europas zu geraten. Noch sei ein Friede möglich, der nicht, wie die auf Siegen beruhenden Diktate Napoleons, nur ein vorübergehender Waffenstillstand wäre und nur neue Kriege auslöse. Metternich mahnte ihn, seinen wechselvollen Geschicken endlich ein Ziel zu setzen, auch zum Wohle Frankreichs, auf das er ebenso angewiesen sei, wie die Nation auf ihn. Andernfalls ginge er unter, nicht aber das vereinigte Europa.

Metternich deutete die mangelnde Bereitschaft Napoleons zu konkretem Ordnungsdenken aus dem fehlenden Selbstbewusstsein des Spielers. »Eure Herrscher« – so lässt er ihn später in der resümierenden Aufzeichnung reden –, »geboren auf dem Throne, können sich zwanzigmal schlagen lassen, und doch immer wieder in ihre Residenzen zurückkehren; das kann ich nicht, ich, der Sohn des Glückes. Meine Herrschaft überdauert den Tag nicht, an dem ich aufgehört habe, stark und folglich gefürchtet zu sein.« So geschah es tatsächlich. Doch Metternich, der Diplomat und Pragmatiker, sah 1813 in der Illegitimität des Kaisers keineswegs ein fundamentales Gebrechen. Aus Gewalt konnte berechtigte Macht werden, das bewies die Geschichte immer wieder. Napoleon hatte sich in Metternichs und der Monarchen Augen legitimiert, indem er die Revolution liquidierte und Frankreich zu neuer sozialer Stabilität verhalf. Gerade weil die Monarchen diese Stabilität Frankreichs – ein Vorteil für Europa – nicht gefährden wollten, gaben sie nicht von vornherein die Hoffnung auf, dass Napoleon schon aus dynastischem Ehrgeiz zu erheblichen Zugeständnis bereit sei und sich zu der Tugend bekehren würde, von Übertreibungen abzusehen und seine Absichten maßvoll den Möglichkeiten anzupassen. Die Vernünftigen verzweifelten nicht daran, ihn doch noch von den Vorzügen ihrer Vernunft zu überzeugen. Das Dresdner Gespräch diente diesem Zweck.

Es war vergeblich. Napoleon willigte nach ein paar Tagen in die Verlängerung des Poischwitzer Waffenstillstands ein und lehnte einen Friedenskongress in Prag nicht sofort ab. Doch er zögerte, seinen Vertreter mit Vollmachten auszustatten. Am 12. August 1813 lief die Frist der österreichischen Friedensvermittlung ab. Auch Österreich gab nun die Neutralität auf und erklärte als Alliierter Russlands, Schwedens und Preußens Napoleon den Krieg.

Die Wochen davor hatten die Verbündeten mit Kriegsvorbereitungen gut genutzt. Während der Monate des Abwartens kühlten sich unter dem Eindruck der Kabinettspolitik und ihrer Staatsräson die zuvor erregten nationalen

Leidenschaften vor allem in Preußen ab, das von Napoleon und dem französischen Besatzungsregime ganz besonders bedrückt und ausgebeutet worden war. Die Preußen zogen diszipliniert in den Krieg. Zur Erleichterung Metternichs verzichteten Russen und Preußen, die anfänglich so zweideutig vom Volk und von der Begeisterung für die Freiheit geschwärmt hatten, auf einen Volkskrieg. Auch in der sogenannten Völkerschlacht vom 16. bis 19. Oktober 1813 bei Leipzig prallten Heere, nicht Völker aufeinander. Die Minister und Diplomaten, die Zivilisten, wie es jetzt hieß, verloren nicht die Kontrolle über ihre Soldaten und deren Offiziere. Die später aufwendig poetisierten Befreiungskriege der Jahre 1813 bis 1815 schlugen nicht in einen totalen Krieg um. Die Siege veränderten nicht die Kriegsziele. Die Feldzüge sollte kein Eroberungskrieg sein und den Franzosen keinen Anlass geben, mit schrecklichen Demütigungen rechnen zu müssen. Die künftigen Sieger beteuerten, nicht nach Annexionen zu streben, sondern nur den Umfang ihrer Territorien, wie er 1805 bestanden hatte, wiederherzustellen, was allerdings den Austausch von Provinzen nicht ausschloss. Die meisten der neuen Staaten, die seit 1801 durch Friedensverträge entstanden waren, wurden als völkerrechtlich legitimiert anerkannt. Das beruhigte die Rheinbundfürsten, die der Koalition nach und nach beitraten, und enttäuschte die Träumer von nationaler Einheit.

Sehnsucht nach Frieden in Europa

Fürsten und Völker gerieten nicht in einen Gegensatz. Die Anhänglichkeit an die Dynastien hatte deren »undeutsche« Politik zusammen mit Napoleon nicht zu schwächen vermocht. Die Standeserhöhung einzelner Fürsten zu Königen oder Großherzögen schmeichelte dem jeweiligen Landespatriotismus, in den sich die neu hinzugekommenen Staatsbürger in Bayern oder Württemberg rasch einlebten und damit bestätigten, dass, wie deutsche Juristen oder Philosophen verkündeten, der Staat zu Bürgern erzog und nicht die Nation. Letztere blieb wie eh und je nur als Kulturnation eine vitale Gegebenheit. Der nüchterne Metternich begriff diese historisch-politische Wirklichkeit der Deutschen besser als der Freiherr vom Stein oder Ernst Moritz Arndt und andere radikalen Antifranzosen. Der einzige Herrscher, dem es nicht gelang, sich rechtzeitig von Napoleon zu trennen, war der König von Sachsen, weil die französischen Truppen dort ihre Stellungen gegen die verbündeten Mächte bezogen hatten. Friedrich August I. wurde von den Preußen interniert, was unter den Sachsen höchstes Mitgefühl weckte und die traditionelle Abneigung gegenüber »den Preußen« kräftig belebte. Zusammen mit Preußen eine Nation zu bilden wirkte daher auf biedere Sachsen nicht unbedingt verlockend. Die Preußen wollten den König nicht so sehr als Verräter bestrafen, vielmehr brauchten sie den Gefangenen als Pfand, um in Sachsen entschädigt zu werden, sollte Russland darauf bestehen, das gesamte Polen kraft Eroberung als rechtmäßige Kriegsbeute zu behalten. Ein derartiger Anspruch ließ sich allerdings nicht mit der feierlichen Erklärung vereinbaren, wieder herzustellen, statt zu erobern. Darüber gab es später erbitterten Streit. Vorerst verschoben die Verbündeten eine Entscheidung auf den Friedenskongress.

Das einzige, was die Deutschen untereinander aufs Innigste verband, war die Sehnsucht nach Frieden. Ganz Europa war ermüdet von den Kriegen. Damit rechnete Metternich. Gleich nach der Völkerschlacht bei Leipzig begannen abermals Gespräche, in der Hoffnung, gemeinsam zu einem für alle Seiten befriedigenden Ende zu kommen. Napoleon wurde mehrmals klargemacht, dass die großzügigen Friedensbedingungen möglicherweise nicht aufrechterhalten werden könnten, wenn die Koalitionstruppen auf französischem Boden kämpften. Die Engländer hatten nach der Schlacht bei Vittoria im Juni 1813 Nordspanien erobert und näherten sich Frankreich. Sie besäßen dann die Macht, ihren Vorstellungen Gehör zu verschaffen, die bislang oft noch mit liebenswürdiger Gleichgültigkeit übergangen werden konnten.

Der russische Kaiser hatte den Briten einmal mehr übermitteln lassen, dass ein Frieden auch die Meere einbeziehen müsse und England seine zahlreichen Eroberungen in Asien, Afrika, Amerika und im Mittelmeer keinesfalls als Kompensation für seine den Verbündeten gewährten Subsidien verrechnen und behalten dürfe. Die britische Regierung reagierte gereizt. Napoleon solle bedenken, wie sehr sich für ihn die Lage verschlechterte, sobald die Kontinentalmächte genötigt wären, mehr Rücksicht auf Großbritannien zu nehmen. Der Krieg mit den USA erlaubte vorläufig keine energische Mitsprache in Europa, aber das konnte sich ändern, je länger die Kriege auf dem Kontinent dauerten und sobald England wegen der europäischen Angelegenheiten zum Frieden mit den USA bereit war. Irgendwelche Möglichkeiten, sich mit den Briten zu verständigen, gab es für Napoleon nicht mehr. In England herrschte der König, doch die öffentliche Meinung regierte mit Hilfe des Parlaments. Und diese öffentliche Meinung kämpfte gegen Frankreich, den Erbfeind, und gegen Napoleon, den Tyrannen. Sie misstraute den feigen Europäern, die sich lieber mit dem Despoten arrangierten, statt mit einer letzten Anstrengung ihn und Frankreich ein für alle Mal zu besiegen – zum Wohle Europas und der Menschheit.

Das alles wusste Napoleon. Er wusste, dass Metternich eine kontinentale Übereinkunft wünschte, der sich die Briten mehr oder weniger fügen müssten, um nicht weiter vollständig isoliert zu sein. Seine Berater drängten ihn, die Gunst der Stunde zu nutzen, Metternich zu vertrauen, der das Vertrauen der Monarchen besaß, mit denen er täglich im Hauptquartier in Frankfurt konferierte. Dennoch fehlte ihm der Mut, auf Metternichs Angebote einzugehen und damit sich und Frankreich eine Niederlage zu ersparen. Er konnte kein normaler Monarch werden.

Das widersprach wahrscheinlich den Bedingungen, denen jeder Sohn des Glücks unterworfen ist. Napoleon folgte, um mit den *Orphischen Urworten* Goethes, seines Bewunderers, zu sprechen, dem Gesetz, nach dem er angetreten war: »So musst du sein, dir kannst du nicht entfliehen.« Deutsche, auch wenn nicht vom nationalen Hund gebissen, wie sich später Bismarck ausdrückte, faszinierte diese unbedingte Selbstverwirklichung eines Ich, das sich dem Nicht-Ich, der Welt, trotzig-triumphal entgegenstemmte. Napoleon erfüllte alles, was Jenaer Philosophen und Romantiker vom freien, nur sich selbst angehörenden Individuum erwarteten. Insofern ist Napoleon auch ein sehr deutsches Phänomen. Die große Ausnahme ist Schiller. Der konnte sich für diesen Zertrümmerer der europäischen Staatenfamilie nicht begeistern.

Metternich, nach eigenem Bekunden die menschgewordene Prosa, war doch insoweit ein Zeitgenosse der Romantiker, als ihn die unerschöpfliche Persönlichkeit Napoleons bezauberte. Der Vernünftige glaubte, ihn zu seinem und Europas Heil vernünftig machen zu können. Das gelang ihm nicht. Es war die schmerzlichste Niederlage für ihn, den Professor Metternich, wie er sich selber manchmal nannte. Wie die meisten großmütigen Geister aus dem vorrevolutionären Europa lernte er nur sehr allmählich und durch viele bittere Erfahrungen, wie allmächtig ganz unvernünftige Leidenschaften und Reizbarkeiten sind. Auch Napoleon war unvernünftig, das bedauerte er sehr, aber doch auch geheimnisvoll und unbegreiflich, also genial. Deshalb war sein weiteres Leben ein dauerndes Gespräch mit diesem einzigartigen Mann, der sich weigerte, bei ihm in die Schule zu gehen. Was hätten beide zusammen für Europa leisten können, vorausgesetzt Napoleon wäre zu einem berechenbaren König von Frankreich unter Metternichs freundlicher Anleitung geworden. Solche Gedanken kamen ihm im Alter zuweilen.

Den Briten wurde immer unheimlicher, was Metternich im Einverständnis mit Russen, Schweden Preußen und fast allen deutschen und italienischen Staaten trieb. Er scheute nicht davor zurück, Napoleon im November 1813 zu versichern, dass ein weiterhin französisches Belgien keinen Europäer beunruhigen würde und Frankreich vollständige Unterstützung erwarten könne bei Bemühungen, den britischen Terrorismus auf den Meeren durch ein völkerrechtlich garantiertes Seerechtssystem zu ersetzen. Das wünschte vor allem auch der russische Kaiser. Das britische Kabinett war alarmiert. Dort witterte man Verrat auf Seiten der undankbaren Europäer, für die selbstlose Briten in diesem Krieg doch so viel getan hatten. Dabei war England der größte Kriegsgewinnler, ganz gleich, was in einem Frieden festgelegt würde. Es hielt die Kolonien fast aller europäischen Staaten besetzt, außerdem Malta und Sizilien. Portugal und Spanien unterstanden seiner Aufsicht und mussten ihre amerikanischen Besitzungen den Briten öffnen, die sich dort während der Freiheits- und Unabhängigkeitskämpfe zu Beginn des 19. Jahrhunderts neue Märkte erschlossen und ihren wachsenden politischen Einfluss keineswegs zum Vorteil Spaniens oder Portugals gebrauchten. Die Briten hatten sämtliche Flotten Europas vernichtet, mit spektakulären Siegen Nelsons oder mit nicht minder spektakulären Kaperaktionen, wie dem berüchtigten Überfall auf die dänische Flotte im Hafen von Kopenhagen 1809. Großbritannien nahm Europa gegenüber eine unabhängige und mächtige Stellung ein, wie noch nie zuvor.

Dennoch musste die neue Weltmacht – mitten im Krieg mit den USA – ein Europa fürchten, das britische Interessen auf dem Kontinent vernachlässigte. Die europäischen Staaten sahen sich nicht genötigt, viel Rücksicht auf Großbritannien zu nehmen, das sie im Unklaren darüber ließ, welche Eroberungen den früheren und rechtmäßigen Besitzern zurückerstattet würden. Schließlich führten die Europäer erklärtermaßen keinen Eroberungskrieg. Unzufrieden mit seinen unbeholfenen Diplomaten, brach das britische Kabinett mit allen Gewohnheiten und schickte am 20. Dezember 1813 den Außenminister Robert Stewart, Viscount Castlereagh ins Hauptquartier der Alliierten, das sich seit Anfang Januar 1814 im nordwestfranzösischen Langres befand. Er kam ganz unverhofft zur rechten Zeit, denn Metternich hatte ernsthafte Schwierigkeiten mit den preußischen Generälen und Kaiser Alexander. Diese planten, den Krieg zügig voranzutreiben, Paris zu erobern und vorerst sämtliche Verhandlungen auszusetzen. Die Waffen, nicht Verhandlungen sollten endlich eine Entscheidung bringen, worunter sie den Sturz Napoleons verstanden. Metternichs Absichten widersprach es hingegen vollkommen, aus Rache in Paris

Siegesparaden abzuhalten, nur weil Napoleon einmal in Berlin und Moskau einmarschiert war. Vielmehr fürchtete er bei einem vollständigen Sieg Bürgerkriege und die damit zwangsläufig einhergehenden Wirren, die Europa um die ersehnte Ruhe bringen konnten. Deshalb schien es ihm dringend geboten, den Vormarsch zu verzögern, um Zeit zu gewinnen für weitere Verhandlungen mit der bestehenden und legitimen Regierung Frankreichs.

Die Legitimität Kaiser Napoleons

Den Sturz Napoleons wünschte er unbedingt zu vermeiden, damit es einen Frieden ohne Besiegte gebe, der es Frankreich erlaubte, sofort wieder seinen Platz im Konzert der Mächte einzunehmen. Von einer Einmischung in die inneren Angelegenheiten Frankreichs riet er dringend ab. Kaiser Alexander hingegen hielt Napoleon für erledigt und die Bourbonen für unerwünscht. Ihm erschien es als das Beste, nach dem Sieg eine Notabelnversammlung einzuberufen, die den früheren General Bernadotte zum König proklamieren sollte. Ein Vorschlag, der den stets gefassten Metternich nahezu empörte, da ein solcher König von alliierten Gnaden die Franzosen davon überzeugen musste, mit dem Krieg auch die nationale Souveränität verloren zu haben. Eine Debatte über die Legitimität erachtete er deshalb für ärgerlich. Es gab eine legitime Regierung und Autorität. Sie in Frage zu stellen bedeutete, sich nicht an die eigenen Grundsätze zu halten. Erstaunlicherweise einigte Metternich sich überraschend schnell mit Castlereagh. Was Belgien, die Kolonien und die Seerechte betraf, beruhigte er ihn mit der Versicherung, Europa aus den spanischen und portugiesischen Angelegenheiten herauszuhalten und die ibero-amerikanischen Interessen der Briten nicht weiter zu berühren. Das waren bemerkenswerte Zugeständnisse. Das größte Entgegenkommen bewies er bei der Frage der natürlichen Grenzen Frankreichs. Diese hielt er für vereinbar mit einer neuen Ordnung in Europa, das auf ein starkes Frankreich angewiesen war, möglichst ohne Ressentiments wegen einer vermeintlichen Benachteiligung im Frieden. Auf die Briten und Castlereagh wirkte die Idee eines großen Frankreich unerträglich, wie ein Belohnung für widerwärtiges Tun und Handeln seit 1792. Wiederherstellung bedeutete für sie, Frankreich auf seine alten, historischen Grenzen zurückzuführen. Die Grundsätze der Alliierten sprachen für eine solche Haltung. Metternich sah seine Warnungen bestätigt, auf welche französische Unterhändler nie eingingen: dass die Friedensangebote von den wechselnden Umständen abhingen und letzteren angepasst werden müssten. Er fügte sich in diese unausweichliche Veränderung und Verschlechterung der Friedensbedingungen.

Metternich gab in wichtigen Punkten nach. An der britischen Seeherrschaft ließ sich vorläufig nichts ändern. Die Europäer verfügten über keine Flotten. Die Rückgabe einiger Kolonien hing von der Bereitschaft ab, englische Forderungen zu erfüllen: etwa ein großes niederländisches Königreich mit Belgien als kräftiges Bollwerk gegen etwaige französische Aggressionen. Außerdem beschäftigten Flotten und Meere Metternich, wie die meisten Deutschen, nur gelegentlich. Seine Gedanken kreisten um den Kontinent, um einen Frieden im ganz wörtlichen Sinne »auf Erden«. Zu seiner Überraschung ging Castlereagh verständnisvoll darauf ein. Nachdem der britische Außenminister fast alles, worauf es dem Kabinett in Westminster ankam, mühelos erreicht hatte, entwickelte er eine entspannte Neugier und begann den europäischen Belangen schöpferische Aufmerksamkeit zu schenken. Bislang war er als entschiedener Sachwalter rein britischer Interessen aufgetreten. Doch nun lernte er, dass diese Interessen sich nicht unbedingt mit den allgemein europäischen deckten. Der Engländer begann nicht nur englisch, sondern europäisch zu denken. Im regelmäßigen Umgang mit Königen und Ministern und jetzt auch mit französischen Diplomaten erschloss er sich mit Geduld und Einfühlungsvermögen dieses so ganz andere Europa mit seinen Schrullen oder Eigenheiten.

Wie jedem Briten widerstrebte es Castlereagh, einen Frieden mit Napoleon zu schließen. Die Briten waren die einzigen, die Napoleon stets den Kaisertitel verweigert hatten. Für sie war er immer der General Buonaparte geblieben. Sollte es jedoch dem Zusammenhalt der Koalition dienen, war Castlereagh bereit, nicht weiter auf britischen Schrullen zu beharren. Er näherte sich dem Standpunkt Metternichs an, den der preußische König und dessen Staatskanzler Karl August Freiherr von Hardenberg, im Gegensatz zu ihren Generälen, teilten, den aber auch die Unterhändler Napoleons einnahmen, obschon sie immer wieder die ablehnenden Antworten ihres Kaisers interpretieren mussten. Castlereagh verzichtete darauf, eine Abdankung Napoleons zur Voraussetzung für einen Frieden zu machen und damit einen Systemwechsel zu fordern, was der Einmischung in die inneren Angelegenheiten eines souveränen Staates gleichkäme. Ein Bourbone sollte nur König werden, wenn es zu keinem Vertrag mit Napoleon käme oder die Franzosen sich – aus welchen Gründen auch immer – gegen ihn empörten. Wegen ihrer unberechenbaren Folgen fürchteten Metternich und Castlereagh gleichermaßen öffentliche

Unruhen, zu denen sie keinerlei Anlass geben wollten. Auch Notabelnversammlungen für eine Königswahl einzuberufen, wie von Alexander vorgeschlagen, lehnte Castlereagh ab, mit Metternich darin einig, dass Formen, die an den Konvent der Revolution erinnerten, nur zu widrigen Missverständnissen führen dürften.

Beide wollten nicht in den Verdacht geraten, einen Gegner im Krieg wie einen niederträchtigen Feind zu bevormunden oder zu bestrafen. Eine schonende Behandlung Napoleons und Frankreichs bot die beste Garantie, sicher zu sein vor neuen Erschütterungen dieser für Europas Gleichgewicht unentbehrlichen Macht. Castlereagh verlor unter Metternichs Einfluss sein Misstrauen gegen Frankreich, das er, wie die meisten Engländer, in moralischer Selbstüberschätzung als hemmungslosen Unrechtsstaat einschätzte, von dem »die Guten« auf den Britischen Inseln nur »Böses« zu gewärtigen hätten. Metternich dachte an Europa als Ganzes, dem alle sich einfügen müssten, damit es wieder zu einer Ordnung fände, und das bedeutete für ihn, keinen zu diffamieren, unter Sonderrecht zu stellen oder moralisch zu verfolgen. Jeder sollte bereit sein, im anderen und nächsten einen Gleichen anzuerkennen, der das Recht hatte, seine Interessen wahrzunehmen und dabei nicht auf eigennützigen Widerstand vonseiten jener zu stoßen, die ihren Egoismus verabsolutierten. Metternich betrachtete die jeweiligen Sicherheitsbedürfnisse nicht isoliert, sondern im Zusammenhang der Sicherheit Europas, die allen Partikularbedürfnissen übergeordnet war. England konnte jederzeit eine Rolle auf dem Kontinent spielen, ja sollte es sogar, vorausgesetzt, es lernte, europäisch zu denken und sich einzugliedern in diese Staatenfamilie mit ihren eigenen Verpflichtungen und Belohnungen.

Diese Überlegungen machte Castlereagh sich zu eigen. Denen entsprach nicht ein Europa der Nationen, sondern der Staaten, die mit ihren regionalen Gleichgewichten dafür sorgten, dass Europa immer in Bewegung war und nicht die Fähigkeit verlor, die Gewichte je nach den Bedürfnissen der Zeit angemessen zu verteilen. Die wiederzugewinnende Stabilität Europas beruhte in diesem Sinne nicht auf der Hegemonie der vier Siegerstaaten, indem sie Frankreich als Besiegtem dauernder Beobachtung unterwarfen. Solche Ideen, die im britischen Kabinett Anhänger besaßen, standen der Notwendigkeit, zu einer Staatenordnung Gleicher zu gelangen, im Wege.

Vergessen des Vergangenen

Sieger und Besiegte waren überhaupt untaugliche Begriffe. Denn die Sieger – mit Ausnahme Großbritanniens – hatten alle zuvor mit Frankreich kollaboriert. Das verbot ihnen klugerweise, danach zu trachten, über den zu triumphieren, der sich früher als unüberwindlich erwiesen hatte. Solche pathetischen Gebärden hatten Europa bislang nur Verlegenheiten beschert, die immer neue Verletzungen bewirkten. Castlereagh war auf den Kontinent gereist, um den Widerstandswillen der Europäer gegen Napoleon und Frankreich zu kräftigen und zu koordinieren. Auf französischem Boden im Kreis bedächtiger Könige und Minister, die gar nicht nach Rache und einer völligen Niederwerfung Napoleons verlangten, verlor er nach und nach seine Vorurteile, die aus der Vergangenheit stammten und deren Macht den Blick auf die Gegenwart und eine bessere Zukunft trübte. Schuldzuweisungen unter Europäern erschienen ihm nach seinen jüngsten Erfahrungen als gänzlich unergiebig. Die Schrecken der Vergangenheiten boten keine Orientierungshilfe für die Gegenwart außer der einzig praktikablen, sich von ihrer Macht nicht überwältigen zu lassen, ganz in Übereinstimmung mit dem endgültig aufgehobenen Werk des Westfälischen Friedens. Der Lebende hat recht, schafft neues Recht und neue Berechtigungen im Zusammenleben der neu organisierten Staatenfamilie.

Castlereagh fand sich bald in der moralisch gar nicht einwandfreien europäischen Gesellschaft zurecht. Er lernte sehr schnell die Kunst, Franzosen zu verstehen, vor allem ihre Leiden, und konnte ein prächtiger Vermittler unter Europäern werden, wenn sie wieder einmal heillos zerstritten waren. Doch heillos zerstritten waren sie ja nie, weshalb es Castlereagh gelang, bei heftigen Meinungsverschiedenheiten ausgleichend einzugreifen und aus den vielen verschiedenen Bündnisabsprachen der einzelnen Staaten untereinander eine Allianz zu schmieden, die sich am 1. März 1814 in Chaumont als Hinweis auf das kommende Europa konstituierte und im Namen Europas auftrat und handelte. Ziel dieser sogenannten Quadrupelallianz war nicht der Sieg, sondern die Ordnung. Die Unterzeichnerstaaten Russland, Preußen, Österreich und Großbritannien bekräftigten, vorerst zwanzig Jahre beisammen zu bleiben.

Die Aussicht auf einen Frieden vor einer spektakulären Niederlage hatte Napoleon zerstört. Am 31. März 1814 zogen Russen und Preußen in Paris ein. Zumindest einige der Sieger verstanden sich als Sieger wider Willen. Der österreichische Kaiser und seine Truppen ließen sich viel Zeit, um nach Paris zu kommen, was erst am 10. April geschah. Die Pariser waren von den guten Absichten der Koalition durch eine von Metternich organisierte Öffentlichkeitsarbeit unterrichtet. Der russische Kaiser setzte keine Verwaltung der Besatzungsmacht ein. Als solche sollte Russland unter keinen Umständen auffallen. Er arbeitete eng mit der provisorischen Regierung zusammen, die Charles-Maurice de Talleyrand-Périgord gebildet hatte, ein früherer Außenminister Napoleons und Wendehals, der sich seit 1789 mit fast allen Systemen zu arrangieren gewusst hatte. Insofern war er der passende Mann für den Augenblick. Auf sein Betreiben proklamierten Mitglieder des napoleonischen Senats am 6. April 1814 die Absetzung des Kaisers und seiner Dynastie. Nicht die Sieger, sondern Franzosen leiteten den Übergang in den neuen Staat ein. Napoleon stand allerdings unter dem Schutz der Russen und der Preußen, die ihm nach längeren Verhandlungen am 11. April im Vertrag von Fontainebleau einen ehrenvollen Rückzug in die Privatheit gewährten. Die Sieger handelten nicht als Rächer einer gekränkten Menschheit, sondern als Könige und Offiziere, die ritterlich mit einem Unglücklichen umgingen, der sie und die Welt lange genug in Staunen versetzt hatte. Sie enthielten sich jeglicher Propaganda, die Franzosen befreit zu haben. Das alte aristokratische Ethos erwies sich im Vergleich zur revolutionären Tugend als menschenfreundlicher und vor allem als praktischer. Franzosen sämtlicher politischer Richtungen konnten erleichtert feststellen, dass sie nicht wie Besiegte und Rechtlose behandelt wurden. Sie fügten sich rasch und beruhigt in Talleyrands Bemühungen, der sich gleichsam zur Stimme der Nation ernannte und Ludwig XVIII. am 3. Mai 1814 als König in Paris empfing.

Die Royalisten versuchten den Eindruck zu erwecken, Volk und König seien in liebevoller Eintracht verbunden. Derartige Phrasen beurteilte Metternich ganz realistisch als Illusionen von Emigranten oder als Versuche bewusster

Irreführung durch Karrieristen, die im neuen System nach Chancen suchten. Er hielt den Royalismus in Frankreich für eine bloße Abstraktion oder Ideologie, ohne jede Verbindung mit dem wirklichen sozialen Leben. Auch deswegen versuchte er so beharrlich, Napoleon zu retten, dessen autoritäres System den ordnungssüchtigen Franzosen sehr behagte, die wegen der unaufhörlichen Kriege mit dem Soldaten und Krieger haderten, aber nicht mit dem Kaiser, der ihnen den Staat schuf, den sie sich eigentlich von der Revolution erwartet hatten. In die Restauration des bourbonischen Königtums schickte sich Metternich ohne jede Begeisterung. Immerhin vollzog sich der Übergang ohne große Aufregungen. Für die Zukunft bedenklich stimmte ihn die »Pensionierung« Napoleons auf Elba, ein großherziger Einfall Alexanders von Russland und des Königs von Preußen. Metternich hätte Napoleon ein Exil weit weg von Europa gegönnt. Er rechnete nicht damit, dass Napoleon sich – so nahe an Frankreich und Italien – damit begnügen würde, auf seiner Insel einen Modellstaat zu entwerfen. In zwei Jahren käme es wahrscheinlich zu einem neuen Krieg. Hier irrte Metternich. Der Friede währte nur zehn Monate.

Mit Ludwig XVIII. im neu-alten System wurde am 30. Mai 1814 in Paris der Friedensvertrag unterzeichnet. Die französische Regierung kannte die Bedingungen und fügte sich. Der Frieden und der Ansehensverlust wegen der Niederlage schmerzten dennoch die Mehrheit der Franzosen nach so vielen glänzenden Erfolgen. Die Realisten wie Talleyrand vertrauten allerdings auf die Möglichkeiten, die sich Frankreich auf dem geplantem Friedenskongress in Wien eröffneten. Dort sollte Europa neu organisiert werden. Frankreich war umstandslos wieder in die europäische Staatengemeinschaft aufgenommen worden. Die Koalition der vier Großmächte bestand fort. Aber ein Frankreich, das seine Friedfertigkeit demonstrativ bekundete, konnte gemäß dem Geist dieser Gemeinschaft in Europa nicht isoliert werden. Schließlich brauche Europa Frankreich. Mit dieser Gewissheit dachte Talleyrand, der Außenminister des Königs, an den Herbst und Winter in Wien.

KAPITEL 3

Friedensfeste und Aufforderung zum Tanz in das wiedergewonnene Europa

Zu den Gepflogenheiten der Aristokraten als öffentliche Personen schlechthin gehöre es, bei gewöhnlichen Dingen eine gewisse feierliche Grazie zu zeigen, eine Art von leichtsinniger Zierlichkeit hingegen bei ernsthaften und wichtigen, wie Goethes Wilhelm Meister seinem sehr bürgerlichen Freund, dem Kaufmann Werner erläutert. Einer solchen Haltung entsprach es, nichts zu überstürzen, da Ungeduld und Hast bei Verhandlungen nur Schaden verursachten. Talleyrand empfahl deshalb im Scherz, über dem Eingang zum Ministerium für auswärtige Angelegenheiten in Paris die Warnung anzubringen: nur kein übertriebener Eifer. Viele Lösungen verwickelter Fragen ergäben sich durch Improvisationen, oder ganz oft stelle sich eine gute Gelegenheit ein, die es gelte, beim Schopfe zu packen. Darauf vertrauten die vornehmen Herren weiterhin. Nicht erst in Wien stürzten sie sich in einen wohlüberlegten Taumel der Vergnügungen. Schon im Pariser Frühling des Jahres 1814 folgte ein Fest dem andern, die alle zusammen ein ausuferndes Friedensfest bildeten, in dem sich die europäische Gesellschaft beglückwünschte, nun endlich wieder zur Ruhe zu kommen. Aus allen Ländern waren Vertreter nach Paris geeilt, um dort für ihre Fürsten Stimmung zu machen bei der Neuordnung Europas. Sie feierten zusammen, ohne sich von der Erinnerung an Schwachheiten oder Fehler irritieren zu lassen, mit denen jeder jedem zur Last fallen konnte. Im Friedensvertrag vom 30. Mai wurde im Artikel XVI ausdrücklich versichert, dass kein Franzose wegen seiner Übereinstimmung mit Parteien und Anhänglichkeit an Regierungen, die es nicht mehr gab, verfolgt oder beschuldigt werden dürfe. Die wechselnden Vergangenheiten sollten keine Macht über die Gegenwart haben. Das festliche Treiben war Ausdruck dieser versöhnenden Verheißung, mit ihm wurde der erst noch zu gewinnende Friede vorweggenommen. Darin lag der sittliche Kern der ausschweifenden Vergnügen.

Die Ausländer, eher Gäste als Besatzer, ließen sich von dieser Stimmung tragen und genossen Paris und das Pariser Leben. Selbstverständlich wurden die Angehörigen Napoleons, soweit noch in der französischen Hauptstadt, in das gesellige Treiben mit einbezogen. Auch wer ihm bis zuletzt die Treue gehalten hatte, wie sein Außenminister Armand de Caulaincourt, brauchte nicht zu fürchten, sozial geächtet zu werden. Dem Stiefsohn Napoleons, Eugène de Beauharnais, nun ehemaliger Vizekönig von Italien, gereichte es zum Vorteil, seinen Kaiser nicht verraten zu haben. Seine vornehme Haltung trug dem Schwiegersohn des bayerischen Königs viele Sympathien ein. Selbst Ludwig XVIII. empfing ihn und behandelte ihn wie einen königlichen Prinzen. Alexander I. besuchte mehrmals die ehemalige Kaiserin Joséphine de Beauharnais, die am 29. Mai 1814 überraschend an einer Lungenentzündung starb. Eine russische Ehrenkompanie begleitete den Sarg. Als Kavalier kümmerte er sich auch um Napoleons zweite Ehefrau, Marie-Louise, der ihr Vater verboten hatte, ihren Mann nach Elba zu begleiten. Der russische Kaiser folgte hier adeligem Anstand und den Geboten der christlichen Nächstenliebe, die vorschrieben, jenen beizustehen, die ins Unglück gerieten. Insgesamt entzückte er mit solchen Gesten die eleganten Pariser und vor allem die unteren Klassen, die in diesem russischen Herrscher den edlen, freien Menschenfreund verehrten. Alexander wurde für sie zum Inbegriff des Friedenskaisers, bemüht, von den Franzosen alles fernzuhalten, was sie in ihrem Stolz verletzten könnte. Er genoss es, im Mittelpunkt zu stehen und über seine liebenswürdige Majestät für ein liebenswürdiges Russland zu werben, das seine europäische Sendung darin erblickte, die Völker Europas in einer Friedensgemeinschaft zu vereinen. Auf die Franzosen wirkte sein begeisternder Idealismus wie ein Nachhall napoleonischer Europaideen. Die enttäuschte Nation suchte darin Halt und eine neue Bestimmung für sich in einem neuen Europa.

Mit Alexander I. ließen sich alle möglichen Hoffnungen verbinden. Sein vager Enthusiasmus – lasset uns Gutes tun – machte Mut. Ganz bewusst sorgte er sich um das Bild, das die Öffentlichkeit von ihm haben sollte. Er versuchte ein Medienkaiser zu sein, der seinen Charme und seine Pointen einsetzte, um dem Königtum, christlich-liberal, wie er es damals verstand, gerade im Gegensatz zu den Bourbonen eine werbende, moderne Rechtfertigung zu verschaffen. In diesem Sinne gedachte er in Polen eine vorbildliche Monarchie zu gründen. Der österreichische Kaiser Franz I. hielt sich hingegen sehr zurück. Seinem trockenen Temperament widersprach es vollkommen, um Beifall zu werben. Er sah seine Aufgabe darin, ganz in seinem Amt aufzugehen, so unpersönlich zu sein wie ein Schatten. Als Schwiegervater Napoleons wäre es im Übrigen höchst taktlos gewesen, den Parisern gefallen zu wollen und über Gebühr auf sich aufmerksam machen. König Friedrich Wilhelm III. von Preußen wiederum war viel zu schüchtern, um nach Popularität zu haschen, und vermied es, sich ostentativ in Szene zu setzen. So blieb als die Stimme eines neuen Europa nur der russische Kaiser übrig, der auf Bällen und in Salons die Franzosen bezauberte, weil er immer wieder beteuerte, wie notwendig sie im neuen Europa wären.

Gewissenhafte Menschen, wie der Freiherr vom Stein, haderten mit dieser Mischung aus Lebenslust und improvisierter politisch-ideologischer Sinnstiftung. Moralisch empfindsame Engländer klagten anfänglich, ihnen werde die Genugtuung verweigert, die ein Strafgericht über den Erbfeind jedem aufrichtigen Freund der Freiheit bereitet hätte. Aber ihre Neugier auf Paris war meist größer als ihre Abscheu vor den mittlerweile besiegten und damit politisch widerlegten Franzosen. So fielen sie in Massen als friedliche Heerscharen in das überfüllte Paris ein und ergänzten die müßigen Heerscharen der Offiziere, die als Touristen die Stadt eroberten. Dass es unter den beschäftigungslosen Soldaten nicht zu nennenswerten Ausschreitungen kam, war eine bemerkenswerte Leistung der militärischen Führung sämtlicher Truppen. Schließlich lagen Russen und Preußen, Schweden und Österreicher, auch die wenigen britischen Soldaten, im reichsten Land der Welt und kamen aus dem Staunen nicht mehr heraus. Die Franzosen hatten ihre Kriege auf Kosten der eroberten Länder und Völker geführt. In Paris herrschte ein Luxus wie in den Märchen aus tausendundeiner Nacht, und die Stadt übte eine Faszination auf ihre fremden Besucher aus wie einst der üppige Orient auf die Ritter der Kreuzzüge.

Paris als Einkaufsparadies

Die Geschäftsleute staunten nicht weniger. Die Fremden kauften und kauften und dachten gar nicht daran, etwa die Preise durch Feilschen zu drücken. Die Monarchen, die Generäle, die Minister fanden ihr höchstes Vergnügen darin einzukaufen. Das hatte es vorher noch nie gegeben. Denn früher waren Händler ins Palais oder Schloss bestellt worden. Dort präsentierten sie ihre Waren. Jetzt bummelten Fürsten von Laden zu Laden und zwischendurch, um bei Kräften zu bleiben, auch von Restaurant zu Restaurant und erlagen einer für sie ganz neuen Versuchung und Verzückung: Hier bin ich Mensch, hier kauf ich ein. Sie erlebten – kolossal bürgerlich – Paris als Einkaufsparadies. Die meisten unter ihnen waren seit 1792 immer wieder Besiegte gewesen, die jetzt entdeckten, wie Armut und Entsagung Sinne und Herz verkrampften und ganz sicher nicht zur Freiheit führen, ins himmlische Reich. Als Ort politischer Verführungen hatte Paris sich ein für alle Mal erledigt, was die Franzosen erst allmählich im Laufe des Jahrhunderts bemerkten, nicht aber als Stätte geschmacklicher Entzückungen und parfümierter Entrückungen, ein prächtiges Jenseits im Diesseits.

Natürlich wurden die »Sehenswürdigkeiten« besucht, auch von Militärs. Die preußischen und österreichischen Offiziere legten großen Wert darauf, nicht nur als couragierte Haudegen bewundert zu werden, wie die Marschälle der Revolution und des Empire, sondern als ästhetisch Gebildete in adeliger Tradition auch in Kunst und Wissenschaften zu glänzen. Mit ihnen erschien zur Verwunderung der Pariser ein neuer Offizierstyp, der militärischen Sachverstand, wissenschaftliche Bildung, Seelenschönheit und

Anmut zwanglos miteinander verband. Gerade preußische Offiziere wurden nicht länger als engstirnige Militaristen wahrgenommen. Seit dem späten 18. Jahrhundert interessierten sich die Franzosen für deutsche Wissenschaft und Kultur. Die langen Kriege hatten sie mit den Deutschen vertraut gemacht, die jetzt, im Aufbruch der Romantik, wie edle Naturkinder mit Gymnasialabschluss und Eisernem Kreuz an der Brust aufrichtig umschwärmt wurden. Madame de Staëls 1813 erschienenes Buch über Deutschland, *De L'Allemagne,* hatte viele Franzosen darauf vorbereitet, in einer deutsch-französischen Symbiose die Voraussetzung für ein neues Europa zu sehen. Die Bemühungen Napoleons waren gescheitert. Doch das widerlegte mitnichten diese Erwartungen. Die deutschen Offiziere gefielen. Sie tummelten sich vorzugsweise im Musée central des Arts, ab 1804 Musée Napoléon, dem heutigen Louvre, das Napoleon unter Dominque-Vivant Denons Leitung zum herrlichsten Museum ausbauen ließ, das es in Europa je gegeben hatte.

Es war ein Museum, das nur aus Raubkunst bestand, von überallher zusammengetragen. Die Besucher waren überwältigt. Die Europäer hatten bislang viel reisen müssen, um die Meisterwerke ihrer Kunst kennenzulernen und sich über ihre Entwicklung vom Alten Ägypten bis zur Gegenwart zu unterrichten. Nun waren diese Werke an einem Ort versammelt, und die fremden Besucher konnten sich nicht sattsehen. Kunstraub war vorerst noch kein Thema. Im Gegenteil, dieses Museum wurde gleichsam als die hohe Schule des Geschmacks und kulturgeschichtlicher Aufklärung gewürdigt. Alexander von Humboldt führte seinen König Friedrich Wilhelm III. durch die Sammlungen und durch Paris, das er besser kannte als mancher Pariser. Humboldt verkörperte idealtypisch den Deutschen, wie ihn sich die Franzosen vorstellten: blond, kräftig, verträumt und doch lebhaft, ein Junker mit besten Manieren, der außerdem Französisch mit bemerkenswerter Eleganz sprach. Dieser Weltmann und Wissenschaftler, Kenner der Künste und der Literaturen, amüsierte mit seinem Witz und widerlegte die Geschichten von deutschen Pedanten als dumme Märchen. Kriege, ob Siege oder Niederlagen, verhelfen auch dazu, das jeweilige Weltbild zu erweitern und sich in einer weiter gewordenen Welt einzugemeinden.

Insofern gewannen die ausgelassen Feiernden Freude aneinander und versicherten sich ihrer Gemeinsamkeiten, überhaupt nicht verstört durch Hass, Abneigung oder üble Verdächtigungen und aufdringliches Erinnern an Untaten.

Diese kollektive Entspannung der Leidenschaften begünstigte die unaufgeregten Verhandlungen der Diplomaten. Denn trotz des vordergründigen Eindrucks heiterer Sorglosigkeit wurde viel und hart gearbeitet. Im Großen und Ganzen waren sich die Alliierten und auch die Franzosen über eine neue Ordnung in Europa einig. Doch der Teufel steckte im Detail. Viele Einzelheiten, nicht zuletzt in den geografischen Großräumen Deutschland und Italien, blieben umstritten. Ihre Lösung wurde vertagt, dem kommenden Wiener Kongress überantwortet. Der wichtigste Streitpunkt blieb Polen. Keine europäische Macht sah in der Wiederherstellung dieses Königreichs einen sinnvollen Beitrag zur öffentlichen Ruhe Europas. Nur Alexander I. kaprizierte sich darauf, mit der Gründung eines konstitutionellen Staates Polen im Verbund mit dem Russischen Reich seinem Namen den dauernden Ruhm eines Wohltäters der Polen zu verschaffen.

Das war nicht nur Eitelkeit, die vom Willen zur Völkerbeglückung nicht zu trennen ist. Der russische Kaiser wollte tatsächlich als aufgeklärter Monarch diesem unglücklichen Land eine neue Zukunft eröffnen. Metternich fürchtete ein eng mit Russland verbundenes Polen, weil dem östlichen Kaiserreich damit beinahe eine Hegemonie in Mitteleuropa, wenn nicht in ganz Europa eingeräumt würde, sollte Polen sich, wie meist in der Geschichte, erfolgreich um die französische Freundschaft bemühen. Den Preußen missfiel aus den gleichen Gründen ein wiederhergestelltes Polen. Allerdings waren sie bereit, sich mit ihm abzufinden, sofern ihnen für verlorene polnische Provinzen ganz Sachsen zugesprochen würde. Ihren treuesten und ältesten Verbündeten unter den deutschen Fürsten mochten die Österreicher allerdings nicht aufgeben. Außerdem alarmierte sie ein Preußen, das, um Sachsen bereichert, unmittelbar an Böhmen grenzen würde. Der Enteignung eines ehrwürdigen Herrscherhauses, wie es die sächsischen Wettiner waren, selbst wenn sie am Niederrhein oder in Italien einen Ersatz für ihre verlorenen Erblande erhielten, musste die übrigen Dynastien und Staaten in helle Aufregung versetzen. Castlereagh und das britische Kabinett wünschten wie Metternich ein europäisches Gleichgewicht, das durch ein allzu mächtiges Russland von vornherein gestört wäre. Ein freies Polen war nie ein Kriegsziel gewesen, und ein einiges Polen im Russischen Reich verletzte die Regeln der Staatsklugheit. Die eigenartigen Aktivitäten des russischen Kaisers zu Gunsten der Polen fanden die Briten im Unterhaus und in der Regierung ziemlich exzentrisch und allzu spontan.

Europa braucht Frankreich

Metternich und Castlereagh kamen überein, die gute Laune des russischen Kaisers nicht in Paris herauszufordern. Sein optimistischer Frohsinn war im Moment eine große Hilfe, weil er der französischen Regierung die Aussicht bot, nach dem Pariser Frieden wieder als Vertreter einer ganz normalen Großmacht beim allgemeinen Friedenswerk in Wien gleichberechtigt handeln und verhandeln zu können. Die Versöhnung mit Frankreich galt als Voraussetzung für eine Friedensordnung in Europa. Ein versöhntes Frankreich gewann allerdings auch die Beweglichkeit einer Großmacht zurück, mit anderen zusammen Entwicklungen zu hemmen, die seinen Interessen zuwiderliefen. Die Quadrupelallianz von Chaumont hatte vier Mächte vereint gegen Frankreich. Ein störrisches Russland konnte diesen Verein gefährden. Preußen war nicht bereit, sein Bündnis mit Russland zu belasten und in Frage zu stellen. Das wussten alle übrigen Europäer. Russland und Preußen hatten Europa gegen sich. Indem sich Frankreich dafür entschied, Polens Interessen nicht mehr mit den seinen zu vermengen, was Napoleon zuletzt wenig genutzt hatte, wurde es für Österreicher und Engländer zu einem begehrten Gefährten in neuen Kombinationen, um das europäischen Staatensystem vor möglicher russischer Dominanz zu bewahren. Ohne Frankreich ließ sich nichts machen. Diese Gewissheit verschaffte der französischen Regierung das nötige Selbstvertrauen, um vor allem gegenüber deutschen und italienischen Staaten keinen Zweifel daran zu lassen, dass Frankreich sich in europäischer Verantwortung besonders umsichtig der leicht vernachlässigten kleinen Staaten annehmen würde, welche für die bekömmliche europäische Balance unersetzlich waren.

Talleyrand, ein Feind aller Übertreibungen, übte sich in Geduld. Zunächst brach die Festgesellschaft am 6. Juni 1814 nach London auf, um dort weiterzufeiern. Nur Kaiser Franz – eine bürokratische Natur, ein gekrönter Hofrat – war der weltlichen Üppigkeiten, die ihn nicht sonderlich unterhielten, längst überdrüssig. Er reiste zurück nach Wien, wo der abschließende Friedenskongress vorbereitet werden musste, der zahllose Veranstaltungen notwendig machte, die möglichst alles in den Schatten stellen mussten, was die Europäer in Paris und London gesehen und erlebt hatten. Die mannigfachen Formen der Repräsentation galten nicht als Unterhaltung oder Nervenkitzel des sensationslüsternen Straßenpublikums. Sie wurden als wahre Staatsveranstaltungen sehr ernst genommen, weil sie mit Anmut und Würde den Rang einer Großmacht, des Kaiserreichs Österreich, dokumentieren sollten, das sich nach Niederlagen und Demütigungen wie der mythische Vogel Phönix aus der Asche zu neuem Leben aufgeschwungen hatte.

Die Londoner im Besonderen und die Briten im Allgemeinen waren sehr gespannt auf den »Friedenskaiser« Alexander, der sich indes überraschend schnell sämtliche Sympathien verscherzte. Das lag nicht nur an ihm und seiner sehr kaiserlichen Unbefangenheit, frei seine Meinung zu äußeren und als Gast auch ungewohnte Wünsche vorzutragen. Die Europäer wunderten sich sehr über die gesellschaftliche Unbeholfenheit und mangelnde Eleganz der Briten, deren unbequemer Formalismus sie amüsierte oder langweilte. Metternich fühlte sich ins kaiserliche China versetzt. Schon im Frühjahr 1794 hatte er einige Wochen in London verbracht und sich sogar um eine korrekte Aussprache des Englischen bemüht, war aber nur ein interessierter, geduldiger Fremder geblieben. Als vollendeter Diplomat versteckte er seine Abneigung gegen die britische Hauptstadt und die Londoner Gesellschaft hinter verspielten Höflichkeiten, mit denen er seine Gastgeber freilich entzückte. Sie hatten ihn anfänglich als wenig zuverlässig eingeschätzt, weil er im Rufe stand, ein lauer Alliierter zu sein, ein Kollaborateur Napoleons, der dessen Sturz im Grunde bedauerte. Es gelang Metternich, die misstrauischen Briten ganz für sich einzunehmen, je mehr der russische Kaiser sie enttäuschte, von dem sie sich so viel versprochen hatten. Das brachte dem österreichischen Außenminister in den noch umstrittenen Fragen, vor allem in den polnischen Angelegenheiten, erhebliche Vorteile.

Kaiser Alexander fühlte sich zunehmend unwohl unter den Briten, die ihm allzu deutlich zu verstehen gaben, dass er unerträglich taktlos sei. Er verkehrte mit den Führern der Opposition, mit religiösen Dissidenten, ergriff in dem unendlichen Ehedrama zwischen Caroline von Braunschweig und dem englischen Prinzregenten Georg eindeutig Partei für die Frau und setzte alles in Bewegung, um der englischen Thronprinzessin Charlotte Augusta die Heirat mit ihrem Verlobten, dem niederländischen Kronprinzen Wilhelm, auszureden. Die meisten Briten verteidigten Caroline und verachteten Georg, in dem sie keinen Gentleman zu erkennen vermochten. Aber es missfiel ihnen, dass ein Ausländer aussprach, wozu nach ihrer Auffassung nur Briten befugt waren. Alexander überlegte nie, ob sein Umgang mit umstrittenen Persönlichkeiten seinen Verwandten oder Alliierten unbequem sein könnte. Er gab in voller Souveränität seinen Launen und Sympathien nach. Als Gast erwartete er, dass auf ihn Rücksicht genommen wurde. Auf dem Kontinent fügte man sich ohne viele Bedenken in diese Allüren, die der europäischen Courtoisie nicht widersprachen. Denn selbstverständlich sollte sich der Gast wohlfühlen und nicht den Eindruck gewinnen, schlecht behandelt zu werden.

Russisch-britische Empfindlichkeiten

Alexanders Schwester, die russische Großfürstin Katharina, die ihren Bruder begleitete, konnte mit ihren sehr ungewöhnlichen Einfällen überraschen. Sie vertrug beim Essen keine Musik, weil diese ihren nervösen Magen belaste. Das hieß auch, unter keinen Umständen nach dem Trinkspruch auf den englischen Prinzregenten die Nationalhymne anzustimmen, auf welche die Briten bei allen möglichen und für Europäer auch unmöglichen Anlässen nicht verzichten mochten. Bei einem feierlichen Abendessen kam es deshalb unter den Gastgebern fast zum Krawall, bis sie es endlich erreicht hatten, dass die Großfürstin nachgab. Europäern kam der Kult um eine Hymne reichlich exotisch vor, weil sie selber keine Nationalhymnen besaßen oder diese noch nicht – wie Haydns Kaiserhymne von 1797 – hinlänglich popularisiert worden waren, um tatsächlich schon zum Volkslied zu taugen. Katharina hatte zuvor schon für einen handfesten Skandal gesorgt, weil das Festbankett in der Guildhall, dem Herkommen gemäß, unter Ausschluss der Damen stattfinden sollte. In solch seltsame Sitten wollte sich Katharina nicht schicken, weil sie dieses Brauchtum ganz unschicklich fand, sodass zum ersten Mal einige Fürstinnen eingeladen wurden. Die Briten packte der Zorn, wie immer, wenn ihre ihnen heiligen Rituale von Ausländern profanisiert oder als lächerliche Kuriositäten aufgefasst wurden. Die Europäer reizte der Eigensinn der Großfürstin überhaupt nicht. Sie kannten reine Männergesellschaften höchstens unter »den

Wilden« und konnten zur Not auch ohne Musikbegleitung essen. In den mächtig aufgebauschten Missverständnissen um die »unmögliche« Großfürstin äußerte sich ganz einfach die ungemeine Kluft, die zwischen Europa und England bestand. Den Engländern fehlte es schlicht an der sozialen Phantasie, um auf gar nicht so ungewöhnliche Wünsche einzugehen.

Auf jeden Fall hinterließen die russischen Geschwister, die am 27. Juni 1814 abreisten, einen denkbar schlechten Eindruck in London und erschwerten es späteren Generationen, bei den russischen Barbaren und Despoten nicht von vornherein das Schlimmste vorauszusetzen. Umso näher kamen sich Österreicher und Engländer – ein gutes Vorzeichen für den Wiener Kongress. Außerdem wirkte der bescheidene preußische König unter dem Eindruck russischer Ansprüche und Anmaßungen ausgesprochen sympathisch auf die Briten, die in seiner Schüchternheit und Zurückhaltung eine ihnen angenehme Art der Vornehmheit sahen. Wie in Paris, besuchte Friedrich Wilhelm auch in der britischen Hauptstadt eifrig die Museen, fast ein Bürger in Uniform.

Als solcher ritt Kaiser Franz I. am Abend des 16. Juni 1814 nach langer Abwesenheit im festlich erleuchteten Wien ein. Transparente, Ehrenpforten und Inschriften priesen den »Vater des Vaterlands«. »Freudenschüsse knallten, Böller donnerten, Schwärmer zischten, Vivat und Jubelgeschrei erscholl in den Strassen, und jeder gab seine Freude auf irgendeine weise kund«, wie Caroline Pichler, eine Art Madame de Staël Wiens, sich später erinnerte. Die österreichische Dichterin hatte für den Komponisten Louis Spohr im Frühjahr 1814 die Kantate »Das befreite Deutschland« geschrieben, die allerdings nicht zur Begrüßung des Kaisers und seiner Generäle erklang. Franz war schließlich nicht der Repräsentant Deutschlands, er war ein deutscher Fürst unter anderen, gewiss der vornehmste, aber nicht allein verantwortlich für die Siege. Er hatte folglich eine Scheu davor, sich ostentativ in den Vordergrund rücken zu lassen oder sich energisch vorzudrängeln – ganz im Gegensatz zu Metternich, seit der Völkerschlacht bei Leipzig Fürst. Der war mit Goethe einer Meinung: »Nur Lumpen sind bescheiden, Brave freuen sich der Tat.« An Metternich fiel auf, wie kollegial er mit Monarchen verkehrte, gerade noch das notwendige Dekorum wahrend. Dieser Verfechter des monarchischen Prinzips kannte die Fürsten und Könige zu gut, wie er zuweilen bekannte. Das zerstörte alle Illusionen in ihm. Wirklichen Respekt erwies er allein seinem Kaiser. Alle anderen Souveräne ließ er spüren, dass er sie für recht subalterne Figuren hielt, was Alexander I. zuweilen aufregte, verfügte er doch über ein ausgeprägtes Selbstbewusstsein, wie viele, die mit ihrer Demut um Beifall werben.

Fürst Metternich wurde am 18. Juli 1814 Juli in Wien zu den Klängen von Ludwig van Beethovens *Geschöpfen des Prometheus* empfangen. Die schwerfällige Allegorie des Choreographen Salvatore Viganò, der 1801 die Ideen zu diesem Ballett geliefert hatte, hatte die Wiener nicht gut unterhalten. Beethoven war inzwischen zum Staatskomponisten avanciert, als der er während des Kongresses bald allseits stürmische Zustimmung empfing. Seine Musik gefiel, und prometheisches Wirken in Künsten und Wissenschaften ließ sich gut vereinen mit dem Friedenswerk Metternichs, dieses europäischen Prometheus, der Europa wieder ins Dasein gerufen hatte. »Erhabner Fürst ... / Sieh um dich her! Im Lustgepränge / Des neuen Glücks ruft Wien dir zu, / Mit reiner Stimme nur die große Menge, / Ein Pfeiler unseres Staats bist du!« Noch nie war ein Minister mit solchen hymnischen Worten in einer Festkantate in Wien begrüßt worden. Prinz Eugen, der edle Ritter, war ein königlicher Prinz gewesen, ein Verwandter des Allerhöchsten Kaiserhauses, Türkensieger und Bezwinger gallischen Hochmuts, den hundert Jahre zuvor Hofdichter heroisiert und mythisiert hatten. Doch Metternich als Mann der Tat kam vom Schreibtisch oder konferierte am grünen Tisch, das Wort, nicht die Kanone war die Ultima Ratio Regis, und das Wort wies auch dem Schwert seine Aufgaben zu. Der wahre Sieger war nicht ein Feldmarschall, sondern der Minister, der ersteren seinen Weisungen unterwarf. Metternich, der angebliche Reaktionär, vertrat selbstbewusst eine neue Zeit, in der Kanzler, Premierminister und leitende Beamte zu Helden stilisiert wurden, zu den großen Führern, zu denen die Gesellschaft aufblickte. Noch kamen diese Männer aus dem Adel, oftmals wurden sie erst geadelt oder stammten, wie Napoleon, gleichsam von sich selber ab, als Söhne ihrer Taten. Doch diese gänzlich neue Einschätzung des Talents und des Büros, des Schreibtischs und des Gesprächs, der Verhandlung als wichtigste Handlung, wies voraus auf veränderte Zeiten und Mentalitäten.

Die ästhetisierte Monarchie

Das Büro, die Stätte rationaler Funktionstüchtigkeit, ließ sich nicht mehr mit Thron und Altar unmittelbar verbinden, die nicht allein die Vernunft, sondern auch die Phantasie beschäftigten. Völker bräuchten, so meinten Gegner der Revolution wie Antoine de Rivarol oder Joseph von Eichendorff, anschauliche Wahrheiten, weil die Abstraktionen des Vernunftstaates die Einbildungskraft, die größte Kraft, verdorren ließen. Der erklärte Antiromantiker Metternich teilte nicht die Vorstellung des Preußen Gneisenau, Poesie und die von ihr geweckten Herzenserhebungen seien die sichersten Stützen der Throne. Aber als Aristokrat war er mit der praktischen Weltklugheit der alten, entschwundenen Welt vertraut. Der Pöbel, das leicht aufgeregte »Volk« brauche, wie immer wiederholt wurde, äußere Zeichen, die seine Sinne beschäftigten und den Respekt vor der staatlichen, von König oder Fürsten repräsentierten Ordnung erhielten. Der Verwaltungsstaat musste deshalb zuweilen als schöner Staat in Erscheinung treten, als große Oper die Sinne überwältigen oder wenigstens geschmackvoll beschäftigen. Auch das gehörte zur Aufgabe der Monarchie: im grauen Alltag der Verwaltungsroutine für Abwechslung und Farbe zu sorgen und bei besonderen Gelegenheiten Staatsorgane und Staatsbürger zu einer Festgemeinschaft zusammenzuschließen. Thron und Krone mussten als geschmackvolles Kostümstück, als Repräsentation kunstvollen Repräsentierens gefallen. Der Wiener Kongress war in dieser Hinsicht ein insgesamt gelungenes, sehr modernes Experiment. Es steht am Beginn der Umformung des Bündnisses von Thron und Altar zur ästhetisierten Monarchie als Staatsballett.

»Europa bin ich – nicht mehr eine Stadt.« Derart selbstbewusst stellte sich die »Städte Königin«, »Vienna, Vienna, Vienna!«, die »Kronengeschmückte, Götterbeglückte«, in Alois Weißenbachs von Beethoven vertonter Kantate *Der glorreiche Augenblick* den Fürsten und Völkern vor. Und: »Stolze Roma, trete zurück!« Die ewige Stadt konnte verständlicherweise Wien den Vorrang überlassen, »wenn ein gesprengter Weltteil wieder / sich zum Ringe füget und schließt, / und zum Bunde friedlicher Brüder / sich die gelöste Menschheit küßt.« Der Wiener Kongress war das größte

Fest, das sich der europäische Adel je gegeben hat. 247 Mitglieder regierender Häuser versammelten sich in Wien. Mit ihnen kamen Tausende von großen Herren, die wiederum Zehntausende von Sekretären und Beamten sowie Hilfspersonal für alle möglichen Zwecke mit sich führten. Nach Wien – damals eine Großstadt von 350000 Einwohnern – reisten rund einhunderttausend Gäste, die monatelang dort verweilten.

Doch nicht nur die große Welt traf sich in Österreichs Hauptstadt, auch die Halbwelt wurde von dem ungewöhnlichen Ereignis angezogen. Die Gäste mussten untergebracht, und für ihre Bequemlichkeit musste gesorgt werden. Die kaiserlichen Behörden bewältigten bravourös diese organisatorischen Aufgaben und erwiesen sich als Virtuosen der Improvisation. Den Prinzen und Königen mussten jederzeit Pferde und Kutschen zu Verfügung stehen. Sicherheitsmaßnahmen waren selbstverständlich. Aber die hohen und höchsten Herrschaften tummelten sich leichtsinnig im Gedränge der großen Stadt, ohne Attentate zu fürchten oder Raubüberfälle in der Dunkelheit. Allerdings konnten sie sich auf die Qualität der österreichischen Geheimpolizei unbedingt verlassen. Diese arbeitete vorzüglich, diskret und war allgegenwärtig. Ihr entging nichts. Auch das Personal der Botschafter oder fremder Minister half gerne gegen gute Honorare den emsigen kaiserlichen Datensammlern. Übrigens bestätigte diese erste beinahe flächendeckende Erfassung von Lebensumständen, dass der Perfektionswahn unter der Masse an Banalitäten kaum noch den Blick freigab auf das wirklich Wichtige und Interessante, von dem vieles geheim blieb. Immerhin weiß die Nachwelt ziemlich genau, womit und mit wem sich die Herrschaften in Wien die Zeit vertrieben.

Für Abwechslung war in erster Linie das kaiserliche Festkomitee zuständig. *Minima non curat praetor* – um Kleinigkeiten kümmern sich der Minister oder König nicht. Dafür haben sie Beamte und subalterne Diener zur Verfügung, welche die Sitzungen vorbereiteten und die dafür notwendigen Akten kopierten. Die vornehmen Gäste durften in der tagungsfreien Zeit nicht das Gefühl bekommen, vernachlässigt zu werden. Mit den kaiserlichen Festspielmeistern konkurrierten die großen Botschaften, die einzelnen Monarchen, die hohen Aristokraten. Nahezu jeden Abend wurden Bälle, Diners und Konzerte veranstaltet oder in irgendeinem adeligen Salon gesellige Runden zu Konversation und Spiel arrangiert. Der Wiener Kongress war auch das spektakulärste Treffen der besten Köche Europas, die den Ehrgeiz hatten, sich wechselseitig zu übertreffen und ein verwöhntes Publikum mit Sensationen auf immer weitere kulinarische Erfindungen neugierig zu machen. Damals setzt sich endgültig die französische Küche als die allgemein vorbildliche durch und verdrängte die italienische als ernste Konkurrentin um den ersten Platz. Über die englischen Küche hält sich hingegen seither das Urteil, schlichtweg eine Zumutung für die Geschmacksnerven zu sein. Die Wiener Köche gaben sich Mühe, mit Rezepten aus allen Regionen des Kaiserreichs eine österreichische oder Wiener Küche zu erfinden, was ihnen gelang. Seitdem stand die Monarchie in dem Ruf, den Reisenden überall, auch in Provinzen, wo sich die Füchse gute Nacht sagten, mit Gerichten zu überraschen, die dem Niveau der Hauptstadt entsprachen.

Überhaupt führte der Andrang wohlhabender Touristen oder solcher, die so taten, als seien sie vermögend, zu erheblichen Verbesserungen in den Gasthöfen und Kaffeehäusern, die fortan gehobenen Komfort boten. Prinzen besuchten Weinstuben oder Restaurants, was sie früher nie getan hatten, und genossen die Bequemlichkeiten des städtischen Lebens beim Flanieren und Schlendern durch die Gassen oder rund um den Graben, gleichsam ein Freiluftsalon, in dem alle einander begegneten. Zum öffentlichen Leben gehörten die bald unersetzlichen Einrichtungen und Etablissements, in denen sich der Großstädter und erst recht der Reisende aus der Kleinstadt amüsieren wollte: Bordelle, türkische Bäder, Spielhallen und Tanzcafés. Der Wiener Kongress verschaffte der »Kaiserstadt« das bis 1914 unerschütterte Prestige unter Diplomaten, neben Paris der eleganteste, aber auch teuerste Dienstsitz in Europa zu sein. Nur steinreiche Aristokraten konnten sich als Botschafter in der luxuriös verspielten Wiener Gesellschaft behaupten.

Die egalisierenden Folgen fröhlicher Promiskuität

Der Kaiserhof verfügte über genug Silber, Kristallgläser und Porzellan, aber doch nicht genug für die Massen, die in den Redoutensälen der Hofburg oder in der Spanischen Reitschule zum Buffet drängten. Ununterbrochen wurde weiteres Silber angeschafft, weil die Gäste ihr Besteck gerne als Erinnerung mitgehen ließen. Säle mussten dekoriert, erleuchtet und mit Blumen geschmückt werden. Die kaiserliche Regierung, hoch verschuldet, häufte weitere enorme Schulden an, um als liebenswürdige Verschwenderin die internationalen Gäste zu unterhalten. Der Kongress kostete weit mehr als ein Feldzug gegen Napoleon. Doch er brachte dauerndes Ansehen und bleibenden Ruhm, womit er sich von Schlachten unterschied. Die kaiserlichen Empfänge waren nicht unbedingt exklusiv. Manchmal drängten sich bis zu 10000 Leute in den durch Unmengen von Kerzen taghell erleuchteten und viel zu warmen, stickigen Räumen der kaiserlichen Residenz. Wegen der Überfüllung ging es notgedrungen sehr leger zu, wenn sich die Rücken aneinander rieben und mancher versehentlich einen Fürsten für den Kellner hielt. Im Schutz der Masken auf Kostümbällen waren ohnehin einige Großzügigkeiten erlaubt, auch erwünscht, um einander schneller – auch erotisch – näherzukommen, wobei umständlicher Formalismus nur ernüchternd und abkühlend wirken konnte. Die Damen »mit einer kleinen Tugend« fanden rasch den erhofften Zugang zu den Herren, die geleistete Dienste gut entlohnten. Möglicherweise gab es ein Wiedersehen, eine Anstellung irgendwo, oder sie wurden weitervermittelt an einen interessierten Vetter.

Sängerinnen, Tänzerinnen, Schauspieler verloren ihre Karriere nicht aus den Augen, die von verliebten Herren befördert werden konnte. Bürgertöchter suchten Protektion, verarmte Gräfinnen Unterstützung, Glücksritter warben um die Aufmerksamkeit der vielen Grafen, Fürsten und Herzöge und hatten oft sogar Glück damit. So war der Kongress eine Börse, auf der die Kurse der Liebesaktien immer neu bewertet wurden, ein großes Casino, da überall Spieltische standen und gerissenen Betrüger beste Gelegenheiten fanden, mit ihren dubiosen Kunstfertigkeiten beachtliche Gewinne einzuheimsen. Kaufleute und Gastwirte machten das Geschäft ihres Lebens. Jeder in Wien konnte irgendwie verdienen am Kongress, mit kleinen Dienstleistungen, Zimmervermietung, der Vermittlung von »Künstlerinnen« im Stundenhotel oder von Knaben für das »schöne Laster«, dem Männer nur mit Männern frönen. Die soziale und sexuelle Vermischung nahm bislang ungeahnte Ausmaße an. Die Promiskuität war so alltäglich, dass Lord Castlereagh und seine Frau sich einfach lächerlich machten, weil sie so unelegant waren, ihre Verliebtheit öffentlich zu zeigen. An den Affären Metternichs, Hardenbergs, Wilhelm von Humboldts und der dazugehörigen Gräfinnen oder Prinzessinnen bis hin zur russischen Kaiserin – nur Humboldt bevorzugte ausschließlich deftige »Weiber« aus der Vorstadt – nahmen Freunde und Gesellen aller Art regen Anteil. Die Geheimpolizei wusste sowieso bestens Bescheid. Über das Personal und die herumschnüffelnden Konfidenten, also Spione, verbreiteten sich die neuesten Nachrichten schnell in Gasthäusern, Pensionen oder bei Modisten und Fleuristen. Außerdem gaben sich die meisten ganz ungeniert. Viele Aristokraten genossen die Wochen in Wien wie Ferien vom Ich als Ferien von der Etikette und den Konventionen. Die Wiener drängten sich zuerst ehrfürchtig um die Kutschen und Auffahrten der Monarchen. Doch allmählich legte sich der Enthusiasmus. Allzu viele Prinzen auf einem Haufen wirkten ernüchternd, denn sie unterschieden sich so gar nicht von gewöhnlichen Sterblichen oder machen sich verächtlich, weil sie allzu gewöhnlich wirkten aufgrund von Trunkenheit, Prügeleien und Liederlichkeiten.

Das Geheimnis der Gekrönten, durch die Distanz gewahrt, verlor sich in der alltäglichen Nähe. Insofern hatte dieses Adelsfest wegen der mangelnden Vornehmheit und Ferne einen sehr demokratisierenden Effekt: Unter »ganz normalen« Menschen fielen die Aristokraten gar nicht weiter auf, wenn sie beim Einkauf durch die Stadt liefen oder unauffällig im Kaffeehaus saßen, um Zeitung zu lesen oder Schach zu spielen. Die »Vermenschlichung« des Adels hatte ja schon in der Zeit der Empfindsamkeit während des Sturm und Drang begonnen, als man mit Tränen der Freundschaft das Glück übereinstimmender Gemüter benetzt hatte. Die Kleidung wurde schlichter, der Schmuck karger, ästhetische Erziehung und philosophische Ideen glichen die Stände einander an, deren Angehörige sich als gebildete Menschen wie Ebenbürtige behandelten. Diese Egalisierung schloss die Juden, sofern gebildet, ebenso mit ein wie die Salons der Gattinnen noch ungetaufter Bankiers. Während des Wiener Kongresses konstituierte sich die adelig-bürgerliche Gesellschaft, die sich insgesamt als die gute Gesellschaft begriff. Die Bürger passten sich adeligen Lebensformen an, die Aristokraten verbürgerlichten über Studium und Beamtenlaufbahn.

Ludwig van Beethoven, als Künstler und Genie keiner Klasse angehörend, symbolisierte dennoch diese neue Gesellschaft. Ihn förderten hohe Aristokraten. Unter dem Eindruck des bürgerlichen Geniekultes wurde er für Bürger und Adelige zum Inbegriff des großen, freien Menschen, der sich aber nicht über die andere erhob, sondern die Botschaft der Brüderlichkeit und versöhnenden Menschlichkeit verkündete. Seine Oper *Fidelio,* deren dritte und endgültige Fassung am 23. Mai 1814 im Wiener Kärntnertortheater uraufgeführt wurde, entwickelte sich zum häufig wiederholten Festspiel während des Kongresses. Es war eine Oper über die Befreiung von despotischer Gewalt. Don Fernando, des besten Königs Minister, bewahrt seinen Freund Florestan, den Edlen, der für die Wahrheit streitet, vor dem mörderischen Anschlag Pizarros. Freundes- und Bruderliebe wirkt als wohltätige Macht, zu ihr gesellt sich die Gattenliebe, die Leonore den Mut verleiht, ihren Mann aus Not und Schrecken zu erlösen. »Wahre Liebe fürchtet nicht«, weil sich in ihr die wahre Menschlichkeit äußert, die jeden dazu anleitet, im Freund den Bruder, im holden Weib die Schwester zu finden. Königsidealität – des besten Königs rettender Wink und Wille – und staatsbürgerliche Brüderlichkeit ermöglichen die Symbiose von Gerechtigkeit, Freiheit und Humanität. Dieser neuen heiligen Dreieinigkeit galt Beethovens Jubel am Schluss, der das tief bewegte Publikum der Menschenfreunde jedes Mal zu Beifallsstürmen in diesem soeben erlebten »glorreichen Augenblick« hinriss. In der gleichnamigen Kantate, die am 23. November zum ersten Mal im Konzert erklang, wird ebenfalls der Bund der Brüder beschworen und der Kuss, mit dem Menschen im Anderen den Menschen ehren. Doch ihr letztes Wort richtet »Vienna« an den Bund der gerechten, guten Könige: »Und nach meines Kaisers Rechten / greifen die Herrscherhände all, / einen ewigen Ring zu flechten. / Und auf meinem gesprengten Wall / baut sich Europa wieder auf.«

Der Vater des Vaterlands

Vom Volk ist in den Festen häufig die Rede, stets in Verbindung mit dem Herrscher. Am 13. Oktober wurde im Wiener Prater ein Festessen für 20 000 Soldaten gegeben, die gemeinsam mit ihren Offizieren aßen. Die Könige mischten sich nicht unter diese Gemeinschaft der Waffenbrüder, aber sie speisten in deren Nähe. »Alles war Leben, alles Fröhlichkeit, heiterer Mut und selige Hoffnung einer besseren Zukunft«, wie Caroline Pichler bemerkte. Für sie war dies Ensemble das Bild einer einträchtigen Familie, die sich um ihren Vater versammelt und ein gemeinschaftliches Liebesmahl begeht. Sie verstand den Sinn, den die Regierung mit dieser durchaus politischen Feier verbunden wissen wollte.

Am Abend desselben Tages veranstaltete Metternich in seinem mit allem erdenklichen Luxus ausgestatteten Palais ein prächtiges Freudenfest. Eröffnet wurde es im Garten mit der Aufführung eines Huldigungsspiels für die Monarchen, die alle bösen Geister der Zwietracht überwinden und das Volk, das sich zum Tempel des Friedens geflüchtet hat, mit den Segnungen der Künste, der Industrie und der unter ihrem Schutz stehenden Wissenschaften beglücken. Das öffentliche Glück ergibt sich aus dem Gemeinwohl, an dem alle tätigen Anteil haben. Von jedem wird nicht nur eine schweigende Ergebenheit in des Königs Wink und Willen erwartet, sondern auch die freie Entfaltung seiner Kräfte an seinem Platz innerhalb des Vaterlandes, das vom Monarchen, dem »Vater des Vaterlands«, repräsentiert und zusammengehalten wird.

Solche Erfindungen Metternichs hatten nichts mit der Nation zu tun, aber mit ihnen versuchte er doch Volk und Vaterland ihren Platz in der staatlichen Ordnung zuzuweisen. Im Staat musste Raum für Vaterländer und Völker sein. Das war der Grund, warum bei den Festen die geladenen Gäste so häufig in Nationalkostümen auftraten, als Steirer, Tiroler, Ungarn, oder Venezianer. Die Monarchie zeigte sich auf diese Weise wie ein Bruderbund von Völkern, die der Kaiser väterlich und fürsorglich beisammen hielt, jedem das Seine im Pluriversum seines Reiches erhaltend, das nicht unter dem Druck von Theorien zu einem gleichgeschalteten Universum umgebaut werden sollte. Diese Bemühungen regten Caroline Pichler zu einem Aufsatz an, in dem sie forderte, sich endlich von ausländischen Modediktaten zu befreien und sich auf deutsche Gewänder des Mittelalters zu besinnen: »Es kehrt ein bess'rer Geist und frömmre Sitte / Vielleicht mit dieser Tracht in unsere Mitte.« Auf einem Maskenball trat sie mit ihrer Tochter im Dirndl auf. Sie löste damit eine Bewegung aus, die von Österreich nach Bayern, Württemberg und Baden reichte, passende Nationaltrachten für die jeweiligen Vaterländer zu erfinden. Die heutigen Volkstrachten kamen gar nicht aus dem Volk. Sie wurden unter energischer Einflussnahme der Regierungen von Intellektuellen entworfen und den störrischen Bauern, die längst an städtische Gewänder gewöhnt waren, allmählich als »Volksgut« nahegebracht. Prinzen und Aristokraten liefen während der Sommerfrische als erste in Tracht herum und popularisierten dieses Nationalgewand in den unterschiedlichsten Variationen beim Bürger, bis endlich auch das Volk sich volkstümlich kleidete. Die Tracht ist der phantastischste Ausdruck gelungener Landesväterlichkeit. Alle Burschen und Madln tragen, wie der Kaiser oder König und seine Frau, das gleiche Gewand. Auch das war eine egalisierende und damit demokratisierende Fernwirkung des Wiener Kongresses.

Das Dirndl und aristokratische Jugendbewegungen

Eine gewisse Egalisierung innerhalb des Adels erwies sich alsbald ebenfalls als demokratisierend. Im häufigen Umgang miteinander, schon in Paris und dann in Wien, lockerte die große europäische Familie ihre Konventionen. Man erfreute sich daran, eine Familie zu sein, freundete sich untereinander an und ging zum familiären Du über, jetzt auch unabhängig vom Alter. Was unter Bauern noch als höchst respektlos galt, den Vater oder Großonkel wie einen beliebigen Kameraden zu duzen, wurde jetzt Brauch unter den adeligen Neffen und Cousinen, Tanten und Onkeln, die auf dem

Wiener Kongress wie auf einem gigantischen Familientag dauernd aufeinandertrafen, auch an Orten, an denen man früher nicht unbedingt Verwandten begegnen wollte. Die neue Vertraulichkeit führte zu Freundschaften, überhaupt zu dem Bedürfnis, auch unter seinesgleichen Seelengefährten zu suchen, mit denen man sich in sentimentalen Schwärmereien ergehen oder lyrische Gefühle austauschen konnte, sei es beim gemeinsamen Musizieren oder beim Wandern in Gottes freier Natur. Die jungen Adeligen auf dem Wiener Kongress bildeten die erste Jugendbewegung, der Eichendorff in seinem 1815 erschienenen Roman *Ahnung und Gegenwart* mit seinem »lustige[n] Häuflein Studenten« ein Denkmal setzte. In Wien genossen die Aristokraten die Wonnen der Gewöhnlichkeit, lernten, es sich bequem zumachen, auch in der Kleidung, und logierten oftmals lieber im Hotel statt im Schloss bei Verwandten, weil das viel mehr Unabhängigkeit erlaubte.

Was früher nie geschehen war: Auf einmal besuchten die königlichen Verwandten einander, reisten wie Touristen und trafen sich in den Bädern – kleinbürgerlichen Nestern, die durch ihre Gäste elegant wurden, die dort eigentlich das schlichte Landleben suchten, aber recht schnell froh waren, den allerneuesten Komfort, den sie auf ihren Schlössern nicht kannten, wenigsten im Palast- oder Schlosshotel nicht entbehren zu müssen. In Deutschland sprudelten überall wundersame Heilquellen meist in der Nähe der Stammburg irgendeiner Dynastie. Fast alle Herrscherhäuser kamen ursprünglich aus Deutschland, und wenn nicht, hatten sie mittlerweile so viele deutsche Verwandte, dass auch ein russischer Kaiser oder ein König von Portugal wie ein »Landeskind« gerne gesehen ward. Seit dem Wiener Kongress wurden Deutschland und Österreich als dessen

Teil förmlich zur Mode der eleganten Welt. Deutsch wurde sogar zu einer allgemeinen Verkehrssprache. Es gab keinen Fürsten, der nicht deutsch sprach. Meist unterhielt man sich untereinander auf Französisch. Doch das Deutsche wurde so etwas wie ein familiärer Jargon in dieser internationalen Großfamilie. Sie verkörperte Europa und veranschaulichte mit ihrer Verwandtschaft ein Europa, das sich aus Verwandten zusammensetzte, eben auch aus Nationalverwandten, die sich nicht, wie England und Frankreich, dauernd als Erbfeinde missverstehen mussten. Der tanzende Kongress, der schmausende Kongress permanent Verliebter oder erotischer Spieler nahm, noch bevor der eigentliche Friedenskongress im November 1814 begann, vorbereitet von gut geschulten Bürokraten, ein Europa als Einheit der Lebenskultur, des Geschmacks und der geistigen Gemeinsamkeiten vorweg. Ein wiederhergestelltes Europa wurde endgültig zu einer Idee, zu einem geistigen Begriff und zu einem weiten Vaterland. Das war kein geringes Verdienst. Beethoven konnte mit voller Überzeugung seinen Chor singen lassen: »Welt! dein glorreicher Augenblick!«

KAPITEL 4

Keine Chance für ein Europa der Nationen

Der Wiener Kongress, der nach vielen Verschiebungen endlich am 1. November 1814 offiziell beginnen sollte, ist nie eröffnet worden. Genau genommen hat er nie getagt. Denn eine Vollversammlung wurde nie einberufen. Sie wäre wegen allzu vieler Mitglieder gar nicht arbeitsfähig gewesen. Die vier Siegermächte hatten schon Schwierigkeiten, sich untereinander abzustimmen. Deshalb wollten sie sich nicht auch noch von anderen und gar subalternen Mächten in ihren Vorstellungen, Europa zu ordnen, irritieren oder aufhalten lassen. Auch Frankreich war anfänglich in ihrem Kreis nicht zugelassen. Doch der Fürst von Benevent, wie Talleyrand meist mit seinem napoleonischen Titel genannt wurde, nutzte geschickt heftige Unstimmigkeiten unter den Alliierten, sodass Frankreich Ende Dezember als gleichberechtigter Vertreter in den Club der Großmächte aufgenommen werden musste. Und natürlich hatte Talleyrand überhaupt keine Lust, diese sehr exklusive Runde zu erweitern, seit er selbst ihr angehörte. Immerhin wurden gelegentlich die Vertreter Spaniens, Portugals und Schwedens über den Stand der Verhandlungen unterrichtet, weil sie den Frieden mit Frankreich unterzeichnet hatten und zu den Siegern gehörten. Doch ein nennenswerter Einfluss auf den Geschäftsgang blieb ihnen verwehrt. Von einer Diktatur der aus Russland, Österreich, Preußen, Großbritannien und Frankreich bestehenden »Pentarchie«, von der die kleineren Staaten bald schlechtgelaunt sprachen, konnte allerdings keine Rede sein. Viele Angelegenheiten wurden an Kommissionen überwiesen, in denen die mittleren und kleineren Staaten ihre Wünsche vortragen konnten. So gab es beispielsweise eine Kommission zur Regelung der schweizerischen oder deutschen Angelegenheiten und zum freien Verkehr auf den Flüssen und Strömen Europas. Außerdem gab es eine Fülle notwendiger, für die Großmächte aber untergeordneter Fragen, wie etwa die rechtliche Stellung der Juden in deutschen Stadtrepubliken oder das Urheberrecht für Schriftsteller.

In Europa hatte sich seit dem Westfälischen Frieden von 1648 die Hegemonie einiger Großmächte durchgesetzt. Nur die Zusammensetzung dieser bevorzugten Gruppe änderte sich bisweilen. Spanien und Portugal waren 1789 noch Groß- und Weltmächte gewesen, aber mehr mit ihrer Stellung in der Welt als in Europa beschäftigt. Schweden hatte sich bis dahin als nordeuropäische Regionalmacht behauptet. Alle drei wurden im Friedensvertrag mit Frankreich noch berücksichtigt, aber mehr aus Höflichkeit denn aus Notwendigkeit. Schließlich sollte der Friede von Paris von vornherein einen europäischen Charakter haben und auf die kommende allgemeine Friedensordnung hinweisen, die anschließend in Wien vereinbart werden sollte.

Was Preußen betraf, so wäre ohne dessen Eingreifen auf Seiten Russlands und ohne die preußischen Truppen ein Sieg über Napoleon unwahrscheinlich gewesen. Preußen gehörte von nun an unumstritten zu den entscheidenden Friedensmächten, zu den Hütern der öffentlichen Verfassung Europas. Trotz ihres Sieges und der Bereitschaft, den Besiegten als Mitglied der europäischen Staatenfamilie rücksichtsvoll zu behandeln, fürchteten die Alliierten in Frankreich doch weiterhin die Macht, die Europa wieder in Unordnung stürzen könnte. Deshalb sollte Frankreich künftig daran gehindert werden, weiterhin, wie seit Jahrhunderten gewohnt, in Deutschland oder Italien nachhaltigen Einfluss auszuüben oder mit den spanischen Bourbonen eine Familienpolitik zu seinem Vorteil zu betreiben. Dementsprechend sollte das europäische Gewicht Frankreichs auf das Hexagon beschränkt werden, wie die Franzosen ihr Land wegen seiner sechseckigen Form auch nannten. Der Staat mit der größten Bevölkerung Europas und einer ungewöhnlichen Wirtschaftskraft brauchte nicht zu fürchten, unter solchen Bedingungen im europäischen Konzert überhört zu werden. Seine faktische Macht war einfach unübersehbar und eindrucksvoll.

Die Absicht, diese Macht zumindest einzudämmen, glich einem Umsturz der klassischen europäischen Politik, obwohl Frankreich schon vor 1789 längst überfordert damit gewesen war, sich überall in Europa einzumischen. Die Enttäuschung oder Verbitterung über den unvermeidlichen Rückgang der französischen Macht hatte damals die Monarchie um ihren Kredit gebracht und den Revolutionären den Nimbus verschafft, Ruhm und Größe des Vaterlandes wiederherstellen zu können. Wenn Frankreichs Machtmöglichkeiten nun eingedämmt werden sollten, dann, um diesen unentbehrlichen Staat nach all den Übertreibungen der Revolution und Napoleons mit der Wirklichkeit zu versöhnen und auf seinen normalen Rang zurückzuführen, den das Land vor 1789 innegehabt hatte. Erzwingen konnten dies nur die vier Siegerstaaten der Befreiungskriege. Hätten sie den übrigen Staaten eine Mitsprache eingeräumt, dann wäre es den französischen Diplomaten als Fürsprechern der mittleren und kleineren Staaten leicht gefallen, unter letzteren Anhänger zu finden und mit ihnen im Verbund eine wirkliche Neuordnung zu verhindern. Später wurde den selbstherrlichen Großmächten vorgeworfen, auf dem Wiener Kongress einen Länder- und Völkerschacher betrieben zu haben wie früher die Kabinettspolitiker der Könige, allein der Staatsräson folgend, ohne auf die Stimmen der Völker zu hören und deren Recht, sich zu unteilbaren Nationen zusammenzuschließen. Doch 1814 gab es noch keine Nationen. Selbst Frankreich befand sich erst auf dem Weg, über die Armee als Schule der Nation und mit Hilfe der verschiedenen Bildungsanstalten aus den vielen Völkern und Sprachen, aus Basken, Katalanen, Elsässern, Bretonen und anderen eine Einheit zu formen, die aus einer vorläufig noch abstrakten Idee eine Realität machte. Dies gelang erst im Laufe des 19. Jahrhunderts.

Nation als bloßes Naturtum

Die übrigen Staaten waren Föderationen mehrerer Königreiche mit verschiedenen Völkern und Sprachen, wie etwa Spanien oder das Vereinigte Königreich. Sie unterschieden sich nicht grundsätzlich von den beiden Kaiserreichen Russland und Österreich. Engländer riefen häufig die Nation an, sie meinten damit meistens den Staat, von dem sie keinen klaren Begriff hatten, zur Verwunderung der Europäer. Dem staatstreuen preußischen Historiker Heinrich Leo galt die Nation als bloßes Naturtum. Der Mensch entferne sich in der Geschichte von der Natur und finde in der Kultur zu seiner ihm angemessenen zweiten Natur. Bei dieser Bemühung komme ihm der Staat entgegen. Er sei es, der überhaupt erst Völker schaffe, die im Staat als Völker des Staates gleichberechtigt zum Staatswohl beitrügen. Heinrich

Leo erschien es daher als völlig neues Evangelium, dass gleiche Sprache und Religion zu der Forderung berechtigten, in einem Staat zusammenzuleben. Ein Staat, in dem nur eine Sprache gesprochen wurde, galt den Europäern bislang als ein recht einfältiger und zerbrechlicher Staat, wie Stephan I., der Heilige, der erste König des von ihm begründeten Vielvölkerstaates Ungarn, bereits um das Jahr 1000 behauptet hatte. Deshalb wurde bis zur Französischen Revolution keine »Sprachenpolitik« betrieben. Jeder Staat war bis dahin ein Pluriversum voller Besonderheiten, auch Wunderlichkeiten gewesen.

Die nationale Idee, wie die Franzosen sie propagierten, wandte sich gegen den Pluralismus und verlangte nach Homogenisierung des Mannigfaltigen im unmittelbaren und angrenzenden »Lebensraum«. Nation und Freiheit wurden zu Kampfbegriffen, die Akademiker in sämtlichen Völkern aufgriffen, nicht zuletzt, um mit ihnen gegen die französische Suprematie zu kämpfen.

Die französische Nation mit ihrer großen Armee hatte den verschüchterten Europäern eingeprägt, dass es im französisch beherrschten Europa der Nationen selbstverständlich eine Hierarchie gebe. Die französische Nation, einzigartig und vorbildlich, wies allen Völkern in Europa die Richtung und durfte mit ihnen als Material zum Nutzen des Großfranzösischen Reiches spielen. Sie durfte sich vor allem Gebiete jener Völkerschaften aneignen, die es, wie Deutsche und Italiener, aus historischen Gründen nicht zur Nation gebracht hatten, oder die, wie die Spanier, als mittelalterliche Schreckgespenster das Recht auf nationale Selbstständigkeit verwirkt hatten. Der große Beweger und Beschleuniger, die französische Nation, entschied darüber, welches Volk überhaupt dazu begabt war, sich zur Nation zu bilden. Die französische Nation prägte allerdings auch allen Europäern ein, wie sehr nationale Freiheit mit Gewalt zusammenhing. Nur die Großen waren zur Freiheit berufen. Wer groß und frei sein wollte, der musste – wie Frankreich anschaulich zeigte – alles Kleine, Besondere, alles von der erwünschten nationalen Norm Abweichende systematisch dieser Norm angleichen. Die Freien zeichnete ein und dieselbe Freiheit aus. In der Nation wurden alle zu Gleichen. Es gab keine Parteien mehr, keine Verschiedenheiten, nur noch Franzosen. Die Nation wurde in diesem Sinne zur umfassenden Arbeits- und Erziehungsanstalt. In ihr konnten alle in einem dauernden Bildungsprozess der einen und vereinheitlichenden Freiheit teilhaftig werden, welche die Nation verhieß. »Die Freiheit« in »der Nation« war allerdings der Feind und der Gegensatz der vielen »Freiheiten«, die im alteuropäischen Staat ganz verschiedene Völker gemeinsam hatten genießen können. Das alte Europa war eine freiheitliche Welt gewesen, eine Welt der unübersichtlichen Freiheiten, so bunt und phantastisch wie das Leben selbst und der unerschöpfliche Mensch.

Die Fülle dieser wuchernden Sonderformen hatte den königlichen und sehr vernünftigen Staat, der seit dem 16. Jahrhundert seine Aufgabe darin sah, ordnend in den Wildwuchs wirrer Sonderbestrebungen einzugreifen, schon längst gestört. Der monarchische Absolutismus – meist in Übereinstimmung mit den kapitalistischen Bürgern, die Sicherheit für ihre Geschäfte brauchten – griff oft zu ungewöhnlichen Maßnahmen allmählicher Uniformierung. Sie wurden als Modernisierungsschübe gewürdigt und als solche entschuldigt. Denn jede Modernisierung ist gut, wie der Glaube der Zukunftsgestalter lautet, der die jeweilige Neuzeit nötigt, sich zur allerneuesten Neuzeit zu überholen. In diesem unaufhaltsamen und wundersamen Prozess können Mord, Folter, Inquisition, Zensur, Denunziation und Ausspähung auch der privatesten Belanglosigkeiten unter Umständen zum Verdienst werden, gilt es doch die nationale Sicherheit und Freiheit vor Terroranschlägen unmoderner Fundamentalisten zu schützen.

Die französische Nation hatte erstmals seit 1792 vorgeführt, wie die Sorge um vollkommene Sicherheit die bürgerliche Handlungs- und Denkfreiheit erstickte. In der Nation als Sicherheitsgemeinschaft und Versicherungsgesellschaft kann es vollständige Sicherheit nur geben, wenn jeder einzelne ununterbrochen daran denkt, was er der Gesellschaft und der Nation, der er so viel verdankt, zurückgeben kann.

Die Regierung als Wohlfahrtsausschuss darf ihn dauernd beobachten und beraten. Das beruhigt jeden Freien und gibt ihm das Gefühl der Sicherheit, ohne das er nicht zu leben vermag. Schließlich ist er kein privatistischer Sonderling, sondern übt sich in politischer Korrektheit und hat, da er sich nichts zu Schulden kommen lässt, gar nichts zu verbergen. Er ist transparent für jeden. Doch das hilft ihm wenig, wie die erste französische Republik demonstriert hatte. Die wehrhafte Republik als Nation und Wertegemeinschaft freier Franzosen musste ständig wachsam und misstrauisch bleiben, weil überall arglistige Verräter unterwegs sein konnten, um Anschläge auf die nationale Sicherheit vorzubereiten, ohne die bürgerliche Freiheit keinerlei Fundament besitzt. Es waren deshalb die Polizei, der Staatsanwalt und der Denunziant, die zusammen mit den Enthüllungsjournalisten als selbstlose Patrioten für Ordnung sorgten. Ihnen schuldete jeder freie Bürger in der freien, aber bedrohten Nation Dank. Der demokratische Nationalstaat des 19. Jahrhunderts konstituierte sich als Polizeistaat ganz neuer Art, weil in ihm jeder potenziell verdächtig war, auf Sonderwegen zu wandeln, die ihn in Gegensatz zur Gemeinschaft der Anständigen bringen konnten, was den bürgerlichen Tod und meist auch den physischen Tod bedeutete.

Nach den Erfahrungen der Jahre von 1792 bis 1814 gab es also manchen Grund, der Nation und der Freiheit in der Nation zu misstrauen. Beide waren mit Terror und Blut verbunden. Auch Napoleons Imperialismus als ein national-französischer war dadurch kompromittiert, allerdings nicht für alle. Denn Napoleon war ein Mann der Ordnung, der starke Mann, der erste in der Reihe der auf ihn folgenden Männer und Generäle, die fortan, bis hin zu Charles de Gaulle, für Ordnung sorgten. Die Sicherheit in einer nationalen Gesinnungsgemeinschaft war eine revolutionäre Hoffnung, die Ordnung hingegen ein klassischer Wunsch seit den Griechen und Römern, der im Christentum eine theologische Überhöhung erfuhr. Die Sieger von 1814 waren keine Nationalisten, keine Fanatiker der Sicherheit, sondern unbedingte Freunde der Ordnung inmitten des Chaos, das sie beseitigen wollten. Napoleon mochte, als er die Revolution liquidierte, die Ordnung in Frankreich wiederhergestellt haben, doch er hatte das übrige Europa – leider, wie nicht nur Metternich seufzte – nicht zur Ruhe kommen lassen. In Europa waren das soziale Element und das politische seit 1789 in Bewegung. Beide ließen sich nicht gleichzeitig beruhigen, wie Metternich vermutete. Er hoffte allerdings, dass eine neue und feste politische Ordnung der europäischen Staatenwelt ein biegsamer Rahmen sein könne für die gesellschaftlichen Unruhen, die sich ihm einpassen und ihren Vorteil in seinen Begrenzungen finden sollten, statt ihn zu sprengen. Das wiedergewonnene Europa als

Staatensystem und politische Gemeinschaft hielt er für die sicherste Grundlage, um auch sozial zu einem neuen, beruhigten Europa zu gelangen, das nicht eigensinnig seine Herkunft aus anderen Zeiten verleugnete.

Darin stimmten die Monarchen und Minister mit Metternich überein. Nationen konnten jede Ordnung unmöglich machen, weil die Völker vermischt waren und sich nicht säuberlich voneinander trennen ließen. Nationen waren mit Enthusiasmus und mit Leidenschaften verknüpft. Staaten hingegen blieben als Gebilde der berechnenden Vernunft darauf angewiesen, sich mit anderen zu verständigen. In dieser Staatengemeinschaft beobachtete jeder jeden, damit keiner das herrschende Kräftegleichgewicht außer Kraft setze und die Verhältnisse insgesamt gewahrt blieben. Ein Europa der Nationen hatte vorerst keine Chance. Ganz abgesehen davon, dass die politischen Romantiker, die von der Nation träumten, überall eine sehr übersichtliche Minderheit bildeten. So gab es in Deutschland gar nicht genug Deutsche für ein so revolutionäres, neues Vaterland. Außerdem wollten die deutschen Staaten, mittlerweile souverän, auf diese Errungenschaft nicht mehr verzichten, und die übrigen Europäer dachten nicht daran, ihnen diese Souveränität wieder zu nehmen. Statt eines Reiches mit einer monarchischen Spitze genügte es für die europäische Ordnung, wenn die 39 deutschen Staaten in einem lockeren Bund vereint waren, der sie verpflichtete, untereinander nicht Krieg zu führen und alle denkbaren Auseinandersetzungen in dem neuen Bundestag, einem permanenten Gesandtenkongress in Frankfurt am Main, auszutragen.

Gleichgewicht in der Mitte Europas

Die Souveränität der deutschen Staaten fand ihre praktischen Grenzen am Übergewicht der beiden europäischen Großmächte Österreich und Preußen, die den Deutschen Bund beherrschten. Sollten beide idealerweise politisch einer Meinung sein, mussten sich die übrigen deutschen Staaten ihrem Willen fügen. Der Wettbewerb zwischen Österreich und Preußen verhinderte die Hegemonie einer Macht im Gesamtverband. Beide mussten untereinander ein Gleichgewicht wahren, um den Bund nicht aus der Balance zu bringen. Die übrigen deutschen Staaten erhielten so gut überlegte Grenzen, dass sie künftig nicht mehr, wie in der Vergangenheit, danach trachten mussten, ihr Territorium zu einer kompakten Landmasse »abzurunden«. Zudem sollten die Staaten so zugeschnitten sein, dass künftig weder Frankreich noch Russland die innerdeutschen Eifersüchteleien für eigene Zwecke ausnutzen konnte. Beiden Mächten sollte keinerlei Vorwand mehr für ein Eingreifen in Deutschland geliefert werden. Andererseits konnten es die deutschen Staaten bei dem Übergewicht der beiden Großmächte Österreich und Preußen im Deutschen Bund gar nicht wagen, im Ausland um Unterstützung für etwaige partikulare Eigenwilligkeiten zu ersuchen. Allerdings hatte die lange Franzosenzeit mit ihren Bitternissen allen Deutschen ein für alle Mal die Illusion genommen, ihr Glück ohne Rücksicht auf die anderen Deutschen im Bund noch einmal zusammen mit den Franzosen zu erproben.

In Deutschland herrschte von nun an eine bessere Ordnung als je zuvor: Zwei Großmächte schützten die vereinten deutschen Staaten vor russischen und französischen Übergriffen, zugleich sorgten sie für Ruhe im Deutschen Bund, dessen Mitglieder keine europäische Macht mehr in ihre inneren Angelegenheiten verwickeln konnte. Das Gleichgewicht in der Mitte Europas galt als das Fundament des gesamteuropäischen Gleichgewichts, denn die deutschen Großmächte und der Deutsche Bund hielten Frankreich und Russland auseinander. Zugleich aber konnten Österreicher und Preußen im Vertrauen auf ihre Kraft zwischen Ost und West vermitteln, ohne zur Avantgarde der einen oder anderen Macht zu werden. Außerdem gewährte diese Konstruktion den beiden deutschen Großmächten den ungemeinen Vorteil, solange sie untereinander einig waren, mit einem Dritten im Bunde stets über die Mehrheit in der Pentarchie zu verfügen. Diese Möglichkeit enthielt die Aufforderung, sich politisch nie so leichtsinnig oder fahrlässig zu verhalten, dass sie beide in Europa isoliert werden konnten und einer europäischen Allianz gegenüberstünden. Der Dualismus zwischen Österreich und Preußen konnte insoweit auch positiv aufgefasst werden, als er beide dazu zwang, sich untereinander abzusprechen und Missverständnisse frühzeitig auszuräumen. Deutschland kam damit eine erstaunliche Bedeutung für den Frieden in Europa zu. Die sich allerdings auch aus der Verbindung Österreichs mit Ungarn und seiner Vorherrschaft in Italien ergab. Österreich besaß mit der Lombardei und Venetien eine ausschlaggebende Stellung im Norden, die ergänzt wurde durch Modena und Toskana, wo Nebenlinien des österreichischen Kaiserhauses regierten. Zu den übrigen Staaten und Dynastien Italiens wurden über Ehebündnisse und Allianzen vertraute Beziehungen hergestellt. Eine italienische Liga, vergleichbar dem Deutschen Bund, vermochte Metternich nicht durchzusetzen. Sie scheiterte weniger am Widerstand der Europäer als am Papst, der als Oberhaupt der Weltkirche und des Kirchenstaates keinem weltlichen Bund beitreten konnte, um nicht in den Verdacht zu geraten, eine Art kaiserlicher Hofkaplan zu sein, was ihn um seine Autorität gebracht hätte.

Die österreichische Hegemonie in Italien hatte für Europa den Zweck, Frankreich ein für alle Mal die Aussicht zu versperren, dort gegebenenfalls zu intervenieren. Italien und Deutschland waren seit Jahrhunderten Schauplätze für die Kriege um die französische Hegemonie in Europa gewesen. Jetzt sollte die kompakte Masse Mitteleuropas, von der Ostsee bis nach Sizilien, einen Großraum bilden, in dem eine raumfremde Macht, nämlich Frankreich, das im Widerspruch zu seiner bisherigen Geschichte zu einer solchen erklärt wurde, Interventionsverbot hatte. Die Ruhe Europas wurde von dieser Mitte aus konzipiert, um das stets aufgeregte Frankreich zu zwingen, seinen Ehrgeiz zu zügeln und seinen Platz in der europäischen Solidargemeinschaft mit friedlichen Mitteln zu finden. Metternich und Castlereagh verstanden Österreich als ein Modell für Europa. Wie in diesem Reich Völker, Religionen und Lebensformen neben- und miteinander wirkten zum Nutzen des sie alle verbindenden Gemeinwohls, sollte auch das künftige Europa eine Föderation bilden, in der sich unvermeidliche Auseinandersetzungen nicht zu schroffen Gegensätzen steigern, sonder als belebendes Element, das vor Erstarrung bewahrte und zu jeweils neuem Ausgleich der Interessen.

Den hartnäckigsten Streit in Wien gab es um die Stellung Polens im neuen Europa. Russische Truppen hatten 1813/14 sämtliche Gebiete des ehemaligen Polen erobert. Nach Kriegsrecht stand ihnen, wie der russische Kaiser Alexander I. meinte, allein die Verfügung über die Beute zu. Doch handelte es sich bei Polen keineswegs um herrenloses Land, da Österreicher und Preußen erhebliche Teile des ehemaligen Königreichs besessen hatten, auf die zu verzichten sie allerdings von Napoleon gezwungen worden waren. Ein Kompromiss wäre durchaus möglich gewesen. Die Preußen waren ihrer polnischen Abenteuer müde. Die Erfahrungen bei dem Versuch, nach der dritten polnischen Teilung 1795 in den neuen polnischen Provinzen eine moderne Verwaltung einzuführen und sie überhaupt auf das Niveau der preußischen Provinzen zu heben, hatte ihren kolonialistischen Eifer erlahmen lassen. Sie waren an Polen nicht mehr interessiert, bestanden aber auf der Rückgabe des Streifens um Thorn und Posen, der Ostpreußen bequem mit Schlesien verbunden hatte. Sie hatten auch gar nichts dagegen, wenn Russland Polen behielt, sofern sie dann als Ersatz für ihren Verzicht im Osten das gesamte Sachsen erhielten. Österreich war zu manchen Zugeständnissen bereit, auch dazu, seinen klassischen Verbündeten Sachsen aufzugeben und die Preußen als Nachbarn an der böhmischen Grenze zu dulden. Was Metternich alarmierte, war der Gedanke des russischen Kaisers, das von Napoleon gegründete Großherzogtum Warschau zum Königreich zu erheben, mit einer eigenen Verfassung und einer relativen Autonomie innerhalb des Russischen Reiches. Mit einem Großherzogtum Warschau konnte er sich zur Not abfinden, ein Königreich Polen würde alle Kobolde wecken, die er gebändigt wissen wollte, die Kobolde des Nationalismus und der national begründeten Freiheit.

Ein Königreich Polen konnte sofort auf Böhmen und Ungarn ausstrahlen und dort eine Sehnsucht nach Autonomie auslösen. Die nationale Frage geriete dann unweigerlich in den Mittelpunkt und brächte die geplante, wohldurchdachte europäische Staatenordnung augenblicklich um ihre beruhigenden Wirkungen. Übrigens fürchteten auch viele

Russen die unabwägbaren Folgen eines autonomen Polen für ihr Reich, in dem viele Völker lebten, und opponierten vehement gegen die Hoffnung ihres Kaisers, als Beglücker Polens in die Geschichte einzugehen. Die Polen warben unter den in Wien versammelten Fürsten und Diplomaten beredt um Unterstützung, die sie freilich nicht fanden. Ihr deshalb erst recht aufgeregter Nationalismus machte diese Patrioten nicht unbedingt liebenswürdiger. Briten und Franzosen waren noch immer verstimmt wegen der drei polnischen Teilungen zwischen 1772 und 1795, nicht so sehr, weil ein altes Königreich beseitigt worden war, sondern weil die drei Staaten des Nordens, Österreich, Preußen und Russland, während der für sie damals günstigen Umstände die beiden anderen Großmächte nicht zu fragen und deren Einspruch nicht zu beachten brauchten. Damals war Europa aus dem Gleichgewicht geraten. Und dieses Gleichgewicht wollten Briten und Franzosen 1814 wiederhergestellt wissen. Die Regierungen in Paris oder London dachten gar nicht daran, sich wegen Polen mit den Russen oder Preußen zu überwerfen. Eine polnische Nation passte genauso wenig in ihre Ordnungsvorstellungen wie eine deutsche oder italienische. Talleyrand, Castlereagh und Metternich verständigten sich schließlich auf eine gemeinsame Linie, um Russland und Preußen zu isolieren und energisch zu einem Kompromiss zu nötigen.

Die Ruhe Europas als Programm

Schon während der Friedensverhandlungen erwies es sich zum ersten Mal als notwendig, in einem Verein von fünf Mächten möglichst zu Dritt zu sein, um angesichts unterschiedlicher Meinungen etwas durchzusetzen und einen Kompromiss zu finden. Polen blieb weiterhin zwischen Russen, Österreichern und Preußen geteilt. Die polnischen Teilungen wurden nun von ganz Europa, für das die Großmächte sprachen und handelten, sanktioniert und zum Bestandteil des europäischen Gleichgewichts erhoben. Alexander I. konnte mit einem erheblich verkleinerten »Kongresspolen« ein Königreich innerhalb des Russischen Reiches etablieren, aber die alte Hauptstadt Krakau wurde internationalisiert. Das Königreich Sachsen musste zwei Fünftel seines Territoriums an Preußen abtreten, war aber als selbstständiger Staat gerettet. Statt dessen König am Rhein zu entschädigen, wurde Preußen für das entgangene gesamte Sachsen »die Wacht am Rhein« übertragen, wie es die Briten von Anfang an gewollt hatten, um den Franzosen dort einen starken Nachbarn entgegenzusetzen. Nur sehr widerwillig ließen sich die Preußen darauf ein, sich am Rhein gegen die Franzosen in Stellung bringen zu lassen. Im Interesse Europas mussten sie sich allerdings fügen. Denn Österreich zog sich vom Rhein zurück, weshalb Preußen als Gegengewicht zu Frankreich gebraucht wurde. Der Fürst von Benevent – Talleyrand – konnte sich mit dieser Lösung abfinden, weil er – noch befangen in den Vorstellungen des 18. Jahrhunderts – vermutete, dass die kleineren Staaten am Oberrhein und in Süddeutschland leichter zu beeinflussen wären und keine nennenswerte Bedrohung darstellten. Außerdem war ihm am Erhalt Sachsens gelegen, damit Preußen nicht unmittelbar an Österreich grenzte.

Die Ruhe Europas war das übergeordnete Programm. Das nüchterne Lösen, Verbinden und Hin-und-Her-Schieben von Menschen und Ländern auf dem Wiener Kongress entsprach noch ganz der alten Kabinettspolitik. In diesem gefühllosen Taktieren, das später oft als zynisch verurteilt wurde, äußerte sich durchaus die sittliche Absicht, jedem Zugeständnisse abzuverlangen, um zu einem Zusammenleben zu kommen, das allen Vorteile und Schutz gewährte. Noch erregten Umsiedlungen, ethnische Säuberungen, gewaltsame Vertreibungen und deren mörderische Begleiterscheinungen, vor denen radikale Revolutionäre nicht zurückgeschreckt waren, Abscheu und Entsetzen. Verglichen mit solchen ersten Experimenten revolutionärer Franzosen, sich des Anderen als Feind zu entledigen, wirkte die Sachlichkeit der Kabinettspolitik von 1814 praktisch und human, erfüllt von der Bereitschaft, zum Frieden zu gelangen, möglichst zu einem dauerhaften. Um des Friedens Willen fügten sich die Europäer der Forderung der Briten, weder das Seerecht noch die Kolonien in das Friedenswerk mit einzubeziehen. Insofern konnten und wollten sie nichts für Spanien und Portugal tun, die als britische Protektorate ihrem Einspruch entzogen waren. Kaiser Alexander erwies sich freilich als sehr störrisch, durchaus bestrebt, einen universalen Frieden zu erreichen, der auch Amerika einschloss und die britische Seeherrschaft internationalen Regelungen und damit Kontrollen unterwarf. Hartnäckig versuchte er, die USA in diesem Sinne zu beeinflussen. Nicht zuletzt deshalb und um sicher vor Störungen zu sein, beendete Großbritannien zu Weihnachten 1814 im »Ewigen Frieden« von Gent seinen seit 1812 geführten Krieg in Amerika. Der europäische Friede sollte kein universaler sein. Denn in diesem Fall hätte auch die britische Seeherrschaft und damit die britische Rolle in der Welt überhaupt zur Diskussion gestanden.

Großbritannien konnte es sich leisten, europäische Vorbehalte zu ignorieren, weil es keine Flotten gab, die ihm gefährlich werden konnten. Klassische Seemächte wie Spanien und Portugal verfügten nur noch über kümmerliche Reste ihrer einst ansehnlichen Kriegsmarine, die holländische und dänische waren in den Kriegen mit Napoleon zerstört worden, die französische existierte nicht mehr, und die russische bedeutete für sich genommen keine Herausforderung. In der jüngsten Geschichte hatte es noch nie eine Situation gegeben, in der nicht zumindest zwei oder drei Seemächte auf dem Kontinent, sobald verbündet, die englische Flotte in Verlegenheit bringen konnten. Mit dem Pariser Frieden und den Wiener Verträgen sicherte England sich in dieser Hinsicht ab: Portugal und Spanien wurden seinem Einfluss überlassen, die Niederlande, die einen Teil ihrer Kolonien zurückerstattet bekamen – aber nicht Ceylon und Südafrika –, verloren als britisches Mündel ihre politische Selbstständigkeit, und Dänemark, das Norwegen an Schweden abtreten musste, das wiederum Vorpommern Preußen überließ, war auf einen Kleinstaat zurechtgestutzt worden. Insofern war Europa auch machtlos gegenüber britischen Forderungen, den Sklavenhandel sofort oder wenigstens in den nächsten Jahren einzustellen. Die Briten setzten sich durch und konnten auch in Zukunft willkürlich fremde Schiffe durchsuchen und kapern.

Österreich und Preußen waren die Meere und die kolonialen Welten vollkommen gleichgültig. Was den Briten sehr gelegen kam, denn diese desinteressierte Haltung machte eine gemeinsame Politik des Kontinents gegenüber dem Vereinigten Königreich in Wien unmöglich. Da alle europäischen Staaten zudem aus den unterschiedlichsten Gründen um britische Unterstützung warben oder sich britisches Wohlwollen nicht verscherzen wollten, das – wie die Niederländer am gründlichsten erfuhren – nur zu einem hohen Preis zu haben war, erschien das britische Gewicht viel schwerer, als es in Wirklichkeit war, vor allem seit Napoleon am 1. März mit einer Truppe von etwa tausend Mann in Antibes bei Cannes gelandet war und noch einmal um die Macht kämpfte. Es war das erste *pronunciamiento* des 19. Jahrhunderts, das von nun an Schule machte in Europa und Iberoamerika: ein putschender General, der die Massen hinter sich bringt, die in Plebisziten Gelegenheit bekommen, ihm ihre Dankbarkeit mit möglichst einmütiger Zustimmung zu bekunden. Napoleon deutete sein autoritäres Kaisertum mittels einer neuen Verfassung, des *Acte additionnel aux constitutions de l'Empire de 1815*, um in ein Volkskaisertum, das auf der Akklamation der Wähler und nicht allein der Soldaten beruhte. Er bemühte sich, die radikale Revolution der Jakobiner mit seinem Cäsarismus zu verschmelzen. Der Mann der Ordnung trat einmal mehr als Revolutionär auf. Damit machte er jeden Kompromiss mit den Mächten der Ordnung unmöglich. Ganz abgesehen davon, dass der Umsturz in Frankreich ohnehin die Ruhe Europas und den allgemeinen Frieden gefährdete, der ungeachtet des abermaligen Krieges gegen Napoleon zügig zum Abschluss gebracht wurde. Die Alliierten beteuerten erneut, keinen Krieg gegen ein Volk oder eine Nation zu führen, sondern gegen Napoleon, über den sie in einem Manifest vom 13. März 1815 als »Feind und Zerstörer der Ruhe Europas« nach herkömmlicher Weise den Bann verhängten.

Schneller, als die Preußen es sich vorgestellt hatten, konnten sie am Rhein und an ihrer Westgrenze ihrer neuen europäischen Funktion als Wächter gegen die Franzosen gerecht werden. Russische Truppen waren aus Mitteleuropa abgezogen worden, die Österreicher standen nicht mehr am Rhein, sodass es vor allem Preußen und Briten überlassen blieb, Napoleon zu besiegen. Das geschah am 18. Juni in der Schlacht von Belle-Alliance. Der britische Befehlshaber Wellington, der ohne preußische Hilfe verloren gewesen wäre, bestand darauf, die Schlacht nach dem 15 Kilometer südlich von Brüssel gelegene Dorf Waterloo zu benennen, das vom Kriegsgeschehen gar nicht berührt worden war. Dieser Name hatte vor allem nichts mit Preußen zu tun, darauf kam es ihm an, zum Verdruss des preußischen Feldmarschalls Blücher. Der seinerseits den Namen Belle-Alliance bevorzugte, weil die beiden Heerführer sich am Abend der Schlacht angeblich in diesem auf dem Schlachtfeld gelegenen Gasthof, Napoleons Hauptquartier, begegnet waren, der die gleichberechtigte Rolle der alliierten Sieger symbolisierte. Jedenfalls gehört die Legende von Waterloo als triumphaler Abschluss des britischen Kampfes für die Freiheit in Europa seither zu den Mythen britischer Selbststilisierung. Einzig die Briten hätten seit 1793 der Revolution und dem General Bonaparte niemals Zugeständnisse gemacht, im Gegensatz zu den schwachen, zur Kollaboration bereiten Europäern, die von Freiheit nichts verstünden. Die Briten vergaßen schon 1815, dass Großbritannien seit dem jüngeren Pitt nicht minder autoritär regiert wurde als Frankreich, ohne Rücksicht auf die bürgerlich-politischen Freiheiten, die ohnehin nur für die Mitglieder des Adels und für reiche Unternehmer galten, die beanspruchten, »das Volk« zu sein und es zu repräsentierten. Außerdem war das Vereinigte Königreich der größte Gewinner in den Kriegen mit Frankreich, dem klassischen Konkurrenten, dem »Erbfeind«. Der öffentlichen Meinung in London hatte die europäische Zurückhaltung, nur gegen Napoleon, nicht gegen eine lästige, despotische Nation kämpfen zu wollen, schon früher missfallen. Jetzt schien die Gelegenheit zu einem Strafgericht gekommen. Ähnlich dachten auch manche preußischen Generäle, die Rache nehmen wollten für die schreckliche Franzosenzeit, die sie nicht vergessen konnten. Englische Journalisten und preußische Offiziere schwadronierten von Kriegsverbrechern, die zu erschießen seien, und von Prozessen gegen die führenden Beamten und Minister des französischen Kaiserreichs.

Weltkluge Sittlichkeit der Staatsräson

Dies waren revolutionäre, für das gesittete Europa unerträgliche Forderungen. Der König von Preußen schämte sich sehr für Gneisenau und andere seiner Offiziere. Castlereagh erwies sich unter dem Druck seiner Regierung und der Presse als wahrer Europäer. Denn er hielt sich an die Grundsätze der Großmächte, in Frankreich das notwendige Mitglied einer europäischen Staatengemeinschaft zu würdigen, dem es nicht besonders schwer gemacht werden sollte, sich mit den Alliierten zu verständigen. Ein bestraftes Frankreich wäre für den Frieden verloren, weil es ununterbrochen an die Revision der schmachvollen Verträge denken würde und damit an Krieg. Es gab abenteuerliche Pläne, vor allem unter nationalen Deutschen, von Frankreich den Verzicht auf sämtliche Eroberungen seit Ludwig XIV. zu verlangen, also auf die Freigrafschaft Burgund, das Elsass und Lothringen. Der Nationalismus zeigte nun auch unter den Deutschen, wie früher schon unter den Franzosen, seine verheerende Ambivalenz: Andere Nationen durften unterjocht und vergewaltigt werden, sofern es der eigenen Macht diente und Vorteile versprach. Nicht einmal die Elsässer wünschten, wieder Deutsche zu werden. Die Revolution und vor allem Napoleon hatten sie endgültig von den Vorzügen überzeugt, zu Frankreich zu gehören.

Die extravaganten territorialen Ansprüche weckten sogleich die Habgier unter den deutschen Fürsten, wer von ihnen diese Provinzen bekommen könne. Es zeigte sich, dass der Nationalismus kein Mittel zum Frieden sein konnte, weil die Begehrlichkeiten der Fürsten die mühsam vereinbarte neue Ordnung Europas außer Kraft zu setzen drohten.

Die Sittlichkeit und praktische Weltklugheit der alten Staatsräson bewährte sich darin, dass Metternich, Castlereagh, Hardenberg und die Monarchen solche Verirrungen erfolgreich und energisch erstickten. Der Friede geriet insgesamt nicht in Gefahr. Dennoch wurden Frankreich im zweiten Pariser Frieden vom 20. November 1815 härtere Auflagen gemacht. Ein paar Grenzorte wie Landau und Saarbrücken abtreten zu müssen kränkte die Franzosen empfindlich, die eine hohe Auffassung von der Unverletzbarkeit ihrer, aber nicht der Grenzen anderer Staaten hatten. Die Auflage, die in zwanzig Jahren zusammengeraffte Beutekunst wieder ihren rechtmäßigen Besitzern zurückzugeben, empfanden sie als Vergewaltigung der Stadt Paris und des gesamten Landes. Sie beriefen sich auf das Prinzip des zivilen Eigentumsrechts, eines der heiligen Prinzipien der Revolution, gegen das allerdings oft genug, auch von Napoleon, verstoßen worden war. Mit einer schlauen Verzögerungstaktik gelang es Frankreich, die vollständige Rückgabe zu hintertreiben, in der sicheren Erwartung, dass Deutschen, Holländern oder Italienern die Mahnschreiben und weiteren Beschwerden irgendwann lästig würden und sie sich mit dem begnügten, was ihnen vorerst zurückerstattet worden war. Noch heute verleiht die Raubkunst der Napoleonischen Kriege den nationalen Kunstsammlungen im Louvre Glanz und Würde. Als zutiefst demütigend empfanden Franzosen aller Parteirichtungen die Auflage, für vorerst drei Jahre eine Besatzungsmacht von 150000 Mann zu erdulden, die Kosten für diese Truppe zu übernehmen und obendrein noch 700 Millionen Francs Reparationen an die Sieger zu bezahlen. Dennoch war es insgesamt ein glimpflicher Vertrag, getragen von der Absicht, es den Franzosen leichter zu machen, sich mit den Bourbonen, die mit den Siegern wieder in Paris eingezogen waren, auszusöhnen.

Der Abfall der Armee, der Behörden und breiter Massen während der abermaligen Herrschaft Napoleons bestärkte Metternich in seiner Vermutung, dass es unter den Franzosen kaum noch überzeugte Royalisten und Legitimisten gab. Er hatte sich auch diesmal nicht sonderlich für die Rückkehr Ludwigs XVIII. eingesetzt, der so ungeschickt war, als Trabant der preußischen und englischen Truppen heim in sein Reich zu ziehen, und sich damit als König der Alliierten allseits unbeliebt machte. So sehr diese auch beteuerten, sich nicht in die inneren Angelegenheiten Frankreichs einmischen zu wollen, taten sie es dennoch, indem die Familie Bonaparte im Friedensvertrag für alle Zeit von der Herrschaft ausgeschlossen wurde. Ludwig XVIII. konnte den Krieg als eine Verteidigung seiner durch den Pariser Friedensvertrag vom Mai 1814 legitimierten Monarchie deuten und sich darauf berufen, den Frieden nicht gebrochen zu haben. Aber das Verhalten der Bevölkerung während der Herrschaft der Hundert Tage hatte eindringlich vor Augen geführt, wie substanzlos die Legitimität des erneuerten Königtums vorerst war. Nach diesem Zwischenspiel ließ es sich kaum vermeiden, entgegen der auch in die Verfassung aufgenommenen Verpflichtung zum Vergessen, nun doch

Abb. 1: Die drei Adler des Nordens: Kaiser Franz I. von Österreich (Mitte) begrüßt Friedrich Wilhelm III. von Preußen (links) und den russischen Kaiser Alexander I. (rechts) am 25. September 1814 bei ihrer Ankunft in Wien.

Abb. 2: Lord Castlereagh, der britische Außenminister, wurde zu einem wahren Europäer, der deswegen als geschätzter Vermittler während der Verhandlungen wirken konnte.

Abb. 3: Friedrich von Gentz, der Sekretär des Kongresses, ein gebürtiger Berliner, wandelte sich zum »gelernten Österreicher« als engster Mitarbeiter Metternichs.

Abb. 4: Fürst August von Hardenberg, der preußische Staatskanzler, ein Aristokrat des Ancien Régime, verfocht ebenso elegant wie entschieden preußische Interessen.

Abb. 5: Graf Karl Nesselrode, der russische Außenminister, aus westfälischer Familie, geboren in Lissabon, trat weltläufig – diskret wie ein ehrlicher Makler – in den Verhandlungen auf.

Abb. 6: Europa war für ihn sein Vaterland: Fürst Klemens Wenzel von Metternich, der österreichische Staatskanzler, wurde zum Repräsentanten des übernationalen Konzerts der Mächte.

Abb. 7: Das offizielle Bild des Kongresses für die Nachwelt, von dem französischen Maler Eugène Isabey arrangiert. In Metternichs Arbeitszimmer in der Staatskanzlei sind die 23 Vertreter der fünf Großmächte versammelt, die nie in ihrer Gesamtheit zusammentrafen.

Abb. 8: Kabinettspolitik im alten Stil: Die Neuordnung der Staaten Europas durch die Vertreter der Großmächte. Allegorien im Hintergrund verheißen das öffentliche Glück, das der Friede bringt.

Abb. 9: Der Kongress tanzt. In der Mitte balancieren die drei wichtigsten
Monarchen unter der Anleitung von Castlereagh als Tanzmeister. Ganz
rechts springt voller Wut der Gesandte der Republik Genua, die ihre
Freiheit verlor, während der König von Sachsen seine gefährdete Krone
auf seinem Kopf befestigen möchte.

Abb. 10: Karikatur zum Ländergeschacher um Sachsen ohne Rücksicht
auf Völker und Nationen, in der Absicht, mit neuen Grenzen die
Waage mit Gewicht und Gegengewichten wieder in ein Gleichgewicht
zu bringen.

Abb. 11: Allegorie auf den Frieden in Europa. Um den Genius mit dem Ölzweig reichen sich die drei Monarchen aus dem Norden die Hände, links führt die Francia Ludwig XVIII. heran, während der Störenfried Napoleon aus dem allgemeinen Glück verbannt wird.

Abb. 12: Am 9. Juni 1815 wurde die Kongressakte mit ihren 121 Artikeln von den fünf Großmächten und von Spanien, Portugal und Schweden unterzeichnet. Dieses Dokument blieb die Grundlage für einen Frieden, der bis zum Juli 1914 trotz einiger Modifikationen dauerte.

Abb. 13: Der Wiener Kongress ist die einzige Diplomatenversammlung, die auch später noch die populäre Phantasie beschäftigte. Conrad Veith als Fürst Metternich und Lil Dagover als Gräfin Lieven in dem UFA-Film von 1932 »Der Kongress tanzt«.

die Vergangenheit vieler Beamter und Offiziere, die sich als unzuverlässig erwiesen hatten, zu untersuchen und mit Säuberungen zu beginnen, die wegen ihrer Willkür zum Ärgernis wurden. Es gab genug Ehemalige, die andere Ehemalige überführen konnten, irgendwann, wann auch immer, ganz anderes gedacht und gehandelt zu haben, als sie es jetzt taten. Dem inneren Frieden diente die Mischung aus Denunziation und Rechthaberei von Kollaborateuren, die über andere Nutznießer der wechselnden Systeme urteilten, ganz und gar nicht. Das begriffen die Freunde des Königs bald und stellten die Erforschung privater Vergangenheiten ein. Manche Revolutionäre, denen es gelungen war, als Mitläufer im Wechsel der Zeiten ihre Fähnchen nie allzu demonstrativ in den Wind zu hängen, begegneten einander unter Ludwig XVIII. als Pairs von Frankreich in der Adelskammer. Zu ihnen gehörte auch der 1815 vom König zum Grafen ernannte Karl Friedrich Reinhard, ein Freund Goethes, der den Königsmördern von 1792 ebenso umsichtig gedient hatte, wie er ab 1815 dem König diente.

Fünf Großmächte als Sicherheitsrat

Die Alliierten hielten sich aus diesen innerfranzösischen Verwirrungen heraus, gerade um die gekränkten Franzosen in ihrer Aufregung nicht gegen die Europäer aufzubringen, die ein starkes, neu gefestigtes Frankreich brauchten, um Europa die Ruhe wiederzugeben, die es dringend benötigte. Als Besatzungsmächte übten sie eine gewisse Kontrolle über die innere Entwicklung Frankreichs aus, aber es bestand nie die Absicht, den Besiegten dauerhaft im Zustand des Besiegten zu belassen. Sobald Frankreich seine Reparationen abbezahlt hätte, sollte es wieder seinen Platz unter den fünf Großmächten einnehmen. Um Spannungen und Missverständnisse sogleich ausräumen zu können, verständigten die Sieger sich darauf, von nun an regelmäßig Kongresse oder Konferenzen abzuhalten, auf denen umstrittene europäische Angelegenheiten einvernehmlich gelöst werden konnten.

Aus den wechselnden europäischen Katastrophen seit 1792 zogen Diplomaten und Monarchen nach dem Sieg über Napoleon die Lehre, die Staatsräson auf Prinzipien zu verpflichten, damit die europäische Staatengemeinschaft sich in einer wahren Union vollende. Diese setzte einen Sinn für Proportionen voraus, für Ordnung und damit für Mäßigung des je eigenen Ehrgeizes, um wechselseitiges Vertrauen zu ermöglichen, ohne das keine Gemeinschaft zu funktionieren vermag. Es hatte seit dem 17. Jahrhundert immer wieder Überlegungen gegeben, die lockere europäische Staatengemeinschaft zu einem engeren Bund zusammenzufügen, angeführt von den Großmächten als eine Art Sicherheitsrat, der beratend und korrigierend eingreift, sobald sich Krisen andeuten, um deren Ausbruch zu verhindern oder sie wenigstens zu verzögern und damit zu entschärfen. In Anlehnung an solche Vorstellungen sollten die Politiker nach dem Wiener Kongress Vorsorge betreiben, an eine gemeinsame Zukunft denken und nicht erst handeln, wenn der Frieden schon verloren war. Eine solche Politik verlangte eine Übereinstimmung in den Grundsätzen, einen Konsens darüber, was den einzelnen Bundesgenossen zuzumuten sei und welche Leistungen ihnen abverlangt werden dürften. Ohne eine gewisse Aufrichtigkeit im Umgang miteinander und ohne den Willen, die Eintracht zu wahren, ließen sich solche Ziele nicht verwirklichen.

Fortan sollten die europäischen Staaten ihre Sicherheit nicht in Festungen, natürlichen Grenzen und ständiger Kampfbereitschaft suchen, sondern in der Zusammenarbeit mit ihren jeweiligen Nachbarn und im Vertrauen auf Verträge, die mit dem Willen geschlossen wurden, eine gemeinsame Ordnung zu kräftigen. In einem solchen neuartigen System kollektiver Sicherheit sollte keiner benachteiligt und bevormundet werden, was nicht hieß, dass ein Vertragspartner bei Regelverstößen nicht mit heftiger Kritik zu rechnen hätte. Hinter all dem standen das Ideal der Gerechtigkeit, ob nun religiös oder philosophisch begründet, und der Versuch, Politik und Ethik miteinander zu versöhnen. Diesem Zweck galt die Heilige Allianz, zu der Alexander I. am 26. September 1815 alle europäischen Staaten einlud, in der Absicht, die unzulängliche Vernunft der Staaten mit christlicher Lebensklugheit in Einklang zu bringen. Darüber ist von Anfang an heftig gespottet worden. Doch die Ideen des russischen Kaisers waren damals keineswegs weltfremd. Sie befanden sich im Einklang mit vielen christlich geprägten Entwürfen zu einer europäischen Föderation, die Alexander beeinflusst hatten. Europa war immer noch ein christliches Land. Selbst antiklerikale Aufklärer verstanden sich nicht als Antichristen.

Sämtliche Vorstellungen über Recht und Gerechtigkeit oder Sittlichkeit im Umgang miteinander ließen sich von ihrer christlichen Interpretation gar nicht trennen, selbst wenn sie von antiken Philosophen stammten. Denn deren Gedanken waren über die Jahrhunderte im christlichen Sinne umgedeutet worden, sodass Platon und Aristoteles fast zu Kirchenvätern aufgestiegen waren. Im Appell an christliche Tugenden drückte sich nicht pietistische Frömmelei aus, sondern durchaus auch ein aufgeklärtes Verlangen

danach, Herz und Gemüt, Tugend und Verstand miteinander in Beziehung zu setzen. In diesem Sinne griff Metternich redigierend in den Text der Gründungserklärung der
Heiligen Allianz ein, in der festen Überzeugung, dass ein
praktisches Christentum ein besseres Einvernehmen unter
den Europäern unterstützen und Minister wie Monarchen
davon abhalten könne, ihren Egoismus zu verabsolutieren.
Die Zöglinge der Aufklärung, die Metternich, Castlereagh
oder Talleyrand und ihre Könige und Kaiser waren, ergin-
gen sich nicht in Schwärmereien. Nach den Erfahrungen mit
dem entfesselten Egoismus der Französischen Revolution
und des napoleonischen Imperialismus schien es ihnen geboten, der Politik mit dem Recht Zügel anzulegen und den
Kampf aller gegen alle in den internationalen Beziehungen
durch Konventionen und Respekt vor ihnen abzumildern.
Die Wiener Friedensordnung dachten sie sich als Rahmen,
innerhalb dessen Bewegungen und Veränderungen stattfinden konnten, der aber grundsätzlich nicht mehr in Frage
gestellt werden sollte.

Die Grenzen, das Verhältnis der Staaten nach Größe und
politischem Gewicht schienen ihnen ausgewogen und ein
wohltätiges Zusammenspiel der Kräfte zu garantieren und
jedem Sicherheit in einer sicheren Ordnung zu gewähren.
Auf Kongressen und Konferenzen ließ diese Ordnung sich
verbessern, doch der Wille, sie vor jedem Anschlag auf ihre
Substanz, vor vollständiger Revision, das heißt vor ihrem
Umbruch zu schützen, musste aus ihr selbst kommen. Es
war eine neue europäische Politik, die in Wien in Umrissen
entworfen wurde, vollkommen ungewohnt für die Briten,
die es immer abgelehnt hatten, sich auf einengende vertragliche Bindungen einzulassen. Sie hatten sich stets mit Improvisationen begnügt, je nach der konkreten Herausforderung,

und misstrauten einer Politik, die vorsichtig und umsichtig künftige Gefahren bedachte, um ihnen vorzubeugen. Folglich lehnten die Briten den Plan Metternichs ab, auch das Osmanische Reich in das europäische System einzubeziehen und seinen Grenzen die gleiche Unverletzlichkeit zu garantieren wie denen der übrigen Staaten. Metternich sah im Osmanischen Reich eine Ordnungsmacht, die auch der neuen europäischen Ordnung insgesamt zugute käme. Mit dieser Einschätzung konnte er sich nicht durchsetzen, was bald die Krisen wegen orientalischer Fragen auslösen sollte, die er fürchtete und die er gerne vermieden hätte. Darin lag eine Unvollkommenheit des Wiener Friedenswerkes mit allerdings unabsehbaren Folgen.

KAPITEL 5

Legitimität eines Systems kollektiver Sicherheit

Die Europäer wussten, dass sie nach 1815 in eine neue Epoche eintraten. Deshalb gab es für das Konzert der Mächte weitere Bezeichnungen, um eine vorerst ungewohnte Organisation Europas durch die Pentarchie, die Herrschaft der fünf Großmächte, näher zu bestimmen: Konföderation, Korporation der Großmächte, Union, Europäische Liga, großer Rat, Areopag Europas oder – in Anlehnung an altgriechische Staaten und Kultvereinigungen – amphiktyonischer Rat der Souveräne. Bismarck sprach im studentischen Jargon seiner Jugend vom »europäischen Seniorenconvent«, also dem Zusammenschluss mehrerer Corps zu einer Körperschaft. Galt bislang das Imperium Romanum als das verlorene Ideal einer europäischen Einheit, so war diese Idee durch Napoleons Universalmonarchie endgültig diskreditiert worden. Von nun an orientierten sich die Europäer am griechischen Modell der Hegemonie und der föderativen Zusammenschlüsse. Beides widersprach einander nicht, weil auch Staatenbündnisse auf eine oder mehrere führende Mächte angewiesen sind. Die Vorherrschaft von fünf Staaten milderte deren Hegemonie. Denn diese europäische Union blieb ja stets unvollkommen, da es immer wieder Zwistigkeiten und erhebliche Meinungsverschiedenheiten unter den Mitgliedern gab. Das erwies sich als heilsam für die kleineren Staaten, da die Mehrheit unter den Fünfen eine Macht, die sich allzu entschieden auf Sonderwege begab oder allzu ehrgeizig nach Bevormundung ihrer kleineren Nachbarn strebte, zur Räson rufen konnte. Denn die fünf Großmächte wollten zusammen der Protektor der allgemeinen Ordnung sein, wie sie in Wien eingerichtet worden war. Indem sie sich dazu verpflichteten, diese Ordnung vor jedem Umsturz zu bewahren, schränkten sie ihre Bewegungsfreiheit ein und verbanden ihr jeweiliges besonderes Staatsinteresse mit der Aufrechterhaltung der Ruhe Europas.

Allerdings konnte dieses prekäre Gleichgewicht stets verschieden gedeutet werden. Die drei Mächte des Nordens – Russland, Österreich und Preußen – verstanden die Kombination der fünf Mächte auch als Damm gegen revolutionäre Bewegungen oder als Einrichtung, um unvermeidliche Veränderungen in ihrer Wirkung schonend abzumildern. Nachdem die politisch aufgeregte Welt in einem neuen Staatensystem beruhigt worden war, sollte nun auch das gesellschaftliche, immer noch erregte Element nach und nach an einen Ausgleich der Klassengegensätze gewöhnt und auf diesem Wege eine neue Stabilität in allen Staaten erreicht werden. In diesem Sinne verstand Metternich Politik als angewandte Soziologie. Diese neue Wissenschaft hatten Gegner der Revolution begründet, Antoine de Rivarol, Joseph Marie de Maistre und vor allem Louis Gabriel Ambroise de Bonald. Sie versuchten sich den Zusammenbruch der alten Welt, ihrer Welt, zu erklären, um darüber zur Erkenntnis der allgemeinen Krise zu gelangen und mit welchen Mitteln sie methodisch überwunden werden konnte. Diese Aristokraten waren keine Reaktionäre oder Konservative, vielmehr jeder auf seine Art von Napoleon beeindruckt und von seinen Versuchen, Leistung und Privileg miteinander zu versöhnen, Bourgeoisie und Adel zu vermischen in einer Gesellschaft, die dem Tüchtigen freie Bahn verhieß. Solche Veränderungen waren in Preußen und Österreich schon vor der Revolution eingeleitet worden, damit der Verwaltungsstaat seinen vielen neuen Aufgaben mit entsprechend ausgebildeten Beamten gerecht werden konnte. Die Beamten sollten Innovationen vorbereiten und dem oft noch etwas ängstlichen Wirtschaftsbürger Selbstvertrauen und Wagemut vermitteln, auf dass er seine Handlungsfreiheit gebrauche, ohne, von revolutionären Parolen verführt, vom Pfad staatsbürgerlicher Tugend abzuweichen. Die Revolution war zwar besiegt worden, aber nur was ihre politischen Folgen betraf. Ihre Ideen lebten weiter, und diese Ideen mussten überall bekämpft und widerlegt werden. Darin sah Metternich die große Herausforderung im nun befriedeten Europa.

Alle Staaten fürchteten sich vor einem abermaligen Ausbruch revolutionärer Energien. Wie unsicher die inneren Verhältnisse Frankreichs waren, zeigte drastisch die kräftige Zustimmung, die Napoleon während der Herrschaft der Hundert Tage erfuhr. Nach alteuropäischer Anschauung gab es kein Recht, sich in die inneren Angelegenheiten eines souveränen Staates einzumischen. Indem sie in Frankreich 1815 die Bourbonen wieder in ihre Rechte einsetzten und im zweiten Pariser Frieden die Dynastie Bonaparte für alle Zeiten von der Herrschaft in Frankreich ausschlossen, verstießen die Alliierten gegen diese Regel, um solche revolutionären Energien ein für allemal zu bannen. Die drei Mächte des Nordens wollten sich, bei aller Rücksicht auf die Souveränität der Könige und Staaten, auch weiterhin die Möglichkeit offenhalten, unter Umständen in benachbarten Ländern einzugreifen, sollten Unruhen dort ihre eigenen Staaten und deren Sicherheit gefährden. Wenn die vornehmste Verpflichtung des europäischen Konzerts darin lag, die bestehende Ordnung vor jeder Erschütterung zu bewahren, so musste ihm erlaubt sein, sich gegen gewaltsame Veränderungen in einem Staat zu wehren, die auf das übrige Europa ausgreifen konnten. Um einem Monarchen seine bedrohte Handlungsfreiheit zu erhalten und ihn im Interesse Europas zu befähigen, die innere Ordnung seines Landes wieder der europäischen Norm anzugleichen, wie die fünf Großmächte sie bestimmten, behielten die Staaten des monarchischen Prinzips – zu denen seit 1815 auch Frankreich gehörte – sich eine Intervention in die inneren Verhältnisse anderer Staaten vor.

Bei aller vorsichtigen Wortwahl, auf die Metternich achtete, war dieses Recht auf Intervention ein neuer, durchaus revolutionärer Grundsatz, waren es doch seit 1792 die Girondisten und Jakobiner gewesen, die den Anspruch erhoben hatten, in die an Frankreich angrenzenden Staaten einzumarschieren, um sie ihrer Verfassung anzugleichen, weil eine von Monarchien umgebene Republik ihrer Existenz nicht sicher sei. Die Sicherheit Frankreichs war das Argument gewesen, die Staaten Europas nach dem wechselnden Vorbild Frankreichs zu homogenisieren. Diesen Gedanken übernahmen für ihre Zwecke in Wien nun die kontinentalen Monarchien im Namen ihrer Sicherheit und der Europas, wobei sie festlegten, wann Gefahr im Verzuge sei und wie sie behoben werden solle. Die Verhältnismäßigkeit der Mittel galt immerhin als Maßstab, damit nicht der Schutz des eigenen Staates oder Europas vor revolutionärer Gewalt in reine Willkür ausartete und das europäische Konzert ins Unrecht setzte. Ein System kollektiver Sicherheit konnte auf eine gewisse Homogenität der Regierung und der gesellschaftlichen Verhältnisse nicht verzichten. Das war im System selber angelegt. Das Konzert der Mächte beanspruchte für sich die Deutungshoheit darüber, wann und wodurch sein System bedroht und dessen Legitimität in Frage gestellt wäre.

Dieses neue Prinzip war damals nicht unumstritten. Es waren vor allem die Briten, die sofort nach Abschluss des Friedens darauf beharrten, dass kein Staat berechtigt sei, sich in die inneren Angelegenheiten eines anderen Staates einzumischen und dort für Ordnung nach seinen Vorstellungen zu sorgen. Allerdings konnte Talleyrand den Briten sogleich entgegnen, dass der Verzicht auf eine Intervention insoweit einer Intervention gleichkäme, als er einer anderen Partei im Bürgerkrieg oder bei inneren Spannungen zugute komme. Die Briten verhielten sich in dieser Frage im Übrigen keineswegs sehr konsequent. Napoleon hatten sie durchaus als Usurpator und Revolutionär bekämpft. Unter allen Europäern nannten sie allein Napoleon weiter beharrlich General Bonaparte, ohne ihn jemals als Kaiser anzuerkennen. Für sie blieb er ein korsischer *condottiere,* ein Söldnerführer, Brigant und Glücksritter, von dem Frankreich befreit werden musste. Erst Metternich konnte Castlereagh kompromissbereiter stimmen. Der hartnäckige Widerstand gegen das Recht auf Intervention hatte freilich weniger mit alteuropäischen Grundsätzen zu tun als mit der hergebrachten Unlust der Briten, sich auf dieses ungewohnte System kollektiver Sicherheit und Verantwortung einzulassen. Seit alters her wichen sie Bündnissen oder Absprachen aus, die sie in ihrer Bewegungsfreiheit beengten und ihnen dauerhafte Verpflichtungen zumuteten. Im Grunde war ihnen die Allianz der vier Sieger gleich nach den Pariser und Wiener Friedensverträgen lästig. Der Feind war besiegt, und damit erübrigte sich für die englischen Parlamentarier das

Bündnis. Sie wollten es nicht unbedingt als Fundament einer europäischen Union verstehen, von der sie ohnehin argwöhnten, dass sie ihre Freiheit nicht gebührend respektiere. Deshalb taten sie sich auch so schwer damit, die Vorzüge der Kongressdiplomatie zu begreifen, die ihnen Castlereagh vergeblich zu erläutern versuchte.

Dieser durch und durch englische Staatsmann war ihnen längst unheimlich, weil allzu europäisch geworden. Die britische Regierung akzeptierte mühelos die endgültige Aussöhnung mit Frankreich, wie sie auf dem Kongress von Aachen im Herbst 1818 mit der Aufnahme des Landes in die Heilige Allianz vollendet wurde. Frankreich hatte die ihm auferlegten Reparationen bezahlt, die Besatzungstruppen wurden abgezogen, und es durfte nun wieder gleichberechtigt im Konzert Europas mitwirken. Diese Möglichkeit nutzte es sofort auf den drei weiteren Kongressen bis 1823. Auf allen wurde heftig mit den Briten über das Recht auf Intervention gestritten. Denn seit 1820 flammten Unruhen auf, erst in Spanien und Portugal, dann in Neapel, anschließend in Norditalien und Griechenland. Sie hatten verschiedenen Ursachen, den Umsturz des monarchischen Absolutismus, Protest gegen die österreichische Präsenz in Italien oder den Wunsch nach nationaler Befreiung von den Türken. Diesen Unruhen voraus ging im März 1819 das spektakuläre Attentat auf den deutschen Schriftsteller August von Kotzebue, der seit 1817 als russischer Generalkonsul durch Deutschland reiste. Weitere Attentate folgten in Italien und Frankreich. Dort wurde im Februar 1820 der Sohn des späteren Königs Karl X. und damit der potenzielle Thronfolger ermordet, Charles-Ferdinand d'Artois, Herzog von Berry. Der revolutionäre Terror versetzte die europäischen Regierungen in Angst und Schrecken.

Ein Krieg gegen den Terror

Die deutschen Staaten handelten sofort, unter der Leitung Metternichs. Mit den Karlsbader Beschlüssen vom August 1819 verpflichteten sie sich auf eine gemeinsame Terrorbekämpfung. Sie bestätigten damit, äußerste Gefahren aus eigener Kraft abwehren zu können, um ihren Nachbarn von vornherein klarzumachen, dass sie keinen Beistand erwarteten und auf freundliche Einmischung von außen nicht angewiesen waren. Franzosen und Russen nahmen diesen Alleingang mitten in Europa ziemlich verärgert zur Kenntnis. Doch zu den Intentionen des Wiener Kongresses gehörte es, die deutschen Staaten im Deutschen Bund so einig und stark zu machen, dass sie ihre eigenen Angelegenheiten ohne fremden Einspruch selbstständig regeln konnten. Metternich berechnete genau den Effekt dieses ersten entschlossenen Auftretens der deutschen Regierungen auf die übrigen Europäer: »Niemals hat eine größere Einigkeit und Unterwerfung geherrscht als in unseren Konferenzen. Der Kaiser täuscht sich sehr, wenn er zweifelt, ob er Kaiser von Deutschland sei.« Diese Einigkeit ermöglichte eine Reihe höchst widerwärtiger geheimdienstlicher Vorsichtsmaßnahmen und Sondergesetze, die polizeiliche Beobachtungen und Kontrollen erlaubten, deren Daten wiederum von einer zentralen Kommission in Mainz erfasst wurden. Dieser aus der Angst vor Terror geborene Untersuchungsaufwand sollte den Sicherheitskräften dabei helfen, Verdächtige, sogenannte Demagogen, unverzüglich zu entdecken und zu ergreifen.

Mit solch ungewöhnlicher Fürsorglichkeit zeigten die Staaten, wie nachdrücklich sie sich um die öffentliche Sicherheit kümmerten, und beruhigten die in Panik geratenen friedlichen Bürger. Die dankten den Behörden ihre Fürsorge, indem sie sich Mühe gaben, nicht wegzuschauen und Unsicherheitsfaktoren auszuspähen. Niemand sollte der polizeilichen Umsicht entwischen, damit wirklich alle wieder angstfrei schlafen konnten. Das Sicherheitsbedürfnis überragte in ganz Europa alle anderen Wünsche nach Gütern, auch Rechtsgütern, die das Leben verschönern oder erträglich machen. Das polizeiliche Treiben mit seinen Schikanen empörte allerdings Studenten, Gebildete und Akademiker. Diese neue bürgerlich-adelige Schicht erregte wegen ihrer unberechenbaren und unabhängigen Geisteshaltung unweigerlich Verdacht. Die Folgen der Karlsbader Beschlüsse wurden deshalb gerade von diesen gesellschaftlichen Gruppen maßlos übertrieben. Im Vergleich zum französischen Terror von 1793 oder gar zu den technischen Überwachungsapparaten im Krieg gegen den Terror zu Beginn des 21. Jahrhunderts erweist sich dieser erste Versuch polizeistaatlicher Gesinnungskontrolle in Deutschland als recht unbeholfen und dilettantisch. Es gab zu wenig Polizeibeamte. In den höheren Rängen gehörten sie selber zu den Akademikern, die sie bespitzeln sollten. Sie waren aufgewachsen in der Tradition aufgeklärter Gewissenhaftigkeit und Rechtsstaatlichkeit, weshalb sie im Grunde gegen sich selbst ermitteln mussten. Außerdem gab es im vielgestaltigen Deutschland die unterschiedlichsten Auslegungen der Beschlüsse, sodass ein Ausweichen in ein anderes Land oft schon genügte, um unbehelligt von Zensur und politischpolizeilicher Aufsicht leben zu können.

Diese insgesamt ungeschickte und ärgerliche Abwehr einer europaweit agierenden terroristischen Verschwörung, die angeblich von einem Untergrund-Komitee in Paris organisiert wurde, nahmen die Europäer als innerdeutsche Angelegenheit zur Kenntnis. Sie waren aber überzeugt, dass es tatsächlich eine geheime Organisation gebe, die überall für Schrecken sorge und den Umsturz vorbereite. Insofern wurden auch jene sechs Sondergesetze als Selbstverteidigung beurteilt, mit denen zur gleichen Zeit das englische Parlament unruhige Handwerker und Arbeiter zu disziplinieren hoffte, die sich ansonsten womöglich dem revolutionären Terror verschrieben hätten.

Das Vereinigte Königreich und der von Österreich und Preußen geleitete Deutsche Bund gehörten zum Konzert der Mächte. Das schützte sie vor massiver Kritik. Einmischungen erlaubten sich die großen Mächte nur in Kleinstaaten, je nach ihren Interessen, weshalb der Streit um Intervention oder Nichtintervention dem Streit um des Kaisers Bart glich. Die 1820 im zum Königreich beider Sizilien gehörenden Nola ausgebrochene Revolte beizulegen betrachtete Castlereagh, der selbstverständlich jede Interventionspolitik vehement ablehnte, hingegen als Aufgabe Österreichs, da Süditalien in dessen Einflussgebiet lag und darüber hinaus vertraglich verpflichtet war, auch Verfassungsänderungen nur in Übereinstimmung mit dem österreichischen Kaiser vorzunehmen. Die Russen ihrerseits sahen die Gelegenheit gekommen, in Neapel ein Exempel zu statuieren und das europäische Konzert als Ordnungsmacht eindrucksvoll und einschüchternd auftreten zu lassen. Die französische Regierung warb für eine europäische Lösung der italienischen Frage, in der Hoffnung, in Italien die österreichische Vorherrschaft einzuschränken und dort verlorenen Einfluss zurückzugewinnen. Aber gerade das wollten Engländer und Österreicher verhindern. Der englischen Zustimmung gewiss, kostete es Metternich einige Geduld, Europa aus dieser Angelegenheit herauszuhalten und König Ferdinand I. von der Verfassung zu befreien, der er nach spanischem Vorbild von liberalen Rebellen unterworfen worden war.

In Spanien, dem Ursprungsland der liberalen Unruhen und revolutionären Erschütterungen der 1820er-Jahre, duldete England keine Europäisierung des Konflikts um die Macht von König und Parlament. Die Rebellion gegen Ferdinand VII., der sich von der Verfassung löste, die 1811 ohne seine Zustimmung beschlossen worden war, während er noch im französischen Exil weilte, kam den Briten sehr gelegen. Denn der spanische Herrscher beabsichtigte, Südamerika nicht weiter sich selbst zu überlassen und wenigstens einige Trümmer des spanische Reiches zu retten und wieder enger an das Mutterland zu binden. Mit diesem Vorhaben geriet er vollständig in Gegensatz zu Großbritannien. Während des Krieges gegen Napoleon und der französischen Besetzung Spaniens begannen die Engländer, Südamerika wirtschaftlich zu erobern und die unübersichtlichen iberoamerikanischen Befreiungsbewegungen zum eigenen Vorteil zu nutzen. Eine Intervention der Spanier in ihren ehemaligen Vizekönigreichen, gar mit Hilfe europäischer Mächte, begriffen die Engländer deshalb als Herausforderung. Ein Spanien im Bürgerkrieg bot ihnen die beste Gewähr dafür, mit der wirtschaftlichen Durchdringung Südamerikas ungestört fortfahren zu können.

Die Verfassung und Freiheit der Spanier schützen zu müssen war nur ein Vorwand. Die komplizierten Verfassungsprobleme spielten keine besondere Rolle. Ganz abgesehen davon, dass die britische Warnung an die übrigen Europäer, sich aus den spanischen Angelegenheiten herauszuhalten, natürlich ebenfalls eine Intervention zugunsten einer Partei im Bürgerkrieg bedeutete. Genauso verhielt es sich 1821 in Portugal, dessen innere Wirren den Übergang Brasiliens in die Unabhängigkeit beschleunigten. Britische Truppen sorgten für die Beachtung des Interventionsverbot durch andere Mächte. Die englischen Bemühungen, jede europäische Macht von der Iberischen Halbinsel fernzuhalten, reizten vor allem die französische Regierung. Seit die Bourbonen 1714 allgemein als Könige von Spanien anerkannt worden waren, gab es eine enge Zusammenarbeit mit Frankreich, die in mehreren Verträgen geregelt war. Diese Interessengemeinschaft zweier bedeutender Seemächte, die gemeinsam die englische Flotte in Verlegenheit bringen konnten, war den Briten, die im Atlantik noch nicht konkurrenzlos schalten und walten konnten, ein ständiges Ärgernis. Erst während der Napoleonischen Kriege wurde aus dem Atlantik ein englisches Meer. Das wollten die Franzosen nun wieder ändern, wie die Briten richtig vermuteten. Deshalb wollten sie Frankreich jeden Einfluss in Spanien und Portugal verwehren.

Französische Handlungsfreiheit und englische Handelsfreiheit

Metternich, konzentriert auf die Mitte Europas, wo über die Ruhe in Europa entschieden wurde, wehrte sich nicht dagegen. Der Ehrgeiz Frankreichs, 1823 in Spanien einzumarschieren und sich als Ordnungsmacht im neuen Europa zu empfehlen, behagte Metternich indes überhaupt nicht. Allzu früh zeigte Frankreich den Ehrgeiz, verlorenes Terrain zurückzugewinnen. Der Interventionist Metternich war sich mit den britischen Anti-Interventionisten einig darin, Spanien und Portugal sich selbst und damit den Engländern zu überlassen. Dennoch fügte er sich auf dem Kongress von

Verona 1822 dem europäischen Wunsch, die Franzosen mit der Wiederherstellung von Ruhe und Ordnung in Spanien zu beauftragen. Die Engländer hatten ihn nämlich mittlerweile sehr enttäuscht, weil sie statt Europa lieber England sagten und die Solidarität mit den kontinentalen Alliierten nicht übertreiben wollten. Für sie waren Räume Märkte und keine in sich geschlossenen Rechtsordnungen. Sie dachten ökonomisch, die Europäer politisch, für die sich Handlungsfreiheit nicht vorzugsweise in Handelsfreiheit manifestierte. Da es keinen gemeinsamen Feind mehr gab, konnten die grundsätzlichen Verschiedenheiten wieder schroffer aufeinanderprallen. Metternich hatte gehofft, England durch das europäische Konzert zu europäisieren, sein Freund Castlereagh, dieser englische Europäer, stimmte ihn immer wieder zuversichtlich. Aber der britische Außenminister war isoliert in London, so etwas wie ein weißer Elefant. Nach dem überraschenden Selbstmord Castlereaghs am 12. August 1822 wurde sein politischer Gegner George Canning sein Nachfolger, und der war nicht bereit, Europa irgendwelche Zugeständnisse auf Kosten Großbritanniens zu machen. Metternich bedauerte die Unzuverlässigkeit Englands. Unter solchen Voraussetzungen lag es nahe, Frankreich entgegenzukommen und ihm zu verstehen zu geben, wie sehr Europa auf seine Solidarität angewiesen sei.

Im April 1823 marschierten französische Truppen in Spanien ein, jubelnd empfangen von den Massen, die in ihrem König den leibhaftigen Repräsentanten Spaniens feierten.

Der Erfolg Frankreichs verärgerte die britische Regierung. Doch weil sie in der Pentarchie isoliert war, konnte sie ihn nicht verhindern. Später, in einer Rede vor dem House of Commons am 12. Dezember 1826, gestand George Canning, dass die französische Intervention in Spanien in gewisser

Weise eine Geringschätzung und Beleidigung des Stolzes und eine Verletzung der Gefühle Englands bedeutet habe. Aber das sei dennoch kein Grund gewesen, etwa den Hafen von Cádiz zu blockieren: »Ich suchte Kompensationen in der anderen Hemisphäre. (…) Wenn Spanien schon an Frankreich fiel, dann sollte es Spanien ohne Südamerika sein.« Ohne zu zögern gab er zu, dass nicht die Verfassung und Freiheit in Spanien ihn und die Regierung veranlasst hätten, energisch gegen Frankreichs Ambitionen zu protestieren, sondern die Aussicht, in Südamerika die Rolle zu übernehmen, die Spanien dort nicht zuletzt wegen der englischen Interventionen in den Befreiungskriegen nicht weiter spielen konnte. Als erster europäischer Staat erkannte Großbritannien 1825 die neuen Staaten im ehemaligen spanischen Reich an. Die Monroe-Doktrin der USA mit dem Interventionsverbot für Europäer in Amerika störte Canning nicht weiter. Ihm war jedes Mittel recht, das Konkurrenten von Lateinamerika fern hielt. Ganz abgesehen davon, dass die englische Flotte stark genug war, jeder europäischen Macht den Zugang nach Südamerika im Atlantik zu versperren. Außerdem betrachteten die US-Amerikaner wirtschaftliche Eroberungen in den früheren spanischen Vizekönigreichen keineswegs als politische Gewinne, obgleich beides nicht voneinander zu trennen war. Die Idee der unpolitischen Handelsfreiheit und Marktbeherrschung durch die Tüchtigen diente ihnen selbst bald als moralische Rechtfertigung einer immer aggressiveren Außenpolitik.

Gleichwohl hat diese Niederlage in Europa spätere britische Regierungen nicht davon abgehalten, sich weiter in die inneren Angelegenheiten Spaniens einzumischen, stets unter dem Vorwand, die Freiheit davor schützen zu müssen, der Despotie zum Opfer zu fallen. Doch in Wahrheit ging es darum, den französischen Einfluss in Spanien einzudämmen. Lord Palmerston, von 1830 bis 1841 der auf dem Kontinent umstrittenste britische Außenminister, war in England ungemein populär, weil er ohne Umschweife bekannte, dass Großbritannien sich nur auf sich selbst verlassen und eine eigene Politik betreiben soll, je nach den Umständen, nicht zuletzt um anderen Staaten eine beeindruckende Vorstellung von seiner Macht einzuprägen. Eine solche Realpolitik, wie der deutsche Publizist August Ludwig von Rochau diese Linie 1853 nannte, wirkte in ihrer Nacktheit nach den langen Kriegen allerdings selbst für sehr nüchterne Engländer allzu grob. Prinzipien mussten der Interessenpolitik höhere Weihen verleihen. Engländer wurden seit dem 18. Jahrhundert nicht müde, sich als die Freien zu feiern und ihr Land als einzigartig unter allen Reichen, weil nur hier ein wunderbares Gleichgewicht zwischen Unterhaus, Oberhaus und Krone gefunden worden sei, während die übrigen Europäer noch unter der Willkürherrschaft ihrer gekrönten Despoten schmachteten, die sich zusammen gegen die Freiheit verschworen hätten. Trotz dieser wenig schmeichelhaften Einschätzung sahen sich die Briten genötigt, häufig mit diesen Tyrannen zusammenzuarbeiten, wollten sie nicht dauernd von Europa ausgeschlossen sein.

Darin lag ein Widerspruch, denn mit Despoten lässt sich schwerlich für die Segnungen der Freiheit werben. Es sei denn, die Europäer folgten dem englischen Beispiel und hörten auf den Rat dieser einzig Freigeborenen. Europa zu liberalisieren, nicht aber zu demokratisieren, darin erkannten Whigs und Tories ihre Sendung. Demokratie galt den Liberalen nur als Zerrbild falsch verstandener Freiheit. Das hätten die Franzosen, die von der Freiheit nichts wissen konnten, weil sie durch den Absolutismus ihrer Könige und ihrer katholischen Kirche verdorben seien, während der Revolution eindringlich bewiesen. Die Revolution allein bestätige schon, wie unerfahren die Franzosen mit der Freiheit seien. Denn reife, an die Freiheit gewöhnte Völker vermieden derart heftige Explosionen und achteten auf Kontinuität im Wandel. Die Glorreiche Revolution in England von 1688/89 sei eben deshalb glorreich gewesen, weil sie keinen Umsturz mit sich brachte, vielmehr eine Entwicklung konsequent abschloss: die politische Mitbestimmung der Nation im Parlament. Die Nation beschränkte sich allerdings auf die Gebildeten und Vernünftigen, auf diejenigen, die mit den Wissenschaften und Künsten, mit den *artes liberales*, vertraut waren und sich deshalb selbstbewusst als liberal charakterisieren durften. In diesem Sinne liberal und zur Freiheit berufen waren nur sehr wenige, denen alle übrigen zu vertrauen und zu gehorchen hatten, zum Wohle des Großen und Ganzen.

Die englische Freiheit war sehr exklusiv. Die überwältigende Mehrheit war von ihr ausgeschlossen, nicht nur wegen der Geburt und den mit ihr verbundenen Bildungsgründen. Katholiken und protestantischen Dissidenten waren die bürgerlichen Freiheiten abgesprochen worden, ja ein ganzes Kronland, wie Irland, wurde, da katholisch, wie eine eroberte Provinz, wie eine außereuropäische Kolonie behandelt. Derartige Widersprüche störten die Ideologen der englischen Freiheit nicht weiter. Politische Verantwortung durfte nur übernehmen, wer sie ausüben konnte. Katholiken waren als Untertanen der päpstlichen Gesinnungsdiktatur zum freien Denken nicht befähigt, außerdem, weil fremden Einwirkungen ausgesetzt, mit dem Gemeinwohl Englands nicht vertraut, weshalb ihnen nur die persönliche Freiheit, nicht aber die bürgerliche zugestanden wurde. Die Briten begriffen nie, warum die meisten Europäer die öffentliche Zustände im Vereinigten Königreich gar nicht besonders anziehend fanden. Denn Toleranz im Staate war in Europa selbstverständlich geworden. Der Akademiker, der Gebildete nahm über die Verwaltung auch im nachnapoleonischen Frankreich Anteil am Staate. Aristokratische Korruption wich gemeinwohlbezogener Sachlichkeit, wohingegen der britische Parlamentarismus als Inbegriff adeliger Vetternwirtschaft, von Intrigen und Sittenlosigkeit abschreckend auf die kontinentalen Staatsdiener wirkte. Die Europäer fühlten sich in vielerlei Hinsicht in ihrem Verwaltungs- und Rechtsstaat frei und dem Engländer weit überlegen. Dessen Freiheit erschien ihnen als der Triumph von Oligarchen, die den Staat ausbeuteten und ihren Geschäftsinteressen unterwarfen. Das England Cannings, des Streiters für die Freiheit und für Verfassungen als deren Grundlage in anderen Staaten, war um 1825 ein unruhiges Land, erschüttert von mächtigen Volksbewegungen, der katholischen, der methodistischen und frühsozialistischen, die alle gemeinsam nach bürgerlichen Freiheiten verlangten.

Angst vor der Demokratie

Die Zugeständnisse, die um 1830 unausweichlich waren, bestätigten nachdrücklich, dass Großbritanniens Wirklichkeit nicht mit dem Bild übereinstimmte, das die Briten von sich selbst hatten. Auch die Ausdehnung des Wahlrechts auf reiche Bürger in den größeren Städten verbreiterte die Basis des Parlamentarismus nicht wesentlich. Er blieb eine aristokratische Veranstaltung in Gemeinschaft mit einigen Kapitalisten, die mittlerweile hin und wieder in die vornehmen Familien einheiraten durften. Um besorgte Stimmungen in Europa zu beruhigen, verteidigten übrigens Liberale das weiterhin sehr eingeschränkte Wahlrecht als besonderen Schutz vor der Demokratie und der Willkürherrschaft der Massen, die sie auf den Britischen Inseln nicht minder fürchteten als die Beamten in Europa. Was die Europäer am meisten verwirrte, war die Macht der Presse und der dort veröffentlichten Meinungen in Konkurrenz zum Parlamentarismus. Seit den beiden Pitts (William, 1. Earl of Chatham, und William Pitt der Jüngere), also seit dem späten 18. Jahrhundert, suchten Minister mit außerparlamentarischen Gruppen oder organisierten Stimmungskampagnen Politik zu machen, durchaus, um das Parlament unter Druck zu setzen oder gar einzuschüchtern. Das Parlament hörte auf den organisierten Willen des Volkes und bemühte sich darum, ihn zu vollstrecken. Ein Phänomen, das heute abschätzig als Populismus verurteilt wird, galt damals geradezu als Rechtfertigung des Parlamentarismus – zum Unbehagen der europäischen Regierungen, die darin ein weiteres, erhebliches Hindernis erblickten, um mit England seriös und sachlich verhandeln und Verträge schließen zu können.

Der Anspruch auf moralische Überlegenheit, den diese liberale Ideologie mit ihren inneren Widersprüchen erhob, verlieh der britischen Politik keine besondere Überzeugungskraft. Denn die Ideologie wurde inkonsequent angewandt und beachtet, sodass selbst anglophile Freiheitsfreunde auf dem Kontinent ratlos waren. England konnte sich nicht von der Vergangenheit lösen. Der Erbfeind war Frankreich. Die Niederlage und der Verständigungsfriede, um Frankreich Gelegenheit zu geben, sich als normale Großmacht mit stabilen Grenzen zu entwickeln, besänftigte nicht englisches Misstrauen, Frankreich könne nach einer Revision des Friedens trachten und wieder in frühere hegemoniale oder imperiale Traditionen zurückfallen. Insofern sollte Frankreich möglichst eingekreist, auf sich beschränkt bleiben. Deswegen die kompromisslose britische Opposition gegen einen wie auch immer gearteten Einfluss Frankreichs in Spanien und später im Orient oder in Algier. Jedes Mal wurde umgehend das Schreckensbild vom unbelehrbaren, revisionistischen, un- und antieuropäischen Unhold beschworen, dem Europa nicht trauen dürfe. Doch seit 1830, nach der Juli-Revolution und dem Übergang zum Bürgerkönigtum Louis-Philippes I., gab es immer wieder Bemühungen, sich zusammen mit Frankreich – einem liberalen, verfassungsmäßigen Frankreich –in einer Entente cordiale den despotischen Staaten des monarchischen Prinzips polemisch entgegenzustellen. Doch jedes Mal folgte die Enttäuschung, sich im stets gleichen, unbelehrbaren Frankreich geirrt zu haben, das einzig von dem Wunsch erfüllt sei, neue Macht zu gewinnen. Es gelang den Engländern nicht, dauerhaft einen Block »des Westens« zu bilden, der die Allianz der drei schwarzen Adler (Russland, Österreich und Preußen) aufbrechen konnte.

Die drei Reiche des Nordens hatten sich im europäischen Konzert zu einer Heiligen Allianz vereinigt, in der die Ideen Kaiser Alexanders in reduzierter Form doch noch Wirklichkeit wurden. Die Distanz Englands, seine libertäre Propaganda, die in Spanien und Portugal für ein undurchdringliches Chaos gesorgt hatte und mit ihren vagen Verheißungen von Verfassung und Nation den Vielvölkerstaaten gefährlich werden konnte, bewog Metternich, sich enger, als er je beabsichtigt hatte, mit Russland zu verständigen. Gegen die geballte Masse der drei kontinentalen Staaten vermochte England nichts auszurichten. Die Flotte hatte Britannien zwar zur absoluten Seeherrschaft verholfen, aber zu Lande halfen Schiffe nichts. Die Seemacht war von Landmächten abhängig, um in Europa gehört und geachtet zu werden. Diese Einschränkung hatten die Franzosen nie aus den Augen verloren und deshalb dafür gesorgt, dass sie auf dem Kontinent niemals Gefahr liefen, isoliert zu werden. Zwar fiel es ihnen sehr schwer, endgültig auf ihre natürlichen Grenzen zu verzichten, vor allem auf die linksrheinischen Lande, aber sie waren Realisten genug einzusehen, dass ein gutes Verhältnis zu den deutschen Staaten und Russland die Voraussetzung war, um Grenzrevisionen zu erreichen. Insofern suchten sich die französischen Regierungen nicht im Drang nach Osten Bewegung zu verschaffen, sondern bezogen stattdessen Algerien oder Ägypten in ihre Überlegungen ein, stets in der Gewissheit, von den europäischen Staaten im Rahmen des europäischen Gleichgewichts nicht gleich gebremst zu werden.

Die unruhige einsame Insel

Die Europäer wussten sich zu sicher vor Frankreich, um wegen Erinnerungen an das besiegte Imperium Angst zu bekommen und abgelebten Vorurteilen Raum in ihren politischen Erwägungen zu geben. Im Übrigen bedurften die französischen Könige des praktischen und moralischen Rückhalts bei den anderen europäischen Monarchen, was hieß, Kriege zu vermeiden, um den eigenen Thron nicht zu gefährden. Insgesamt versprachen revisionistische Aktionen Frankreich nichts, weshalb die Furcht der Briten vor dem unruhigen Frankreich eine Chimäre war, sofern sie nicht selber für Unruhe sorgten, indem sie einem souveränen

Staat nicht einmal eine maßvolle Beweglichkeit zugestehen mochten, wie etwa in Spanien. Die wirklich unruhige Macht im europäischen Konzert war Großbritannien, nicht zuletzt aus eigenem Verschulden, weil es sich in Europa weitgehend isolierte. Die später so trotzig beschworene *splendid isolation* wurde gar nicht als glänzend und befriedigend empfunden. Ihr Preis war zu hoch. Die Europäer konnten auch ohne Großbritannien den Frieden untereinander wahren, ohne deshalb ihre Interessen vernachlässigen zu müssen. Daher empfahl es sich für die wechselnden Regierungen Englands, die Beziehungen zur Union der europäischen Mächte nicht allzu sehr zu belasten, da sie ohne deren Zustimmung unter Umständen dem Rest der Welt allein gegenüber stünden, der damals noch Europa bedeutete. Das hieß dann, vorübergehend auf die Polemik gegen die despotischen Monarchen zu verzichten und im deutschen Kulturprotestantismus eine befreiende Kraft anzuerkennen, überhaupt Preußen zu umwerben, damit es seine engen Verbindungen zu Russland lockerte. Und auch Österreich, dieses bitter geschmähte China Europas, durfte mit einigen Schmeicheleien rechnen. Schließlich hielt jede britische Regierung das Kaiserreich Österreich für unersetzlich, für das Fundament der Ruhe Europas. Es gab Perioden, in denen die Phrasen voller humanitärer oder libertärer Schlagworte, die sich bewusst an das zeitunglesende Publikum richteten, vorsichtiger verwendet wurden. Auch die Briten mussten einsehen, dass eine Politik ohne Austausch mit den anderen Staaten im neuen Europa gar nicht mehr möglich war.

Daher blieben gesamteuropäische Konferenzen, jetzt meist allein den Diplomaten anvertraut, das letzte und probate Hilfsmittel, um zu einvernehmlichen Lösungen zu gelangen. Die Kongressdiplomatie, der die Briten misstrauten, war für sie oft genug die letzte Auskunftsmöglichkeit, wenn sie allein nicht weiter wussten. Die Ambivalenz der englischen Europapolitik ergab sich aus der Unentschlossenheit der Engländer, die nicht wussten, ob sie den europäischen Mechanismen vertrauen sollten oder nicht. Sie wollten Beobachter des Kontinents bleiben, zu dem sie nicht gehörten, und doch in den europäischen Angelegenheiten mitbestimmen wie eine europäische Macht. Wohl oder übel sah sich auch England genötigt, immer wieder an den europäischen Aeropag zu appellieren. Das europäische Konzert ertönte manchmal nur dissonant. Aber seine Existenz allein genügte, um Spannungen abzubauen und den allgemeinen Frieden nicht zu gefährden. Dazu trug auch bei, dass die Staaten des monarchischen Prinzips nicht starr an ihren Grundsätzen festhielten, sondern sich in unvermeidliche Veränderungen schickten. Europa zerfiel nicht, wie die britische Propaganda zuweilen behauptete, in zwei ideologische Lager. Und die Briten waren klug genug, sich nur in die inneren Angelegenheiten von kleinen oder abhängigen Staaten einzumischen. Die Staaten des monarchischen Prinzips beschränkten sich ihrerseits darauf, die monarchische Autorität in ihrem Herrschaftsraum vor jedem Angriff zu sichern, während sie zu Zugeständnissen außerhalb durchaus bereit waren. Die Legitimität war ein sehr dehnbarer Orientierungsrahmen, das monarchische Prinzip konnte in mannigfachen Variationen verteidigt und interpretiert werden. Das erleichterte es Russland, Preußen und Österreich, sich 1830 mit dem Sturz der Bourbonen abzufinden und im Bürgerkönig Louis-Philippe bald einen richtigen König schätzen zu lernen, der die Revolution, die ihn auf den Thron gebracht hatte, ebenso fürchtete wie die legitimen Monarchen. Diese akzeptierten ihn ohne langes Zögern als einen der ihren. Nur Alexanders Nachfolger, der russische Kaiser Nikolaus I., verhielt sich vorübergehend prinzipieller, aber dann doch einsichtig.

Die Folgen der Juli-Revolution von 1830, die eine Epoche bürgerlicher Vorherrschaft und nationaler Unabhängigkeitsbewegungen in Mittel- und Südeuropa auslöste, erschütterten die Wiener Ordnung nicht sonderlich. Der nach einem Aufstand in Brüssel freie, von den Niederlanden unabhängige neue Staat Belgien störte höchstens England, das sich auf der anderen Seite des Ärmelkanals einen Staat wünschte, der sich mit Preußen als Hinterland französischer Angriffe erwehren konnte. Die großen Niederlande waren ein künstliches Gebilde gewesen, von den Engländern ersonnen ohne Rücksicht darauf, dass die katholischen Flamen und Wallonen – jahrhundertelang von den spanischen oder deutschen Habsburgern regiert – sich ihren protestantischen Nationalverwandten immer stärker entfremdet hatten. Die Nachgiebigkeit dem »Volksbegehren« nach belgischer Eigenstaatlichkeit gegenüber fiel den drei Staaten der Heiligen Allianz durchaus leicht, weil Belgien keine Nation war und der neue König Leopold aus dem Hause Sachsen-Coburg klug darauf achtete, ein gutes Verhältnis zu Frankreich zu pflegen. Selbstverständlich regten sich in Frankreich offene oder versteckte Hoffnungen auf eine »Wiedervereinigung« mit Belgien. Aber sie erwiesen sich als »spanische Schlösser«, wie Franzosen Illusionen nannten, da die europäischen Mächte in einen solchen »Anschluss« niemals einwilligen würden. Die Franzosen spürten den Frieden als Last, ohne eine revisionistische Politik wagen zu dürfen, welche die französischen Könige ohnehin für abenteuerlich hielten. Es waren die Monarchen, die für die Ruhe Europas sorgten, was auch die englischen Regierungen zugeben mussten. Sie spielten leichtsinnig mit Sympathien für freiheitliche Bewegungen, ohne an die Konsequenzen zu denken. Denn eine Revolution in Frankreich, in den deutschen Staaten oder in Italien fürchteten sie genauso wie die drei Staaten der Heiligen Allianz, die sich als festes Bollwerk gegen jeglichen Umsturz bewährte, auch zum Vorteil des Vereinigten Königreichs.

Die entschlossene Niederwerfung des polnischen Aufstands von 1830 und die Aufhebung der Verfassung durch Kaiser Nikolaus I. ein Jahr später lösten die üblichen Polemiken gegen das barbarische, asiatische Russland aus, das die Freiheit Europa bedrohe. Doch diese Polemiken veranschaulichten auch die Hilflosigkeit der britischen Regierung. Sie konnte nichts unternehmen, weil Preußen und Österreicher ein freies Polen entschieden ablehnten, das in einem revolutionären Moment wie 1830 sofort Rückhalt bei Frankreich suchen würde. Eine polnisch-französische Verständigung hielten aber auch die Briten wegen ihrer möglichen Folgen für Preußen und Österreich für allzu riskant. Insofern war ihre freiheitliche Propaganda stets missverständlich und beunruhigend. Lord Palmerston unterstützte italienische Nationalisten im Norden in ihrem Streben nach Unabhängigkeit von Österreich und verfassungsmäßiger monarchischer Regierung, aber an eine nationale Einheit Italiens dachte er dabei nicht. Ebenso versicherte er den Ungarn, ein Freund ihrer Wünsche nach Autonomie zu sein, lehnte aber eine Loslösung von Österreich kategorisch ab. Ihn schwebte eine Art Home Rule oder »Selbstregierung« innerhalb des österreichischen Vielvölkerstaates vor, obschon er für Irland eine solche Lösung grundsätzlich ausschloss. Deshalb irritierte die wankelmütige englische Politik gerade solche Europäer, die im Vertrauen auf England tatsächlich nach Veränderungen strebten.

England als Hüterin der Wiener Ordnung wünschte kein grundsätzlich anderes Europa, um nicht Frankreich die Chance zu eröffnen, während einer umfassenden Krise seine frühere Hegemonie wiederzuerlangen. Insofern brauchte Palmerston die drei Mächte des Nordens, die zu seiner Beruhigung am Status quo, wie er in Wien vereinbart worden war, festhielten. Eine *pax britannica,* von der die Mythographen des britischen Liberalismus zuweilen raunen, hat es in Europa nie gegeben. Vielmehr waren es die drei Mächte des Nordens, die England immer wieder von Sonderwegen abbrachten und es mit dem europäischen Konzert versöhnten. Dieser Umstand reizte vor allem einen Unruhestifter wie Lord Palmerston, von dem ein Tiroler Volksspruch sagte: »Und hat der Teufel einen Sohn, / dann ist's gewiss Lord Palmerston.« Der Volksmund resümierte in diesem Fall eine Meinung, die überall in Europa verbreitet war, nämlich dass äußerste Vorsicht geboten sei im Umgang mit England, der Verfechterin des Interventionsverbots, das sich überall einmische, ohne gefragt oder erwünscht zu sein. Die englische Furcht vor Frankreich wechselte ab mit Phasen einer Entente cordiale, um in engem Einverständnis den Nachbarn jenseits des Kanals umso besser kontrollieren zu können und sich vor dessen Unberechenbarkeit zu schützen. Die mangelnde Gleichberechtigung verbitterte die französischen Regierungen recht schnell. Der Vorrat an liberalen Schmuckreden war jedes Mal rasch erschöpft, da Frankreichs Liberale, die am Ruhm der Nation nicht weniger interessiert waren wie Palmerston am Prestige Großbritanniens, enttäuscht feststellen mussten, dass sie mit keinerlei Zugeständnissen hinsichtlich ihrer eigenen Pläne und Vorhaben rechnen konnten.

Ähnlich schwierig waren die englischen Beziehungen zu

Russland, das vor allem die öffentliche Meinung zu einem unheimlichen Monster dämonisierte, das entschlossen sei, Asien und Europa zu verschlingen. Die Gefahr, die angeblich von Russland ausging, wurde von der britischen Presse maßlos übertrieben, seine militärische Stärke vollkommen überschätzt, denn dieses wachsende Reich war uneinnehmbar, wie Napoleons Feldzug nachdrücklich vor Augen geführt hatte und die vorerst noch harmlosen Scharmützel im innersten Asien befürchten ließen. Russland wurde förmlich zum Skandal für England. In Europa war es nicht zu packen, und in Asien vermied es fürs Erste eine offene Konfrontation. Im Gegensatz zu England verfügte Russland zusammen mit Preußen und Österreich über die Macht, gegen Absichten, die es für unvereinbar mit dem Gleichgewicht in Europa hielt, sein Veto einzulegen. Nikolaus I. beteuerte oft genug, dass Russland in Europa keine weiteren Erwerbungen suche. Ihm kam es darauf an, das Reich in Asien zu konsolidieren. Deswegen brauchte er Ruhe in seinem Rücken, in Europa. Solange die Allianz mit Österreich und Preußen keinen Belastungen ausgesetzt war, durfte er gewiss sein, von europäischen Ereignissen nichts fürchten zu müssen, vorausgesetzt, es gelang, Frankreich und England, die beiden unruhigen Mächte, von Mitteleuropa fernzuhalten. Die Heilige Allianz funktionierte mehr oder weniger reibungslos und erfüllte damit ihre wichtigste Aufgabe, das Gleichgewicht in Europa stabil zu halten. Der ungemeine Verdruss britischer Regierungen ergab sich aus dem für sie ärgerlichen Umstand, dass Russen darüber befanden, wann das Gleichgewicht in Europa aus der Balance geraten konnte.

Die Entfesselung der orientalischen Fragen

Der russische Kaiser achtete sorgsam darauf, weder Österreicher noch Preußen leichtsinnig zu reizen und Meinungsverschiedenheiten möglichst schonend beizulegen, ohne dass schlechte Erinnerungen das Verhältnis belasteten. Alle drei Mächte stimmten ihre Politik so gründlich miteinander ab, dass ihre Eintracht – zumindest aus ihrem Blickwinkel – zum Sinnbild für die wünschenswerte Harmonie des europäischen Konzerts wurde, die wegen der Sonderwege Englands und Frankreichs mancherlei Verstimmung erfuhr.

Die dauerhafteste Gefahr erwuchs der Ruhe Europas aus der orientalischen Frage. Es rächte sich, dass das Osmanische Reich nicht in den europäischen Frieden einbezogen und dessen Grenzen in Wien nicht international garantiert worden waren. Der Aufstand der Griechen und ihr Kampf um Unabhängigkeit von den Türken seit 1820 konfrontierten die europäischen Mächte mit der Zukunft des Osmanischen Reiches unter dem Druck des Nationalismus, der nun den Balkan, aber auch Ägypten erreicht hatte. Die Vielvölkerstaaten Russland und Österreich verurteilten das griechische Verlangen nach Freiheit im nationalen Staat als Rebellion gegen den legitimen Herrscher. Das religiöse Argument, Christen aus muslimischer Bevormundung zu befreien, überzeugte sie in keiner Weise. Christen konnten seit eh und je ziemlich unbehelligt in Gebieten mit Selbstverwaltung innerhalb des Osmanischen Reiches leben, ja genossen als Geschäftsleute sogar besondere Privilegien, weil sie rund ums Mittelmeer und bis nach Wien unentbehrlich für den Handel mit den Christen waren. Ihr Wunsch nach nationaler Selbstständigkeit erledigte sich, da unrechtmäßig, aus österreichischer und russischer Sicht von selbst.

Die Nationalidee musste in einem Reich vieler Völker und Religionen wie Sprengstoff wirken und damit die Existenz des Osmanischen Reiches überhaupt in Frage stellen, wenn andere Völkerschaften sich die Griechen zum Vorbild nahmen, etwa auf dem Balkan, und der nationale Gedanke von dort auf Mitteleuropa oder hinüber nach Polen ausstrahlte. Die britischen Außenminister Castlereagh, Canning und Palmerston teilten diese Einschätzung anfänglich aus Sorge um die Integrität des Osmanischen Reiches, das als Ordnungsmacht, wenn auch schwach und instabil, unersetzlich war. Doch allmählich entwickelte sich unter den Europäern ein Philhellenismus, der die neuzeitlichen Griechen zu Erben des Freiheitsgedankens romantisierte, dem dauerhaften Geschenk des klassischen Athens an Europa. Diese literarisch-ästhetische Begeisterung ließ sich von Fall zu Fall mit den jeweiligen Bedürfnissen der Großmächte im östlichen Mittelmeer verbinden. So hielt Lord Palmerston es für eine spezifisch britische Aufgabe, griechische Freiheit vor russischer Tyrannei zu bewahren, die, wie er meinte, versuche, das Osmanische Reich von Russland abhängig zu machen. Die französische Regierung wiederum entsann sich der Feldzüge Napoleons in Ägypten. Dort regierte Muhammad Ali Pascha als Gouverneur weitgehend unabhängig vom Sultan und hegte Pläne, um Ägypten herum ein eigenes Reich bis hinauf nach Syrien und hinüber auf die Arabische Halbinsel zu schaffen. Derartige Vorhaben, von Frankreich unterstützt, alarmierten Lord Palmerston, der in einer französischen Flotte im Mittelmeer und militärisch nicht zu unterschätzenden Verbündeten sofort eine Gefahr für die britische Herrschaft im Mittelmeer erkannte. Er traute weder Russland noch Frankreich. Ohne diese beiden Staaten ließ sich die Integrität des Osmanischen Rei-

ches jedoch nicht bewahren, für die sich vor allem Preußen und Österreich einsetzten, um den Balkan ruhig zu
halten.

Alle fünf Großmächte beteuerten, die Existenz des Osmanischen Reiches verteidigen zu wollen. Aber zumindest
drei, die einander nicht über den Weg trauten – Frankreich,
England und Russland –, gewöhnten sich allmählich an den
Gedanken eines freien Griechenlands. Die Griechen selber
waren ihnen dabei trotz der Philhellenen ziemlich gleichgültig. Es ging ihnen darum, in Konstantinopel ausschlag-
gebenden Einfluss zu gewinnen und die jeweils anderen
als Konkurrenten zu schwächen oder auszuschalten. Die
nun einsetzenden Intrigen und Grabenkämpfe im Namen
der Sicherheit des Osmanischen Reiches wirkten nach und
nach vollends destabilisierend. Es begann, wie Metternich befürchtet hatte, die Balkanisierung der europäischen
Politik, weil sich – seit auch die Serben nach Autonomie
strebten – die Großmächte ununterbrochen in die inneren
Angelegenheiten dieser aufständischen, nominell noch türkischen Regionen einmischten. Im Namen der Integrität
des Osmanischen Reiches standen paradoxerweise dessen
Grenzen zur Disposition. Die Großmächte verfügten über
kein Konzept einer Neuordnung. Kaiser Nikolaus erwog
zuweilen eine vernünftige Aufteilung, bei der jeder seinen
Vorteil finden mochte, aber damit stieß er nur auf Ableh-
nung, weil jede Großmacht ihre ganz eigenen Ziele verfolgte
und dafür eine ohnmächtige Türkei brauchte. Andererseits
fürchteten alle zugleich eine allzu schwache Türkei, die um
des eigenen Überlebens willen engen Anschluss an ihren
Nachbarn Russland suchte.

Diese widersprüchliche Politik der drei Großmächte
Frankreich, England und Russland baute ganz auf Impro-

visation. Dadurch entstand überhaupt erst die orientalische Frage, welche die Europäer fortan beschäftigte, ohne dass sie aufgrund ihrer inneren Uneinigkeit mit ihr fertig wurden.

Österreich und Preußen, die konsequenten Verfechter einer Politik der Distanz zu sämtlichen Befreiungsbewegungen und national-religiösen Aufständen, gerieten seitdem häufig mit den drei anderen Großmächten aneinander. 1830 mussten sie sich auf der Londoner Konferenz in die Souveränität Griechenlands fügen, die auf dem Balkan wie ein Aufruf zur Rebellion verstanden wurde und diese Region zu einem dauernden Unruheherd machte. 1840 konnten Österreich und Preußen erfolgreich vermitteln, als Frankreich wegen seiner Unterstützung Muhammad Ali Paschas eine Orientkrise auslöste, die erstmals die Gefahr eines allgemeinen Krieges heraufbeschwor. Die Mitte Europas rief den Rest zur Ordnung. Allerdings zu einem hohen Preis, denn statt der Pentarchie erwiesen sich die vier Siegermächte von 1815 als Hüter der Ordnung, in die sich die fünfte Macht – Frankreich – gänzlich gedemütigt fügen musste. Aber Metternich gelang es mit feinen Manövern, Frankreich wieder mit den kontinentalen Mächten auszusöhnen und den Franzosen begreiflich zu machen, wie sehr Europa sie brauchte. Den wahren Tyrannen fürchtete er in Lord Palmerston, der mit seiner Ansicht, dass England sich viel erlauben könne, den Individualismus entschieden übertrieb und überall nationalen Egoismen Vorschub leistete, welche die Wiener Ordnung eigentlich eingrenzen sollte.

Revolutionierung der Wiener Ordnung

Sehr bald stand England den vier Mächten des Kontinentes wieder allein gegenüber. In Lord Palmerston, mit seiner Kanonenbootpolitik stets knapp am Rande eines möglichen Krieges, feierten die Briten den Inbegriff des feurigen John Bull, der trotzig beweist, wie stark er ist, wenn er einzig und allein auf sich vertraut. Die öffentliche Meinung und deren Lautverstärker im Parlament konnten daher auf dem Kontinent nur Undankbarkeit und mangelnde Begeisterung für die Freiheit der Völker und Bürger erkennen, die, wo immer diese umstritten und bedroht war, damit rechnen konnten, von England nicht vergessen zu werden. Als Europa im Frühjahr 1848 von revolutionären Eruptionen überrascht wurde, rieben sich die Engländer verdutzt die Augen und warteten ab. Zu unübersichtlich wirkte die Lage, und einmal mehr bewiesen ihnen die aufgeregten Europäer, wie wenig Erfahrung sie im Umgang mit der Freiheit hatten. Radikale schwärmten von der Republik und redeten von Demokratie, den beiden ärgsten Feinden der Freiheit. Das revolutionäre Frankreich weckte sofort sämtliche Schreckgespenster, die seit 1789 die populäre Phantasie vieler Engländer peinigten. Die meist als pedantisch, doch insgesamt als besonnen eingeschätzten Deutschen verwirrten mit ihrer theoretischen Weltfremdheit die diplomatischen Beobachter von den Britischen Inseln. Es erschien ihnen nahezu unglaublich, Professoren und Advokaten damit zu beauftragen, eine Verfassung zu entwerfen.

Eine deutsche Nation, in Freiheit gesetzt, und eine nationale Einigung Italiens verschreckten Palmerston, weil sie seiner Ansicht nach Europa aus dem Gleichgewicht brachten. Der Freund ungarischer Autonomie bangte nun, da sie

Wirklichkeit wurde, um Österreich, ohne das Europa nicht wieder zur Ruhe fände. Die nationalen Erwartungen, unmittelbar mit den konstitutionellen Freiheitsforderungen verbunden, erschreckten Lord Palmerston nicht weniger als jeden beliebigen Freund der Ordnung und des monarchischen Prinzips. Jetzt, wo auf einmal die Worte wörtlich genommen und als Handlungsanweisung aufgefasst wurden, warnte der Künder der freien Verfassungen für freie Volker in freien Staaten vor Übereilungen und Missverständnissen. Insgesamt hielt England sich abseits und sah von jeglicher Einmischung ab, die viel zu riskant gewesen wäre, auch für ein England, von dem Palmerston gerne behauptete, es könne immer einiges wagen. Zum ersten Mal in seiner langen Karriere verhielt sich Palmerston weise, und mit ihm England, das Europa sich selbst überließ und abwartete. Die Monarchen konnten sich behaupten und die Revolutionen von 1848/49 besiegen. In Frankreich stellte die Autorität des Militärs, dann die Napoleons III. die Ordnung wieder her, sehr zur Erleichterung Palmerstons, dem Unordnung in der Realität tiefstes Unbehagen bereitete. Die Europäer entschieden sich für Autorität statt Freiheit, und die Engländer konnten wieder beruhigt schlafen und ihren Geschäften nachgehen.

Es war aber nicht die alte Ordnung, die überall restauriert wurde. Die Revolutionen waren nicht gescheitert, wie es so oft heißt. Die wichtigsten rechtsstaatlichen Forderungen wurden von den Monarchen bewilligt, weil sie auf die Mitarbeit der besitzenden Klassen angewiesen waren, um gemeinsam die unruhigen unteren Klassen im Zaum zu halten. Letztere hatten sich während der Revolutionen trotzig und selbstbewusst bemerkbar gemacht. Die Krone und die Bürger, der König und das Geld, der wahre König der Epoche, wie Konservative und Sozialisten es in seltenem Einvernehmen nannten, hatten für einige schreckliche Momente ihrem wahren Feind – dem Proletarier – ins Auge blicken müssen. Das genügte, um sie zu einer Interessengemeinschaft zusammenzuschweißen, die Thron und Börse repräsentierte. Die von den Monarchen gewährten Verfassungen, wie etwa die preußische von 1850, genügten vollkommen den liberalen Erwartungen. Ein eingeschränktes Wahlrecht beruhigte europaweit die Gemüter, auch in England, wo der liberale oder konservative Bürger nichts so sehr fürchtete wie Demokratisierung und ein Volk von Wählern. Was die revolutionären Erhebungen überall in Europa allerdings gründlich untergraben hatten, war das Fundament der europäischen Ruhe, das Gleichgewicht in Mitteleuropa zwischen Preußen und Österreich, dem Deutschen Bund und Italien. Die Verteidiger der Ordnung in Preußen wie in Österreich waren durch die deutsche Revolution nationalisiert worden. Sie wollten sich nicht mehr in den Deutschen Bund und damit in die Wiener Ordnung fügen. Beide experimentierten mit nationalen Programmen, am verwegensten Felix Prinz zu Schwarzenberg, der österreichische Ministerpräsident, der die Donaumonarchie mit Deutschland zu einem Großdeutschland vereinen wollte, in welchem die Deutschen, angeführt von Österreich, dominieren und die vielen Nichtdeutschen in Abhängigkeit halten würden, sofern sie sich nicht aus Lebensklugheit germanisierten und der deutschen Leitkultur anpassten.

Im Gegensatz dazu versuchte Preußen, Norddeutschland zu mobilisieren, um eine Gleichberechtigung mit Österreich zu erreichen, doch den Deutschen Bund mochte auch Preußen nicht erneuern. Für Augenblicke zeigte sich, wie abhängig ganz Europa von einer beruhigten Mitte war.

Russlands Nikolaus I. zwang die beiden deutschen Staaten, seine wichtigsten Verbündeten, 1850 im Vertrag von Olmütz zurück in die alte Ordnung, den Deutschen Bund. Damit erwies er Europa einen großen Dienst, weil er es vor Gefahren schützte, die aus einem zerstrittenen Deutschland erwuchsen. Ein national definiertes Großdeutschland im Sinne Schwarzenbergs war unvereinbar mit der europäische Ordnung. Es wäre von Lübeck bis Palermo, vom Czernowitz bis Basel eine Supermacht geworden, die sich ein Europa nach ihren Vorstellungen entworfen hätte, ein Europa, das höchstens Russland gemeinsam mit England hätte verhindern können. Lord Palmerston fühlte sich, ohne die russische Politik explizit zu würdigen, nun erst recht in seinen Vorurteilen über Russland als Koloss, der ganz Europa unter sein Gesetz zwingen wollte, bestärkt. Der britische Außenminister kämpfte gegen ein Phantom, gegen Russland, das gar nicht zu Europa gehöre, dieses aber bedrohe, um eine euro-asiatische Herrschaft, ja Weltherrschaft aufzubauen. »This monster of an empire« ließ sich nur aus Europa verdrängen, wenn die Wiener Ordnung umgestürzt und Russland für immer aus der Pentarchie ausgeschlossen würde. Dazu war Palmerston während des Krimkrieges von 1853–56 entschlossen. Der Antirevolutionär Palmerston war nun selber zum Revolutionär geworden, der sich mit den revisionistischen Kräften in Europa zusammentat.

Der Freund der Freiheit entdeckte in dem autoritären Unterdrücker der Freiheit Napoleon III., seit 1852 Kaiser der Franzosen, den passenden Bundesgenossen, um in einem neuen Europa frei von russischem Einspruch leben und jetzt erst überhaupt richtig frei leben zu können. Der Neffe Napoleons I. hatte allen Europäer versichert, dass sein Reich den Frieden bedeute, aber einen Frieden, der den Völkern

166

mehr Freiheit zugestehe und vor allem dem friedfertigen Frankreich mehr Bewegung gestatte, um das europäische Friedensreich als Union der Völker zu vollenden. Den Frieden von Wien hielt Napoleon III. für revisionsbedürftig, weil er Frankreich auf ein glanzloses Normalmaß zurechtgestutzt hatte. Den Umsturz der Wiener Ordnung plante er nicht von der Mitte Europas aus, sondern von der Peripherie, vom Orient, um Russlands Rechte oder Vorrechte, im Osmanischen Reich orthodoxe Christen zu schützen, mit französischen Ansprüchen herauszufordern, gleiches für die katholischen Christen leisten zu wollen. Ein Streit zwischen Russen und Franzosen in Konstantinopel ermöglichte es Palmerston, die britische Öffentlichkeit, wie einst Cato der Ältere im antiken Rom, darauf einzuschwören, dass Russland als das neue Karthago vernichtet werden müsse. Frankreich als kontinentale Macht sollte – bei allem Misstrauen, das Palmerston nie verlor – dabei helfen, den Kontinent zu mobilisieren, vor allem Preußen und Österreich von Russland zu trennen und ein neues Europa zu ermöglichen, das im entschiedenen Gegensatz zu Russland stünde. Doch Napoleon III. war vernünftiger als Palmerston und dessen Gefolgsleute unter den Diplomaten. Er dachte gar nicht daran, alle Brücken zu Russland abzubrechen, da er im beweglichen Spiel der Kräfte irgendwann auch auf diese Macht angewiesen wäre, nicht zuletzt, um nicht von England abhängig zu werden. Zum Verdruss Palmerstons ließ er sich auf verschiedene Vermittlungsversuche Österreichs seit 1853 ein, die ganz im Sinne der Pentarchie darauf abzielten, einen Krieg gegen Russland möglichst zu vermeiden.

Kreuzzug der westlichen Wertegemeinschaft

Doch Lord Palmerston und die Botschafter in Sankt Petersburg und Konstantinopel drängten auf einen allgemeinen Kreuzzug. Dabei wurde zum ersten Mal ein dramatisch ideologisierter »Westen« als religiöse Wertegemeinschaft und radikaler Gegenentwurf dem Reich des Bösen, dem »Osten«, gegenübergestellt: das Licht der Dunkelheit, die Zivilisation der Barbarei, die freie Mitmenschlichkeit der sadistischen Tyrannei. Die feierlichen Worte dieser neuen säkularen Religion konnten indes nur schlecht verbergen, dass das größte Verbrechen Russlands gegen die Menschlichkeit darin bestand, ein Konkurrent Englands zu sein, dessen bloße Existenz unvereinbar mit der Sicherheit Großbritanniens war. Palmerston entschied sich für eine Politik, die das europäische Konzert ein für alle Mal widerlegt wissen wollte: Zum Schutze der eigenen Sicherheit sollte England, wie einst die Jakobiner oder Napoleon I., berechtigt sein, jenen Staat zu zerstören, der angeblich für den eigenen zu einer Gefahr geworden war. Deshalb schien es ihm geboten, Russland auf ein Großfürstentum Moskau zu begrenzen, wobei Schweden Finnland, Preußen die baltischen Provinzen und ein freies Polen Weißrussland sowie die Ukraine erwerben könnte und die kaukasischen Staaten vom russischen Joch befreit würden. Ein solches Programm zur Vernichtung einer klassischen Großmacht ließ sich nur verwirklichen, wenn Österreich und Preußen bereit waren, für England einen Stellvertreterkrieg zu führen und einen Kriegsschauplatz zu erobern, von dem aus dann das gesamte Europa Napoleons Russlandfeldzug noch einmal unternahm, diesmal aber zu einem glücklichen Ende brachte.

Napoleon III. war realistischer als Palmerston, obgleich er durchaus bereit war, in einem Europa der Völker und Nationen auch den Polen einen angemessenen Platz einzuräumen. Aber neben den Kriegsvorbereitungen verweigerte er sich nicht Gesprächen mit Russland. Denn ein großer Vernichtungskrieg, ohnehin bedenklich, war ganz aussichtslos, wenn sich die deutschen Mächte nicht beteiligten. Genau dieses Ziel konnte Lord Palmerston jedoch nicht erreichen. Die österreichische Regierung setzte Russland ungeschickt mehrmals unter Druck. Nikolaus I. war empört und lenkte immer wieder ein, um einen allgemeinen Krieg zu verhindern, der eine lästige, aber regionale Auseinandersetzung um Sewastopol blieb. Denn Preußen gab seine Neutralität nicht auf und sicherte die des Deutschen Bundes, was Österreich davon abhielt, sich auf einen Krieg auf Seiten »des Westens« einzulassen, in welchem es unter Umständen mit den übrigen Deutschen als Gegnern rechnen musste. Die österreichische Regierung verstieß gegen sämtliche Klugheitsregeln Metternichs, stets die Übereinstimmung mit Preußen zu wahren und nie als Partei aufzutreten, um sich so die Option offenzuhalten, von den übrigen Europäern als wahre Vermittlerin gebraucht und umworben zu werden.

Die Folgen für Österreich waren fürchterlich: Russland hatte es tödlich beleidigt, Frankreich nicht überzeugt und England verärgert. Die deutschen Staaten hatten sich zum Wohle Europas und Deutschlands erstmals für einen Zusammenschluss mit Preußen entschieden. Österreich stand vollständig allein da. Zum Ausbruch eines allgemeinen Krieges, der sich zum Weltkrieg hätte ausweiten können, kam es nicht, weil die USA damals eine Vernichtung Russlands nicht hingenommen hätten. Aber Europa war in Unordnung geraten. England löste sich nach dem unnützen Krimkrieg schnell wieder aus seiner Entente cordiale mit Frankreich, ohne Russland, dem erklärten Feind und Bösewicht, etwas anhaben zu können, weil Preußen sich jeder antirussischen Politik verweigerte. Frankreich konnte in einem Europa, in dem die Großmächte einander nicht trauten, einiges wagen. Denn die deutschen Staaten, von Österreich enttäuscht, leisteten dem Mitglied des Deutschen Bundes 1859 keinen Beistand im Krieg gegen Sardinien und Frankreich. Sie duldeten die nationale Einigung Italiens zum Nachteil Österreichs und setzten ihre Hoffnungen nun auf Preußen, um eine wie auch immer geartete deutsche Nation zu schaffen. Preußen geriet in eine beneidenswerte Position, es unterhielt beste Beziehungen zu allen Großmächten mit Ausnahme Österreichs, das sich auf keine Großmacht verlassen konnte, sollte Preußen den Deutschen Bund auflösen und Österreich aus Deutschland hinausdrängen. Das europäische Konzert war im Krimkrieg zerbrochen. Von Wien aus war die Wiener Ordnung in eine umfassende Unordnung geraten. Der Pariser Friedenskongress 1856 sollte gleichsam feierlich eine neue Epoche einleiten, doch die neue Epoche war nicht die eines Friedens, sondern mehrerer Kriege, die sich dennoch zu keinem großen europäischen Krieg auswuchsen – dank des Preußen Bismarck, des wahren Erben Metternichs.

KAPITEL 6

Von den orientalischen Fragen
zur Julikrise 1914

Das europäische Konzert war eingerichtet worden, um Europa vor der Destabilisierung durch Nationalstaaten zu bewahren. Als es wegen der Uneinigkeit der Großmächte seit 1856 nicht mehr handlungsfähig war, nutzten Camillo Benso Graf von Cavour und Otto von Bismarck diese für sie günstige Gelegenheit zu politischen Improvisationen, die zum italienischen und deutschen Nationalstaat führten. Dieser keineswegs zielstrebige Prozess kam 1871 nach mehreren Kriegen zu seinem insgesamt überraschenden Ende. Sardinien-Piemont und Preußen, die Vollstrecker des diffusen Verlangens nach nationaler Einheit, hatten einen gemeinsamen Feind: Österreich. Die Habsburgermonarchie war damals weitgehend isoliert in Europa, und keine europäische Großmacht mochte Österreich zu Hilfe kommen, seine Grenzen und damit die Wiener Abmachungen zu verteidigen. Die Teilnahmslosigkeit Englands und Russlands ermöglichte es, dass der sardisch-französische Krieg gegen Österreich 1859, der Deutsch-Dänische Krieg 1864, der Deutsche Krieg 1866 und der Deutsch-Französische Krieg 1870/71 regional begrenzte Auseinandersetzungen blieben und sich nicht zu einer europäischen Katastrophe ausweiteten. Diese Kriege bestätigten aber auch, wie sehr Europas Ruhe lange Zeit auf der Fähigkeit der russischen Regierung beruht hatte, zwischen Preußen und Österreich notfalls sehr energisch zu vermitteln, sobald die Allianz der drei schwarzen Adler durch den Eigensinn ihrer deutschen Mitglieder gestört wurde. Der russische Kaiser Alexander II. verhielt sich in seiner Enttäuschung über Österreich allerdings selber sehr eigensinnig, als er die Niederlagen Österreichs 1859 in Italien und 1866 im Deutschen Krieg wünschte und damit eine Revision des Wiener Friedens hinnahm.

Den Deutsch-Französischen Krieg 1870/71 duldete er nicht zuletzt deshalb, weil die sich rasch abzeichnende französische Niederlage Kaiser Franz Joseph I. davon abhielt, zusammen mit Frankreich gegen Preußen zu kämpfen und im Falle eines Sieges die europäische Landkarte neu zu zeichnen. Was Russland zum Nachteil gereicht hätte, dem nichts daran liegen konnte, Preußen um seine westliche Provinzen am Rhein sowie um Schlesien gebracht und diese europäische Großmacht wieder auf ein Kurfürstentum Brandenburg reduziert zu sehen. Solche durchaus revolutionären geopolitischen Absichten mussten auch die Briten beunruhigen, die überhaupt nicht daran interessiert waren, Frankreich wieder ein Mitspracherecht in deutschen Angelegenheiten einzuräumen. Unter den Kulturprotestanten und Verächtern der Iren spielte außerdem der antirömische Affekt, die übertriebene Furcht vor dem politischen Katholizismus, eine ausschlaggebende Rolle bei ihrer Sympathie für das protestantische, aufgeklärte, humanistisch-wissenschaftliche Preußen. Napoleon III. suchte die Nähe zur Kirche, um sein revolutionäres Kaisertum historisch und praktisch zu legitimieren. Als Schutzherr der katholischen Kirche trat er überall dort auf, wo diese in Schwierigkeiten geriet, ob in Rom, Madrid, im Osmanischen Reich oder in Mexiko.

Den Ehrentitel der französischen Könige, die Allerchristlichsten zu sein, wollte er auf seine Art mit seiner illegitimen, weil durch einen Staatsstreich am 2. Dezember 1851 geschaffenen Kaiserherrlichkeit verbinden. Deshalb hütete er sich auch davor, in allzu schroffen Gegensatz zur anderen katholischen Großmacht, Österreich, zu geraten. Bei aller Staatsklugheit betrieb er eine Politik, die Liberale als papistisch, unaufgeklärt und freiheitsfeindlich verdammten. Dabei versuchte Napoleon III. nur, die italienische Devise von der freien Kirche im freien Staat praktisch umzusetzen und Kirche und Staat miteinander zu versöhnen. Damit überforderte dieser konservative Revolutionär sämtliche Liberalen, die sich trotz einiger Differenzen als Kulturprotestanten begriffen, als Befreier vom römischen Joch. Unter solchen Voraussetzungen konnten die Briten auf dem Kontinent höchstens in den Preußen geistesverwandte Partner erkennen, die bereit waren, Europa und die Welt auf englische Weise zu humanisieren und zu liberalisieren, also evangelisch zu machen, so wie man das Evangelium in Westminster, im britischen Parlament, verstand. Die Preußen brauchten während ihrer Kriege, abgesehen von den üblichen belehrenden Briefen und Zeitungsartikeln, aus London mit keiner weiteren Einmischung zu rechnen.

Franzosen und Briten hatten auf manche Nationalismen – in Griechenland, in Norditalien, in Ungarn 1848/49 und immer wieder im russischen Polen – stets mit Wohlwollen reagiert, weil die liberal verstandene Freiheit mit nationalen Bestrebungen unmittelbar zusammenhing. Aber die Regierungen beider Staaten und vor allem die öffentliche Meinung, soweit sie sich in den Zeitungen zu Wort meldete, verfügten über keine klare Vorstellung, zu welchen Ergebnissen der jeweilige Nationalismus führen würde. Polen versicherten Liberale vieler Richtungen gerne – schon um Alexander II. zu ärgern – ihrer Unterstützung, wenn diese sich wieder einmal, wie 1863/64, mit dilettantischen Verschwörungen gegen die russische Oberherrschaft empörten und dabei auf Hilfe hofften. Wie eine polnische Nation beschaffen sein sollte und welche Rolle ihr in Europa zukommen könnte, blieb unter den Freunden polnischer Unabhängigkeit nebelhaft-verschwommen. Schließlich hatten nicht einmal Historiker eine genaue Vorstellung vom ehemaligen Königreich Polen und seiner früheren Bedeutung in Europa. Britische Kreuzritter schwärmten allerdings für die katholischen Polen nicht aus Begeisterung für deren Auffassung von Freiheit. Denn Papisten könnten den Begriff Freiheit gar nicht fassen, wie es immer wieder hieß. Vielmehr unterstützten sie diese Romantiker des nationalen Liebestodes, weil sie im Kampf gegen Russland starben.

Das Russische Reich blieb für Briten weiterhin das Reich des Bösen und der Finsternis, noch dunkler und undurchdringlicher als das Weltreich der katholischen Kirche, der Feind schlechthin in Asien und überall auf der Welt. Napoleon III., ganz zeitgemäß Realpolitiker, ein Wort, das damals von Deutschland aus Europa eroberte, erlag immer nur vorübergehend Befreiungsphantasien für noch unerlöste Völker. Er sorgte sich Ende 1863 bald mehr um bessere Beziehungen zu Russland als um ein künftiges Polen und überließ es den Russen und Preußen, die unbequemen Enthusiasten ihrer nationalen Selbstbestimmung mit drastischen Mitteln zur Ordnung zu rufen, so wie sie auf dem Wiener Kongress verstanden worden war.

Preußen und Russland brauchte Kaiser Napoleon III. im unübersichtlich gewordenen Europa, um Frankreichs Platz als fünfte Großmacht in Europa weiter zu sichern. Die Engländer beschränkten sich, wie so oft, auf die moralische Belehrung aller, darin waren sie längst zu Virtuosen geworden. Weder ihnen noch dem gar nicht verwegenen Napoleon III. war die polnische Phantasie von der Nation einen europäischen Krieg wert. Ein solcher konnte nur erfolgreich geführt werden, wenn Preußen den »Westmächten« ein Schlachtfeld eroberte und gemeinsame Sache mit ihnen und Österreich machte. Dazu waren die Preußen im Krimkrieg nicht bereit gewesen. Wie die Russen, fürchteten auch sie eine polnische Nation, für die es in ihrem Europa keinen Platz gab. Paradoxerweise bekundeten ausgerechnet Kaiser Franz Joseph I. und seine Regierung Ende 1863 eine auffällige Anteilnahme für die nationale Autonomie der Polen, während Franzosen und Engländer schon damit beschäftigt waren, ihre Polenbegeisterung ganz pragmatisch auf platonisches Wohlwollen zu begrenzen. Der katholische Kaiser von Österreich hegte allerdings keine besonderen Sympathien für die katholischen Polen und deren Freiheit. Sie wurden von ihm und seinen Beamten als dauernde Unruhestifter ebenso misstrauisch beobachtet wie von Russland oder Preußen. Aber Franz Joseph und sein Ministerpräsident Anton von Schmerling wollten in Deutschland für sich als die wahren Deutschen und Hüter der deutschen Freiheiten und der von Russen bedrohten Freiheit schlechthin werben. Sie versuchten einen möglichen europäischen Konflikt zu germanisieren, ihn für ihre Interessen in Deutschland zu nutzen.

Preußen und Bismarck verlangten in Deutschland nach Gleichberechtigung mit Österreich, vielleicht mit dem Main als Grenze zwischen den Interessensphären. Sie bewegten sich in dem Rahmen, den Metternich für Mitteleuropa vorgesehen hatte. Die Regierungen des jungen österreichischen Kaisers Franz Joseph, eines durch und durch deutschen Fürsten und Kaisers, dachten seit Metternichs Sturz 1848 in den Kategorien einer Vorherrschaft in Deutschland und nicht mehr in denen eines friedlich-freundlichen Dualismus der beiden deutschen Großmächte. Die Preußen hatte gar keine Vorstellung von einem künftigen *deutschen* Reich. Die Nation war ihnen so fragwürdig wie vernünftigen Österreichern, die nicht im Bunde *imperialisierten.* Beide waren nicht, um mit Bismarck zu reden, »vom nationalen Hund gebissen«. Aber im Wettbewerb um die Gunst der Deutschen mussten sich Österreicher und Preußen an die hypothetische Nation wenden, an ein Deutschland, das es gar nicht oder noch nicht gab.

Europäische Aufgaben des saturierten Deutschen Reiches

Die Unbestimmtheit der deutschen Nation machte es den übrigen Europäern sehr schwer, den deutschen Nationalismus richtig einzuschätzen. Die Deutschen wussten ja selber nicht genau, was sie sein wollten oder konnten. Das Deutsche Reich und das einige Königreich Italien, einmal ins Leben gerufen, dynamisierten überall in Europa die nationalistischen Strömungen. Diese neuen Staaten schienen sämtliche Nationalisten in ihrem Anspruch zu bestätigen, dass der Nationalstaat die Staatsform der Zukunft sei. Das bedeutete dann aber auch einen grundsätzlichen Wandel im europäischen Staatensystem. Aus dem Konzert der Mächte sollte sich eine heilige Allianz der Nationen entwickeln, ein Europa der Völker, vereint in einem Völkerbund. Die Dynastien wiesen auf die Vergangenheit, auf die nationale Herkunft. Auf sie konnten daher die Nationalisten und die künftigen Nationen nicht verzichten. Sie waren das Element der Stabilität und das Symbol der sogenannten nationalen Identität. Die Völker verkörperten dagegen das Prinzip des Werdens, Schaffens und Wachsens. Sie waren Lebensmächte, die *Lebensraum* brauchten, um sich dort voll zur Geltung zu bringen und ihren nationalen Genius entfalten zu können. Darüber wurde im gesamten Europa mit zunehmender Heftigkeit gestritten. Der Raum ist das Bild der Macht. In ihm breiten sich die Nationen, die Reiche aus. Die Zeit ist das Bild der Ohnmacht, denn in ihr findet alles sein Ende. Starke Völker müssen aber die Zeit nicht fürchten. Stark und vital bleiben sie, wenn sie ihrem Geist und ihrer Art folgen und sich vor allem von Einflüssen frei halten, die sie ablenken von ihrer nationalen Bestimmung und ihrem Daseinsraum, in dem sie wurzeln und der sie nährt.

Es handelte sich überall in Europa um eine explosive Mischung von ideologisierter Natur und Kultur, von Biologie, Volksgeist und Erziehung zum dauernden Kampf, immer die überlegene Kraft zu sein und jedem Konkurrenten zuvorzukommen im dauernden Wettbewerb um den angemessenen Platz an der Sonne. Die dynastische Geschichte ehrgeiziger Herrscherhäuser erweiterte sich nun endgültig zur Völkergeschichte, in der Kollektive als »große Individuen« aufeinanderprallten und um ihr nationales Sein oder Nichtsein stritten. Einen herkömmlichen Kabinettskrieg, wie den zwischen Deutschen und Franzosen 1870/71, versuchten verzweifelte Franzosen bis zum Aufstand der Kommune im Frühjahr 1871 wieder als revolutionären Krieg zu führen, als totalen Krieg samt totaler Mobilmachung, wie ehedem 1793. Das gelang ihnen nicht. Sie verlängerten aber mit dieser Absicht einen Krieg, den Moltke oder Bismarck schnell beendet wissen wollten, um die Niederlage dem Besiegten erträglicher zu machen. Der Generalfeldmarschall Helmuth

Graf von Moltke, ein Kulturphilosoph unter den Generälen, sah allerdings im Aufstand der Kommune den Krieg
der Zukunft, den Vernichtungskrieg, bei dem der Feind kein
gleichberechtigter Gegner, sondern wieder ein Unhold und
Unmensch ist. Der Wiener Kongress hatte sich bemüht,
diese revolutionäre Barbarei rückgängig zu machen, der
Feind sollte nicht wie ein Verbrecher behandelt und bestraft
werden. Das war damals gelungen. Im Namen der heiligen
Nation und der durch sie geheiligten Volksrechte brachen
in die gefährdete Wiener Ordnung nun wieder jene schrecklichen Elementargeister ein, die nicht ein für alle Mal gebändigt worden waren. Aus Sorge davor hatte Metternich stets
zur Vorsicht gemahnt. Bismarck folgte seinem Beispiel nach
1871. Die europäische Ordnung im Wiener Geist wurde
fortan von Berlin aus verteidigt.

Der preußische Ministerpräsident Bismarck hatte keine
nationalen Kriege, sondern Kabinettskriege geführt. Er
suchte weder totale Niederlage noch bedingungslose Ka-
pitulationen und war bemüht, im besiegten Gegner sofort
um den künftigen Freund zu werben. Das setzte kurze Kriege und vernünftige Friedensverträge voraus, die den Weg
zu neuer aufrichtiger Zusammenarbeit ebneten. Österreich
wollte er schon 1871 wieder für die alte Heilige Allianz der
drei Monarchen gewinnen, erweitert möglichst um Italien.
Das neue Deutsche Reich sah er von vornherein eingebun-
den in eine vertraute europäische Kombination, in der das
europäische Staatensystem seine beruhigende Mitte wie-
derfinden konnte, um noch einmal seine alte Funktionstüchtigkeit wiederzuerlangen. Die beiden Nationalstaaten
Italien und das Deutsche Reich hoben nicht das europäische Gleichgewicht auf, so wie man es sich in Wien gedacht
hatte. Im Gegenteil, sie stellten es endlich nach dem Krim-

krieg wieder her. Das Deutsche Reich und Österreich-Ungarn verständigten sich ab 1872 abermals auf einen friedlichen Dualismus, wie ihn sich Metternich und Castlereagh für Preußen und Österreich erhofft hatten. Russland entschloss sich in europäischer Verantwortung, auch zu Österreich-Ungarn wieder freundschaftliche Beziehungen aufzunehmen. Die alte Heilige Allianz fand 1881 als Dreikaiserbündnis wieder zusammen, bald um Italien erweitert. Mittelpunkt und Schwerpunkt dieser Allianz in Europa war das Deutsche Reich. Bismarck versicherte allen Europäern, dass dieses Reich saturiert sei, bedürfnislos und ohne den Ehrgeiz, seine Grenzen zu erweitern.

Von Erbfeindschaften hielt der preußische Junker gar nichts. Deutsche Staaten hatten im Laufe der Geschichte immer wieder mit Frankreich zusammengearbeitet, auch zum Nachteil der Reichsfürsten oder der Kaiser. Von einem gleichsam natürlichen Gegensatz zwischen Preußen und Österreich wollte Bismarck nichts wissen, und der angeblich unausweichliche Endkampf zwischen Germanen und Slawen schien ihm höchstens eine Professorenidee zu sein, wie so mancher andere Unsinn. Als weltläufiger Aristokrat wahrte er eine entschiedene Distanz zur Universität und deren akademischen Unfehlbarkeiten, die sich allmählich als »Politikberater« aufdrängen wollten. Politik verstand er als Kunst und nicht als Wissenschaft. Das ermöglichte ihm eine große Unabhängigkeit gegenüber den Ideologien, die sich allesamt wissenschaftlich und historisch rechtfertigten. Er kam dem Liberalismus und dem Parlamentarismus entgegen, da beide mit dem Nationalismus verbunden waren. Dem Nationalismus gab er nur insoweit nach, als er für die Gründung des Deutschen Reiches unentbehrlich war. Das neue Reich war ein unvollkommener Nationalstaat. Ein

Drittel aller Deutschen lebte außerhalb seiner Grenzen. Bismarck weigerte sich, diesen Auslandsdeutschen, wie man später sagte, Hoffnungen zu machen, irgendwann heim ins Reich geholt zu werden. Die Deutschen in Österreich und Ungarn forderte er sehr energisch auf, nicht auf ein großdeutsches Reich zu hoffen, sondern sich als loyale Staatsbürger an ihrem jeweiligen Platz zu bewähren. Es gab für ihn keine unerlösten Deutschen in der Fremde. Deutsche im politischen und rechtlichen Sinne waren die im Reich lebenden Deutschen. Im Gegensatz zu Dänen, Italienern, Polen oder Franzosen kannten die Bismarck-Deutschen keine *irredenta,* ein Gebiet im Ausland, wo Landsleute unter Fremdherrschaft schmachteten und daher unbedingt befreit werden mussten. Ein derart übertriebener Nationalismus der Deutschen hätte Europa vollends aus dem Gleichgewicht gebracht. Das Deutsche Reich sollte vielmehr in einer neuen Balance der Staaten einen Ausgleich der Egoismen und damit wieder ein friedliches Zusammenspiel im Konzert der Mächte ermöglichen. Darin sah Bismarck die europäische Aufgabe des Reiches.

Österreich-Ungarn als das Modell staatlicher Einheit in versöhnter Vielfalt durfte deswegen nicht gedemütigt oder geschwächt werden. Für eine europäische Großmacht war es schon verletzend genug, 1859 und 1866 zwei Kriege verloren und seine italienischen Provinzen eingebüßt zu haben. Es lag deshalb nahe, Österreich sofort zu versichern, dass es im Deutschen Reich einen aufrichtigsten Verbündeten erwarten durfte, und die Donaumonarchie davon abzuhalten, auf abenteuerliche Kombinationen zu hoffen, um mit Frankreich allein oder – wie im Krimkrieg – zusammen mit »dem Westen« – England und Frankreich – das Deutsche Reich als bloße Laune der Zeit wieder rückgängig zu machen. Das von Bismarck geschonte Österreich-Ungarn fügte sich in die neuen Gegebenheiten – aus Klugheit wie aus Eigeninteresse, weil ein Krieg mit Russland und dem Deutschen Reich den Frieden in Europa vollständig zerstören würde und weil dessen Ergebnis das Ende des Vielvölkerstaates wäre, der in nationale Fragmente zerfiele, die sich wechselseitig auf die Nerven fallen würden, da unzufrieden mit ihren Grenzen, ihrer nationalen »Gestalt« mangels Umfang und Gewicht. Der Nationalismus hatte noch nie an Magersucht gelitten. Ein Deutsches Reich, das sich bewusst mit der kleindeutschen Lösung begnügte, bot Russland und Österreich-Ungarn, den beiden Imperien, die viele Völker in einer Ordnung zusammenfassten, den besten Schutz vor der Sprengkraft nationalistischer Strömungen.

Ausgleichende Macht der Mitte

Die Deutschen im Reich und außerhalb konnten sich im kulturellen Sinne weiterhin als Deutsche verstehen, ohnehin durch eine lange gemeinsame Geschichte miteinander verbunden. Deswegen dachte Bismarck 1879 daran, die Allianz der beiden Kaiserreiche zu einer dauernden, unkündbaren zu verfestigen, verankert in den Verfassungen beider Staaten. Diesem Ansinnen entzogen sich die Österreicher, da sie sich als souveräne Macht ihre volle Handlungsfreiheit bewahren wollten. Doch insgesamt ergänzten sich das Deutsche Reich und Österreich-Ungarn in der praktischen Union eines engeren und weiteren Bundes, wie sie 1849 manchen Österreichern vorgeschwebt hatte. Das erleichterte es den »Reichsdeutschen«, sich als Deutsche zu begreifen und im früher so genannten Kleindeutschland ihre Nation zu erkennen. Seitdem begannen sie sich, bei aller kulturellen Gemeinsamkeit, vom Österreicher zu unterscheiden. Insofern besaß der deutsche Nationalismus, weil ihm Grenzen gesetzt waren, vorerst noch eine stabilisierende Kraft. Die Nationen in der Doppelmonarchie spekulierten nicht auf den Zerfall des Vielvölkerstaates. Sie strebten nach Selbstverwaltung und kultureller Anerkennung innerhalb des Habsburgerreiches. Denn als einzeln-vereinzelte Nationalstaaten wären sie gegenüber der Übermacht des Deutschen Reiches hilflos gewesen, wohingegen der Schirm des großen herkömmlichen Reiches Schutz gewährte und jedem Volk als Teil einer Großmacht einen gewissen Einfluss in dieser aufeinander bezogenen Mitte Europa einräumte, der einem kleinen Staat verwehrt geblieben wäre. Zugleich bewahrte Österreich-Ungarn die Deutschen im engeren Sinne vor nationalem Provinzialismus, da sie mit einem weiten Hinterland in lebhaften Austausch standen.

Die deutsche Nation befand sich spätestens mit dem Dreibund, der sie seit 1882 mit Österreich-Ungarn und Italien verknüpfte, in historisch vertrauten Verhältnissen, die auf neue Art den früheren im Römischen Reich glichen. Die italienische und die deutsche Nation stürzten also die überlieferte europäische Ordnung nicht um. Auf neuen Grundlagen kam es zu einer engen Verflechtung, wie schon öfter in der tausendjährigen gemeinsamen Geschichte und durchaus in Übereinstimmung mit den Vorstellungen Castlereaghs und Metternichs von einem möglichst dauerhaften Frieden in Europa. Ein Deutschland, welches das nationale Prinzip nicht übermäßig strapazierte, bildete keine Gefahr für Russland. Trotz mancher Missverständnisse mit Österreich-Ungarn blieb dieser Vielvölkerstaat für Russland eine Notwendigkeit, damit nationalistische Leidenschaften möglichst schon weit vor den russischen Grenzen entschärft und um ihre explosive Wirkung gebracht wurden. Außerdem legitimierte die Union der vielen Völker und Sprachen in Österreich-Ungarn eben auch das Russische Reich als eine ebenso alteuropäische wie zeitgemäße Form politischer Organisation, die wegen ihrer Bedeutung für eine europäische Friedensordnung Respekt verdiente. Die drei Kaiser – seit 1881 wieder vereint – bildeten in diesem Sinne eine Interessengemeinschaft, um Europa davor zu bewahren, aufgrund des Selbstbestimmungsrechts der Völker, das seit der Französischen Revolution proklamiert wurde, unregierbar zu werden. Hatte früher Metternich für Harmonie unter den drei Monarchen gesorgt, so war es jetzt Bismarck, der geduldig – und das meint einfühlsam – für Eintracht unter den drei Souveränen sorgte, wenn deren Temperamente aufeinanderprallten. Bismarck trat nie als fordernder oder herausfordernder Erzieher, Oberlehrer oder Richter auf. Große Herren und große Mächte waren frei und würden nur störrisch reagieren, sobald man sie allzu direkt warnte oder gar unter Druck setzte. Davon war er überzeugt.

Bismarck sah seine Aufgabe darin aufzuklären und zu vermitteln, um das Gemeinsame herauszudestillieren, das allen half und zuweilen nur unter dem Schutt alltäglicher Banalitäten verborgen lag. Er verzichtete auf Vorwürfe, moralische Empörung und Selbstgerechtigkeit. Er redete sachlich über Sachverhalte und mit erstaunlicher Offenheit. Die Kaiserin Eugénie warnte ihren Mann, Napoleon III. vergeblich: »Er meint, was er sagt.« Seine Offenheit hielten viele erst einmal für unseriös oder sahen darin ein hinterhältiges Täuschungsmanöver, bis sie dahinterkamen, wie aufrichtig er im Umgang war, um Vertrauen zu schaffen und zu erhalten. Dabei half ihm – ähnlich wie Metternich – seine Virtuosität, sich in mehreren Sprachen elegant ausdrücken zu können, immer noch Latein – die alte Rechts- und Diplomatensprache – zu beherrschen und auch schon Russisch, eine Sprache, die er besonders schätzte, weil alles Unaussprechliche nur auf Russisch ausgedrückt und damit zur Sprache gebracht werden könne. Obschon kein Freund mehrsprachiger Diplomatie – er sprach besser französisch als jeder Pariser –, half ihm seine sprachliche Gewandtheit, weil sie seine Phantasie, sein Vorstellungsvermögen wachhielt und ihm ermöglichte, sich in die Gedanken anderer hineinzuversetzen. Wahrscheinlich war er deshalb – ähnlich wie Metternich – für Russen einer der zuverlässigsten Verhandlungspartner, selbst wenn sie sich auf Französisch verständigten.

Kurzum, Bismarck warb um Vertrauen und erachtete Vertrauen als wichtigste Grundlage auch in rein geschäftlichen Angelegenheiten, zumal das Dreikaiserbündnis gar nicht so sehr auf festen Abmachungen beruhte. Es war vor allem ein herzliches Freundschafts- und Verwandtschaftsverhältnis, eben eine Entente cordiale der Kaiser. Es war aber auch eine nicht allzu fest umrissene monarchische Gesinnungsgemeinschaft zum Schutz vor Nationalismus, Sozialismus und Demokratie, dieser unheiligen Dreifaltigkeit, die Europa in den unterschiedlichsten Vermischungen unweigerlich revolutionieren und ruinieren würde. Das Dreikaiserbündnis begriff sich trotz aller Reformen und Zugeständnisse an den liberalen Zeitgeist als eine Vereinigung der bewahrenden Kräfte, um die auf Veränderungen gerichteten Tendenzen der Zeit umsichtig aufzuhalten und in Einklang mit den bestehenden Verhältnissen zu bringen. Gegen die drei Kaiser war in Europa nichts auszurichten. Sie definierten das Gleichgewicht und bestimmten, wann das europäische Konzert verstimmt war oder was es verstimmen könnte. Bismarck handelte wie ein ehrlicher Makler als ihr Beauftragter. Als solcher konnte er auftreten, weil nicht nur die beiden anderen Kaiser, sondern sämtliche Europäer darauf vertrauten, dass Deutschland, mitten in Europa gelegen, auf nichts so sehr angewiesen war wie auf die Ruhe in Europa.

Das Deutsche Reich unterhielt zu allen Staaten in Europa gute Beziehungen. Selbst mit Frankreich hatte sich das Verhältnis bald normalisiert. Bismarck mischte sich nicht in die inneren Verhältnisse Frankreichs ein, das lange nach dem Staat und der Verfassung suchte, die ihm am ehesten wieder zu einer großen Rolle verhelfen könnten. Den Vertreter des monarchischen Prinzips erleichterte es sehr, dass nach vielem Hin und Her in Frankreich keine Monarchie mehr eingerichtet wurde. Ein monarchisches Frankreich hätte unter Umständen eine bedenkliche Anziehungskraft auf Österreich-Ungarn oder Russland ausgeübt, während die Republik als Erbe der Revolution die Monarchen zu einer gewissen Zurückhaltung verpflichtete und zur Vorsicht im Umgang mit ihr. Republik oder Monarchie war keine dogmatische Grundsatzfrage, sondern Vorzüge oder Nachteile der einen oder anderen Staatsform hingen von den Zeitumständen ab. Im besiegten Frankreich achtete Bismarck selbstverständlich eine europäische Großmacht, deren Gedanken er sorgfältig vom verlorenen Elsass-Lothringen auf Afrika und Asien umzulenken suchte, um in Europa vor französischen Revancheabsichten Ruhe zu haben.

Deutsch-französische Annäherungen

Bismarck schloss gar nicht aus, dass Frankreich und Deutschland irgendwann einmal zu einer neuen, festen Arbeitsgemeinschaft in einer auch politisch institutionalisierten deutsch-französischen Freundschaft finden könnten. Zu Bismarcks Zeit wurden immerhin die Grundlagen für eine geistige und wirtschaftliche Verflechtung beider Staaten gelegt, die vor dem Ersten Weltkrieg ungewöhnliche Forstschritte machte. Nie wieder waren sich Deutsche und Franzosen so nahe wie vor Ersten Weltkrieg. Sie lernten die Sprache des Nachbarn, beschäftigten sich mit der Geschichte, Literatur und Kunst des anderen, während unzählige Besuche und Begegnungen das wechselseitige Verständnis in einem Europa der Pentarchie vertieften, das beiden Sicherheit gewährte und Gelegenheit zu immer umfangreicherem Austausch bot. Die Hoffnung Victor Hugos um 1842, Frankreich und Deutschland zusammen resümierten Europa als geistige Gestalt, schien allmählich Wirklichkeit zu werden. Es war keineswegs die Absicht Bismarcks, Frankreich mitten in Europa vollständig zu isolieren. Im Konzert der Mächte hätte eine Neuauflage der früheren Entente cordiale nahegelegen. Aber in England verloren sich nie teure Erinnerungen an den klassischen Erbfeind. Der koloniale Ehrgeiz, das Bedürfnis Frankreichs, im Mittelmeer eine Macht zu sein, überhaupt wieder mit Schiffen auf allen Ozeanen präsent zu sein, nährten jenseits des Kanals Verdruss, Eifersucht und Misstrauen und boten immer wieder neuen Anlass, französischem Ehrgeiz entgegenzutreten.

Zum britischen Ärger gelang es nur selten, unter den übrigen Europäern verständnisvolle Anhänger der politischen Pläne Britanniens zu gewinnen. Viel häufiger und lauter als

Frankreich klagte man in England darüber, keinen rechten Einfluss auf dem Kontinent zu haben, im Konzert der Mächte isoliert zu sein. Von einer *splendid isolation* wurde hingegen erst nachträglich gesprochen, als England nicht mehr isoliert war. Neben Frankreich hielt sich Russland im englischen Bewusstsein nicht nur als der Feind, der das britische Empire bedrohe, sondern auch als der ideologische Feind, weil die russische Despotie und der russische Militarismus die Freiheit und Humanität gefährdeten, für die sich das große Britannien seit eh und je selbstlos einsetze, um die eine Menschheit in der einen Welt miteinander zu versöhnen. Die Europäer hatten sich daran gewöhnt, dass die Briten ihre ureigensten Interessen gerne mit den höchsten Gütern der Menschheit verbanden, so wie sie diese auffassten. Deswegen ließen sie sich durch britische Beschwörungen von Menschlichkeit, Freiheit oder Zivilisation nicht weiter aus ihrer Ruhe im Umgang mit der russischen Regierung aufschrecken. England konnte in Europa gegen Russland nur aktiv werden, wenn es, wie im Krimkrieg, gelang, die Einheit der drei Kaiser zu sprengen. Und genau das wollte Bismarck verhindern.

Die Deutschen hatten seit Jahrhunderten fast nur gute Erfahrungen mit Russen gemacht. Es gab keine großen Streitfragen zwischen beiden Staaten. Was die Russen in Asien trieben oder an den Küsten des Schwarzen Meeres, berührte deutsche Interessen nicht. Zu einem europäischen Krieg gegen Russland für rein englische Zwecke gab es früher für Preußen und jetzt für das Deutsche Reich überhaupt keinen Anlass. Das Deutsche Reich hätte sich dabei zum Erfüllungsgehilfen des britischen Imperialismus gemacht und seine Souveränität als selbstständige Großmacht eingebüßt. Bismarck, stets darauf bedacht, mit England gut auszukommen, gab sich nie Illusionen darüber hin, dass die Briten nach wie vor dazu neigten, das Deutsche Reich wie eine abhängige, auf britische Gelder angewiesene Macht zu behandeln. Bismarck erhoffte sich daher von der deutschen Einigung auch eine geistige und praktische Emanzipation von England. Für eine engere Verbindung zwischen Deutschen und Briten gab es zu wenige Berührungspunkte im guten wie im schlechten Sinne. Beide konnten ihren Vorteil dabei finden, nebeneinander her zu leben, ohne sich zu brauchen oder einander zu stören. Die erhabenen Redensarten von jenseits des Kanals konnten Bismarck nicht sonderlich beeindrucken. Das Deutsche Reich war ein liberaler Rechtsstaat und demokratischer als das Vereinigte Königreich, weil in ihm das gleiche, geheime und allgemeinen Wahlrecht, ein demokratisch-revolutionäres Recht, galt.

Bismarck und die nationalliberalen Bismarck-Deutschen hatten gar keinen Grund zu klagen, in einer verspäteten Nation zu leben. Das Deutsche Reich hatte den anderen Staaten oder Nationen sogar einiges voraus. Das verschaffte ihm damals das Ansehen, berechtigterweise zu den führenden Staaten zu gehören, weshalb in der Hauptstadt Berlin unter deutscher Leitung und Anleitung 1878 und 1884/85 große europäische Kongresse veranstaltet wurden, um internationale Spannungen friedlich zu lösen. Die klassische Wiener Kongresspolitik lebte wieder auf, und Berlin konnte zum selbstverständlichen Tagungsort werden, weil das Deutsche Reich als wahrhaft neutraler Vermittler galt. Der britische Premierminister Benjamin Disraeli, 1. Earl of Beaconsfield, bemühte sich 1878 auf dem Berliner Kongress, die für ihn unheilige Allianz der drei Kaiser auseinanderzubringen und damit England wieder zu entscheidender Mitsprache in Europa zu verhelfen. Das gelang ihm nicht. Aber sein antirussischer Auftritt in Berlin verursachte erhebliche Spannungen unter Russen und Deutschen, die jedoch beigelegt werden konnten. Allerdings verdeutlichten sie abermals, dass es Großbritannien nicht um den Frieden in Europa ging, sondern um politische Niederlagen seiner Erbfeinde, jetzt vor allem Russland, aber auch Frankreich, das um den Feind aller Freiheit, das despotische Russland, als Partner warb, um sich in seiner Bewegungsfreiheit nicht durch englische Despotie eingeschränkt zu sehen.

Auf dem Berliner Kongress sollte einmal mehr die orientalische Frage einvernehmlich geregelt werden. Seit dem Freiheitskampf der Griechen 1821–29, die nach nationalem Selbstbestimmungsrecht verlangten, beschäftigten die gar nicht vorhandenen Nationen auf dem Balkan und im Osmanischen Reich die Europäer. Die dringende Empfehlung Metternichs und Kaiser Alexanders I., sich dort nicht einzumischen und das Osmanische Reich nicht weiter zu beunruhigen, widersprachen der neuesten, von Canning und Lord Palmerston verkündeten britischen Heilslehre, wonach aus humanitären Gründen unbedingt interveniert werden müsse, um zu Unrecht Verfolgte und Benachteiligte zu befreien und aus unsittlichen Bedrängnissen zu erlösen, die sie daran hinderten, voll und ganz Mensch zu sein, was nur in der Nation möglich sei, weil erst dort der Mensch zum wahren Menschen werde. Das war schrecklicher Unsinn, sinnvoll höchstens in den Ohren von Engländern, die ihre Herrschaft im Mittelmeer ausbauen, aber keineswegs die Mitmenschlichkeit unter der Sonne Homers ausbreiten wollten. Kein Wunder, dass Metternich oder Bismarck solchen vagen Bekundungen misstrauten. Sie witterten Betrug bei dem, der sie in der politischen Auseinandersetzung verwendete.

Doch nichts wirkte in Zeiten der Liberalisierung und Nationalisierung so ansteckend wie die feierliche Phraseologie tatkräftiger Mitmenschlichkeit. Alsbald sahen Franzosen und Russen ihre sittliche Bestimmung darin, römisch-katholische oder orthodoxe Christen vor islamistischem Terror zu schützen und zur Rettung vor niederträchtigen Anschlägen zum Krieg aufzurufen, in dem alles erlaubt wäre, weil der Feind kaum zivilisiert und deshalb gar nicht humanisiert sei. Bald hielten sich sämtliche Europäer für berechtigt, aus humanitären Gründen im Osmanischen Reich zu intervenieren, obwohl alle dauernd den klassischen und verbindlichen Rechtsgrundsatz der Nichteinmischung in die inneren Angelegenheiten souveräner Staaten beschworen. Die Grenzen der Reiche und Staaten galten als heilig. Aber weit hinten in der Türkei wurden seit dem griechischen Freiheitskampf trotz ununterbrochener Beteuerungen, die Integrität des Osmanischen Reiches zu achten – immerhin eine seit 1856 zum europäischen Staatensystem gehörende Macht –, die Grenzen hin und her geschoben, wie es den wechselnden Interessen der Menschenfreunde aus Europa in ihrem Wettbewerb untereinander entsprach. Auf einmal wurden am Rande Europas die Rechte der Bulgaren, der Serben, der Makedonier, der Albaner, der Armenier, der Ägypter und Araber und zahlloser weiterer Völkerschaften zu einem europäischen Thema. Dabei ging es in Wahrheit um Einflusszonen und Machträume und deren jeweilige Begrenzung.

Imperialer Wettbewerb im Orient

Der Frieden in Europa beruhte auf der Auslagerung der Konflikte in die Kolonien oder auf den Balkan, in den vorderen Orient und an die afrikanische Mittelmeerküste. Die

Europäer hatten eine Vorstellung von der Alten Welt verloren, zu der sie einmal seit Alexander dem Großen gehört hatten, die von Gibraltar bis zum Hindukusch reichte. Europa war zusammengeschrumpft auf einen unbestimmten Kern, zu dem auf keinen Fall der Balkan gehörte, für Engländer oft auch nicht Russland und der »Orient«, obwohl Griechen und Römer ihn noch wie selbstverständlich als Teil ihres Kosmos, ihrer vertrauten Ordnung betrachtet hatten. Die Orientkrisen seit 1821 konnten nie in einem umfassenden Frieden beigelegt werden, weil die europäischen Mächte überhaupt kein Konzept besaßen, wie dieser Raum zu ordnen sei. Jede Krise schloss mit einem vorübergehenden Kompromiss, in dem bereits die nächste Krise angelegt war. Das ergab sich konsequent aus einem grundsätzlichen Widerspruch in der europäischen Politik: Alle Staaten beteuerten, dass das Osmanische Reich als Vielvölkerstaat erhalten werden müsse, und zugleich wurde der Sultan in Konstantinopel genötigt, immer weitere Provinzen aus seinem Reich in die Unabhängigkeit zu entlassen. In einem halben Jahrhundert verloren die Sultane die Hälfte ihres Reiches, dessen Umfang zur Disposition stand, obwohl jeder sich dagegen verwahrte, ohne Rücksicht auf das europäische Völkerrecht zu handeln, und eine Aufteilung des Osmanischen Reiches entschieden ablehnte.

Kaiser Nikolaus I. und später auch Bismarck hielten eine einmalige, entschlossene Operation, die Zerschlagung des Osmanischen Reiches, für die angemessenste Lösung, weil sie Klarheit und Ruhe schaffe zum Besten Europas und der jeweiligen Protektorate oder freien Staaten unter dem Schutz einer oder mehrere Großmächte. Schon die Andeutung solcher Vorschläge verletzte das liberale Rechtsempfinden. So blieb es bei der vordergründigen Wahrung des Souveränitätsprinzips und beim Interventionsverbot, die jedoch niemanden davon abhielten, dauernd in die inneren Verhältnisse des Osmanischen Reiches einzugreifen und seine Auflösung zu beschleunigen. Der einzige Staat, der lange Zeit, auch noch unter Bismarcks Kanzlerschaft, keinerlei Interessen auf dem Balkan verfolgte, war Preußen, gefolgt vom Deutschen Reich. Bismarck warnte die Europäer immer wieder, doch nicht wegen orientalischer Fragen ihre Einheit zu verspielen: »Bulgarien, das Ländchen zwischen Donau und Balkan, ist überhaupt kein Objekt von hinreichender Größe, um daran die Konsequenzen zu knüpfen, um seinetwillen Europa von Moskau bis an die Pyrenäen und von der Nordsee bis Palermo in einen Krieg zu stürzen, dessen Ausgang kein Mensch voraussehen kann; man würde am Ende nach dem Kriege kaum mehr wissen, warum man sich geschlagen hat.« Mit dieser Schlussbemerkung in seiner letzten großen Rede im Deutschen Reichstag am 20. Januar 1887 nahm Bismarck die Situation nach dem Ende jenes Balkankrieges, der von 1914 bis 1918 dauerte und gleich zum Weltkrieg wurde, vorweg. Nach dessen Ende standen alle beteiligten Staaten vor Trümmerhaufen, und keiner wusste mehr, dass wegen der serbischen Nation, keines Objektes von hinreichender Größe, ganz Europa in Brand geraten war.

In den Jahren 1887/88 ging es um das Ländchen Bulgarien, wie schon einmal von 1875 bis 1878. Der Freiheitskampf der Bulgaren hatte seinerzeit Begeisterungsstürme auf den Britischen Inseln geweckt. Die Leidenschaft für das Gute packte alle Wohlgesinnten. Denn ohne Leidenschaft lässt sich nichts Gutes tun. Mit ihr war die Abscheu verbunden, diesmal vor den Türken, die als Feinde des Menschengeschlechts Verachtung und Strafe verdienten, weil sie die Aufstände der Bulgaren 1875/76 energisch unterdrückten.

Die »Türkengreuel« kosteten rund 25 000 Menschenleben. Der englische Oppositionsführer William Gladstone sah sich förmlich als Vorsitzender des Jüngsten Gerichts, der über Gerechte und Ungerechte urteilte. In seinem Pamphlet *Die bulgarischen Greuel* prangerte er 1876 vor aller Welt die unvorstellbare Grausamkeit der Türken an, die unschuldige Christen und Kinder ermordeten und tyrannisierten. Dem Premierminister Disraeli kam diese aufrichtige Empörung völlig ungelegen. Denn er war gerade dabei, gegen die Umtriebe russischer Dunkelmänner wieder einmal eine Koalition der Gutwilligen zu bilden, zum Schutz des Osmanischen Reiches, dieses Bollwerks der Zivilisation, wie er die Pforte ungerührt nannte. Dieses Beispiel veranschaulicht die Ambivalenz der moralischen Entrüstung. 1877 sprach keiner mehr von der türkischen Unmenschlichkeit. Denn inzwischen waren die Russen auf dem Balkan einmarschiert, um zusammen mit Serben und Montenegrinern den Bulgaren in ihrem Kampf für Freiheit, Gerechtigkeit und Frieden gegen die Türken zu helfen. Das war nicht gut für England. Und was nicht gut für England war, konnte überhaupt nicht gut sein. Die Menschenfreunde schmissen dem Menschenfreund Gladstone die Fensterscheiben ein.

Die Briten entdeckten einmal mehr ihren wichtigsten Beruf, nämlich für Völkerrecht und Ordnung und den Erhalt des Osmanischen Reiches zu kämpfen. Sie taten das nicht umsonst, denn der Sultan musste ihnen dafür Zypern überlassen. Auf dem anschließenden Berliner Kongress im Juni / Juli 1878 gelang es den Briten, ein großes Bulgarien zu verhindern, weil der Fürst von Bulgarien, Alexander I., eigentlich Prinz Alexander Joseph von Battenberg, ein hessischer Prinz und – noch wichtiger – ein Neffe des russischen Kaisers Alexander II. war, was den russischen Einfluss auf dem

Balkan gewaltig vergrößert hätte. Befreite Länder – nicht nur auf dem Balkan – sind nie dankbar, weil stets unzufrieden mit den ihnen erlaubten Grenzen. In den Jahren 1887/88 kam es deshalb erneut zu Unruhen. Jetzt konnte den Briten Bulgarien gar nicht groß genug sein. Denn nun war ein Herzog von Coburg-Gotha – Ferdinand, ein erklärter Gegner der Russen – für den Thron in Bulgarien vorgesehen. Es bedurfte mancher Kunstgriffe Bismarcks, um die orientalischen Verworrenheiten für Europa und den Balkan noch einmal halbwegs zu ordnen. Mit Ordnungspolitik als Koordination verschiedenster Interessen hatte das willkürliche Verhalten der britischen Regierungen wenig zu tun. In seiner letzten große Rede zur internationalen Politik warnte Bismarck deshalb grundsätzlich, ohne England allerdings namentlich zu nennen: »Jede Großmacht, die außerhalb ihrer Interessensphäre auf die Politik der anderen Länder zu drücken und einzuwirken sucht und die Dinge zu leiten sucht, die perikliert außerhalb des Gebietes, welches Gott ihr angewiesen hat, die treibt Machtpolitik und nicht Interessenpolitik, die wirtschaftet auf Prestige hin. Wir werden das nicht tun.«

Das galt für ihn, einen alteuropäischen Staatsmann, wie früher für Metternich. Beide sahen in übernationalen Verbindungen, ob in Form von Reichen oder sich ergänzenden Bündnissen, die Voraussetzung für eine Friedensordnung in Europa. Bismarcks Nachfolger, der ebenfalls sehr europaorientierte Leo von Caprivi, brachte die wechselseitige wirtschaftliche Durchdringung und Zusammenarbeit ins Spiel, um mit internationalen Verträgen das europäische Konzert auch einer wirtschaftlichen Union anzunähern, in der Absicht, den freien Wettbewerb auf den Finanzmärkten und im Handel einer Ordnung einzufügen, in der die unvermeidlichen Egoismen und Interessen ohne Schaden für den Nachbarn verfolgt werden konnten. Die Idee einer kulturellen, politischen und wirtschaftlichen europäischen Gemeinschaft als unausweichliche Notwendigkeit ergab sich aus der Vorstellung eines europäischen Staatensystems. Dieses System erwies sich allerdings als unfähig, den Balkan in übernationale Ordnungsvorstellungen einzubeziehen.

Die Balkanisierung der europäischen Politik

Diese Unfähigkeit diskreditierte das europäische Staatensystem im Mittelmeerraum, im Orient und auf dem Balkan. Dort wirkte es als Zerstörer, aber keineswegs als schöpferischer Zerstörer. Es waren die Europäer, die im Namen Europas, des Friedens und der Gerechtigkeit ein klassisches Reich der Alten Welt, das ein wirkliches Weltreich war und Asien, Europa und Afrika miteinander verband, endgültig ruinierten und dort ein Vakuum schufen, wo selbst die Überbleibsel einer oft unzulänglichen Reichsverwaltung das Zusammenleben der Völker und Religionen erträglich gemacht hatten. An dieser Zerstörung waren zuallererst Franzosen und Engländer beteiligt, später dann Russen und Österreicher, zuletzt auch Deutsche und Italiener. Die Franzosen hatten um 1800 begonnen, das Heilige Römische Reich deutscher Nation als lästige Antiquität, weil übernationale Einrichtung, zu beseitigen. Zwei andere übernationale Reiche, Russland und Österreich-Ungarn, beteiligten sich im späten 19. Jahrhundert an der Ausplünderung und Auflösung des noch verbliebenen dritten übernationalen Reiches, des osmanischen. Sie ahnten nicht, dass sie damit andere aufforderten, ihrem Beispiel zu folgen. Die verschiedenen Orientkrisen bereiteten eine gesamteuropäische Krise vor, aus der Europa nicht mehr herausfand. In den Balkankriegen 1912/13, die ebenso Religions-, Völker und Rassen- wie Bürgerkriege waren, prallten die von den Europäern entfesselten nationalistischen Energien mit einer Gewalt aufeinander, neben der die »Türkengreuel« von 1876 in Bulgarien nahezu harmlos wirkten. Jede Nation in diesem chaotischen Ringen konnte indessen mit Sympathie oder Verständnis bei den Großmächten rechnen. Diese duldeten die ethnischen Säuberungen, die fast eine Million Türken betrafen, und nahmen die an der Zivilbevölkerung des jeweiligen Feindes verübten massiven Verbrechen tatenlos hin.

Der hemmungslose Nationalismus führte zum Chaos im brutalen Kampf aller gegen alle. Denn der Streiter für die eigene Nationalität verwarf das Recht des anderen, sich zur Nation zu bilden. Außerdem lebten die Völker durcheinander und nebeneinander, alle künftigen Nationalstaaten waren Nationalitätenstaaten, die nach Einheit und Reinheit strebten. In einer Dokumentation der Carnegie Foundation wurden 1913 die Gemetzel auf dem Balkan im Namen der Nation als ein Wettbewerb charakterisiert, wie man seinen Nachbarn am besten vertreiben und daran hindern könne, sich als Nation zu konstituieren: »Eine düstere Aussicht, die sich aufhellen könnte, wenn Europa und die großen militärischen Mächte das wünschten. Sie könnten, trotz allem, das Problem lösen, wenn sie nicht entschlossen wären, ihre Augen davor zu verschließen.« Dieser Wettbewerb vollzog sich in neuen »gerechten« Kriegen, in denen jedem, weil er als Gerechter für das heilige Recht seines heiligen Vaterlandes kämpfte, alles erlaubt war. Es waren Befreiungskreuzzüge gegen Unholde, Ungerechte und Böse, die als Verbrecher ihrer gerechten Strafe zugeführt werden sollten.

Diese Kriege im Namen der vergöttlichten Nation zogen die praktischen Konsequenzen aus der moralischen Herabwürdigung des politischen Gegners zum absoluten Feind, wie sie liberale Humanisten in der Französischen Revolution eingeleitet hatten. Wenn der Mensch dem Menschen nur noch als Mensch begegnen soll, dann wird der Störenfried unweigerlich zum Unmenschen oder, noch schlimmer, zum Untermenschen, in jedem Fall jedoch zum Feind des Menschengeschlechts. Nationalisierte Humanisten sprachen sich das höchste Recht zu: entscheiden zu dürfen, wer ein Mensch ist und wer ein Verbrecher. Die grausamen Balkankriege vermittelten auf drastische Weise, welche Folgen die Entmenschlichung und Kriminalisierung des Feindes hatte.

Das Konzert der Mächte blieb nicht völlig unaufmerksam, es vermittelte noch einmal einen vorläufigen Kompromiss, der jedoch nur wenige Monate hielt, da ein dritter Balkankrieg im Juli 1914 ausbrach, diesmal um die Stellung Serbiens auf dem Balkan nach dem Attentat auf Erzherzog Franz Ferdinand von Österreich-Este in Sarajewo. Dieser dritte Balkankrieg weitete sich zum Weltkrieg aus, zum ersten allgemeinen großen Krieg seit 1814. Hundert Jahre lang hatte der Friede gewährt, der in Wien gestiftet worden war. Noch nie in ihrer Geschichte hatten Europäer eine so lange Friedenszeit erlebt. Den Preis dafür entrichtete nun der Rest der Welt, wo die Europäer mit Waffen jenen Wettbewerb austrugen, den sie auf ihrem Kontinent mit kunstvoller Diplomatie für alle hatten erträglich machen können. In Europa gab es nach 1871 kaum noch Chancen, etwas zu verändern. Ob das Elsass deutsch bliebe oder wieder an Frankreich fiele, ob Südtirol oder Triest italienisch würden, das waren Fragen, die zumindest nicht durch Kriege entschieden werden sollten. Nur nationalistische Querköpfe konnten verkünden, dass es süß und ehrenvoll sei, für solche Zwecke zu sterben und dieses äußerste Opfer allen Nationalverwandten abzuverlangen. Der Nationalismus, mit dem die Europäer die Völker auf dem Balkan infiziert hatten, wurde auch unter ihnen zu einer schrecklichen Leidenschaft. Dennoch gelang es ihnen bis 1914, alle Krisen, die Europa unmittelbar betrafen, friedlich zu lösen.

Der Balkan und der Orient boten den europäischen Großmächten, die nach gesteigertem Prestige und einer Bestätigung als Macht suchten, einen Ersatzschauplatz. Dort konnte jeder seine Muskeln spielen lassen, weil keiner so genau wie in Europa auf das Recht zu achten brauchte und jede Großmacht sich auf Zugeständnisse der anderen Mächte verlassen konnte. Das ging lange gut, weil das Deutsche Reich sich konsequent aus allen Orientfragen heraushielt und die Raufbolde gegebenenfalls zur Ordnung rufen konnte oder wegen guter Beziehungen zu den beiden anderen Kaisern von vornherein schlichtend einzugreifen vermochte, um allzu heftige Missverständnisse auszuräumen. Aber ab 1900 wurde das Deutsche Reich selber zunehmend ein interessierter Mitspieler auf dem Balkan und im Orient. Die ab 1903 im Osmanischen Reich und dessen Nachfolgestaaten errichtete Bagdadbahn stand symbolisch für einen Großraum, der wirtschaftlich von Deutschen dominiert wurde und von Lübeck bis zum Persischen Golf reichen sollte. Solche geopolitischen Träumereien mussten unweigerlich zu Spannungen mit allen übrigen Mächten führen, die sich daran gewöhnt hatten, dass den Deutschen der Balkan und der Orient vollkommen gleichgültig waren. Aber da das östliche Mittelmeer seit Beginn des 20. Jahrhunderts zu der Region wurde, wo über den Rang einer Großmacht entschieden wurde, konnte sich das Deutsche

Reich aus diesem Raum nicht länger heraushalten. Es wurde selber zur Partei und fiel als Vermittler aus.

Angst als schlechter Ratgeber

Seit der imperiale Wettbewerb der Großmächte auf dem Balkan und im Orient ausgetragen wurde, geriet die Pentarchie in zunehmende Schwierigkeiten. Das Konzert der Großmächte beruhte darauf, dass es wechselnde Allianzen geben konnte oder Absprachen von Fall zu Fall. Jedes Mitglied konnte sich mit jedem anderen Mitglied verständigen, es gab keine festen Blöcke und Bündnisse. Die Heilige Allianz oder das Dreikaiserbündnis bildete einen lockeren Verein im Gesamtverein. Österreich-Ungarn konnte deswegen jederzeit in engere Verbindung zu England treten oder Frankreich sich mit Russland und dem Deutschen Reich über koloniale Absichten verständigen. Der zunehmende Nationalismus weniger von Politikern und Staatsmännern als von Vereinen und Organen der diffusen öffentlichen Meinung erschwerte seit Beginn des 20. Jahrhunderts diese selbstverständlichen Gewohnheiten. Es war ein Nationalismus der Angst, möglicherweise nicht mehr stark genug zu sein, um sich in der Konkurrenz der Mächte als Großmacht zu behaupten. Erstaunlicherweise überschätzte jede europäische Großmacht die Möglichkeiten ihrer Nachbarn und unterschätzte ihre eigene Kraft. Das Zeitalter des Imperialismus war zugleich auch das Zeitalter des Zweifels daran, wer sich überhaupt noch als Großmacht behaupten konnte oder mangels Vitalität bereits zu den »dying nations« gehörte, wie Spanier, Portugiesen oder Türken.

Es war der damalige britische Premierminister Robert

Gascoyne-Cecil, Marquess of Salisbury, gewesen, der die Welt 1898 in die sterbenden und lebenden, die starken und die schwachen Staaten unterteilte. Wie in der Natur würde sich auch im dauernden Wettbewerb unter den Staaten, der nun als Lebenskampf verstanden wurde, der Stärkste durchsetzen und mit Fug und Recht die Untüchtigen beherrschen. Internationale Beziehungen mussten unter dem Einfluss dieses Sozialdarwinismus zum Kampf aller gegen alle werden. Gerade deswegen, um eine solche Gefahr zu bannen, gab es unter den europäischen Mächten immer wieder Überlegungen, sich zu den Vereinigten Staaten von Europa zusammenzuschließen, um auf diese Weise gemeinsam gegen die Konkurrenz der beiden Weltreiche der Zukunft – USA und Russland – bestehen zu können. Schon der greise Metternich hatte die Europäer 1854 vor den USA gewarnt, die sich anschickten, den Pazifik zu ihrem Meer zu machen und bald Kuba erobern würden. Es waren die USA, die 1898 Spanien in einem kurzen Krieg gleichsam aus der Welt verdrängten. Die erste Weltmacht in der Geschichte war der Welt abhanden gekommen.

Der Krieg der USA gegen Spanien verdeutlichte, dass das europäische Staatensystem an Bedeutung verlor. Die USA forderten ein Weltstaatensystem. Der Sieg der Japaner in der Seeschlacht bei Tsushima 1905 über die russische Flotte, die vollständig vernichtet wurde, beendete die Epoche der europäischen Vorherrschaft. Es war der erste Sieg von Asiaten seit Jahrhunderten über eine europäische Macht, und dieser Sieg war eine Katastrophe für Europa. Den Frieden zwischen Russland und Japan vermittelten die USA, nicht die europäischen Mächte. Es war nun offenkundig, dass Europa nicht mehr über Krieg und Frieden entschied und aus dem Mittelpunkt der Welt gerückt wurde. Russland gehörte auf einmal wieder zu Europa, dem schwachen und fragwürdigen, und hatte vorübergehend das Ansehen eingebüßt, zur Weltmacht berufen zu sein. Unter dem Eindruck solcher Ereignisse und Entwicklungen kamen dem Geschichtsphilosophen Oswald Spengler die Gedanken, die ihn dazu brachten, alsbald den »Untergang des Abendlandes« zu verkünden. Die europäischen Großstaaten, noch davon überzeugt, dass in der Alten Welt über Macht und Rang entschieden werde, suchten in Bündnissystemen Halt und Sicherheit: im Dreibund, der das Deutsche Reich, Österreich-Ungarn und Italien 1882 zu einem Block vereinte, und in einer neuerlichen Entente cordiale, zu der sich England, Frankreich und Russland 1904 zusammenschlossen.

Das europäischen Konzert und mit ihm die Einheit Europas waren ungemein gefährdet, weil in jedem Block die Angst, die Verbündeten könnten sich als unzuverlässig erweisen, sofort in Panik umschlug, sobald Franzosen und Deutsche sich näherkamen oder Russen mit Deutschen nach besserer Verständigung suchten. Die Deutschen fürchteten in den Österreichern, nicht so sehr in den Ungarn, ein zum Untergang verurteiltes, nicht mehr zur Führung fähiges Volk und versuchten sich einzureden, dass Türken oder Araber zu besseren Hoffnungen berechtigten. Die Engländer, seit 1907 mit den sich rasch erholenden Russen im Bunde, hörten auf, in ihnen Despoten und Bösewichte zu sehen, wenngleich sie sie nach wie vor fürchteten. Sie feierten in den ehemaligen Erbfeinden zusammen mit den Franzosen Brüder und Mitstreiter eines befreienden »Westens«, von dem die kulturprotestantischen Deutschen ausgeschlossen wurden, weil all ihre Wissenschaftlichkeit und Philosophie sie daran hindere, sich vom Geist der Freiheit ergreifen zu lassen, der Russland stürmisch bewege.

Das Europa der großen Städte

Die europäischen Sozialisten sahen das ganz anders, aber sie setzten sich damit von Gibraltar bis zum Ural dem Verdacht aus, vaterlandslose Gesellen zu sein, was sie dazu veranlasste, spätestens 1914 zu bekunden, nationale Sozialisten zu sein. Die Idee der Nation triumphierte, und so war es nicht weiter verwunderlich, dass die Europäer, die sich gar nicht mehr als unumstrittene Weltmächte begriffen, auf dem nationalisierten Balkan wenigsten ihren europäischen Rang geltendmachen wollten. Alle europäische Mächte wurden zu Balkanstaaten, unberechenbar wie ihre jeweiligen Verbündeten, die Serben, Bulgaren, Albaner, Griechen oder Türken. So konnte es dazu kommen, dass Russen, Franzosen und Engländer die serbische Sache zur der ihren machten und Deutsche, Österreicher und Ungarn für die bulgarische und türkische Seite Partei ergriffen. Die Italiener entschieden sich – gut europäisch – für keine Partei und verärgerten damit alle. Und dennoch war dieses an sich zweifelnde und mit sich hadernde Europa von Gibraltar bis zum Ural zum letzten Mal eine herzbezwingende Einheit. London und Paris genossen unumstritten einen Vorrang unter den Städten, der aber mit munteren Rebellionen in Barcelona, Madrid, Berlin, München, Dresden, Wien, Prag, Budapest, Sankt Petersburg oder Moskau in Frage gestellt wurde. Es gab nicht mehr ein Europa der Höfe, das Europa der Nationen drängte sich vor, aber bestimmend war das Europa der Städte. Dort trafen sich die Europäer, ohne viel von Europa zu reden, um in dieser alten Welt neue Verse, neue Töne, neue Farben zu finden und mitten im alten, vielleicht veraltenden Europa als verjüngende Kraft zu wirken. Europa barst vor Phantasie, selbst die Nationalismen als Lokalfarben in Musik, Malerei,

Architektur oder Lyrik verwertend, ohne von ihnen überwältigt zu werden.

Am 14. Mai 1914 trafen sich ganz Paris und Halbeuropa im Palais Garnier, dem Pariser Opernhaus, bei der Uraufführung des Balletts *Josephslegende*. Dessen Handlung hatte der Österreicher Hugo von Hofmannsthal zusammen mit Harry Graf Kessler ersonnen, dem Sohn eines Schweizers und einer Irin. Der Komponist war der preußische Generalmusikdirektor Richard Strauss, ein geborener Münchner, der auch dirigierte. Die Bühnenbilder hatte der Katalane Josep Maria Sert entworfen, die Choreographie stammte von dem Russen Michel Fokine, Russen tanzten in den Hauptrollen. Keiner konnte sich vorstellen, in drei Monaten miteinander verfeindet zu sein und dass aus dem wunderbaren und so einigen Europa ein schrecklicher Balkan gegeneinander wütender Völker, Religionen und Kulturen werden könnte. Nach dem Krieg fragte 1921 ein erschütterter Hugo von Hofmannsthal sich und die Europäer, ob Europa, das Wort als geistiger Begriff genommen, nicht zu existieren aufgehört habe. Damit nahm er die Rede vom Ersten Weltkrieg als der Urkatastrophe des 20. Jahrhunderts vorweg. Zu dieser Einschätzung gelangte viele Jahre später, 1979, der US-amerikanische Historiker und Diplomat George F. Kennan, der Deutschland und Russland so intim kannte und den Zusammenbruch Europas im Jahre 1914 als schrecklichen Verlust niemals verwand. Denn der alte Kontinent hat sich nie davon erholt.

KAPITEL 7

Der Große Krieg und die Unfähigkeit zum Frieden

»Keine einzelne Tatsache hat den Krieg hervorgerufen, sondern im letzten Grunde trägt das ganze europäische System die tiefere Schuld am Kriege, seine Verknüpfung von Bündnissen und Verständigungen, ein verwickeltes Gewebe von Intrigen und Spionagen, das mit Sicherheit die ganze Völkerfamilie in seine Maschen fing«, erklärte der Präsident der Vereinigten Staaten, Woodrow Wilson, am 26. Oktober 1916. Sein Misstrauen gegenüber der europäischen Kabinettspolitik und ihrer Staatsräson war ein ferner Nachhall des dringenden Rates von George Washington an seine Nachfolger, sich nicht in die Angelegenheiten des korrupten Europa mit seiner Geheimdiplomatie hineinziehen zu lassen, die jeder Moral und Sittlichkeit widersprächen und arglose Republikaner wie die Amerikaner nur in Gewissenskonflikte stürzen könnten. Woodrow Wilson und die USA entschieden sich dennoch im April 1917, in den Großen Krieg einzutreten, weil die Gelegenheit für sie günstig war, mit einer Intervention die Alte Welt als veraltete zu überwinden und durch neue Grundsätze zu verändern. Das alte Staatensystem, das Konzert der Mächte, hatte während des Krieges aufgehört zu funktionieren. Der Krieg wurde als erbitterter Kulturkampf geführt, in dem es weniger um Korrekturen am herrschenden System der Pentarchie als um die höchsten Güter Freiheit, Recht, humane Gesittung und liebenswürdige Lebensformen ging. Jeder verdächtigte jeden, durch und durch unmoralische, verwerfliche Zwecke zu verfolgen.

Der Feind wurde zum totalen Feind, wie einst während der Französischen Revolution. Sein Sieg bedeute das Ende Europas und führe zu einem Kulturbruch, der Europa um die Früchte seiner Geschichte als einer Geschichte der Freiheit und fortschreitenden Humanität und Vermenschlichung bringe, hieß es auf allen Seiten. Die Propaganda-Apparate gewannen eine ungemeine Bedeutung, um mit ihrer Hilfe den Krieg gegenüber der öffentlichen Meinung nicht nur juristisch-politisch, sondern als dringend gebotenen moralischen Feldzug zu rechtfertigen. Die öffentliche Meinung hatte während des 19. Jahrhunderts im Streit der Parteien überall in Europa erhebliche Macht gewonnen, eine unverantwortliche, beliebige und willkürliche. Doch in Friedenszeiten warben verschiedene Meinungen im Wettbewerb miteinander darum, Anhänger zu gewinnen und zu mobilisieren. Die Vielfalt milderte die indirekte Macht der Presse oder der öffentlichen Meinung, auch wenn diese nicht zuletzt in England immer wieder als Gefahr für verantwortliches Regierungshandeln in der internationalen Politik beschworen wurde. Im Krieg jedoch verständigten sich sofort sämtliche Parteien und Meinungsproduzenten darauf, einen Burgfrieden zu wahren, die vaterländische Eintracht zu stärken und sie vor den Umtrieben von Spionen, Verrätern oder sogenannter Fünfter Kolonnen zu bewahren, mit denen der Feind die nationale Kampfbereitschaft unterwandern und schwächen wolle. Die kollektive Hysterie nahm unvorstellbare Ausmaße an in einem Europa, das sich für aufgeklärt, kritisch und gefeit gegen Aberglauben hielt. Die großen Verführer und Betrüger traten im Namen der Wissenschaft und der freien Vernunft auf, emsig – und ungemein erfolgreich – darum bemüht, die Meinungen gleichzuschalten und für das Glück gleichgesinnter Gemüter in der Volksgemeinschaft zu sorgen.

Bei diesen Organisatoren der nationalen Einheit handelte es sich vor allem um Professoren und Wissenschaftler mit hohem gesellschaftlichen Ansehen, aber bar jeder politischen Verantwortlichkeit. Sie drängten sich als Sinnstifter und Orientierungshelfer in den Vordergrund und glaubten im Namen der Wissenschaft dazu berechtigt zu sein. Diese gelehrten Ideologen, die ihre Wissenschaft in den Dienst ihrer jeweiligen Nation stellten, rückten einen konkreten Anlass – den Ausbruch des Krieges – in weite Zusammenhänge. Sie entrückten ihn damit der unmittelbaren Gegenwart und trieben Geschichtspolitik und Vergangenheitsbewältigung. Die Geschichte bislang verwandter und gleichberechtigter Staaten in ein und demselben Europa verwandelten sie jetzt in eine Geschichte moralischer Irr- und Sonderwege, auf denen der jeweilige Feind angeblich schon seit Jahrhunderten wandelte. Unter diesen leidenschaftlichen Polemiken löste sich eine anschauliche Idee von Europa, wie das Konzert der Mächte oder die Balance innerhalb der Völkerfamilie, auf und mit ihr eine Vorstellung von der geistigen Einheit Europas aufgrund einer gemeinsamen Kultur. An die Stelle eines geistig-politischen Begriffs von Europa traten nun konkurrierende Bilder von Europa, die nicht mehr miteinander vereinbar waren und den jeweiligen Feind auch als Feind Europas aus der Gemeinschaft der Gutwilligen ausschlossen.

Solch aggressiven Europa- und Geschichtsbilder sollten dem Krieg, von dem alle Europäer trotz mancher früherer Krisen überrascht wurden, von vornherein den Rang eines historischen Kampfes verleihen, in dem sich das Schicksal des Abendlandes oder Europas entschied. Unter solchen Voraussetzungen konnte ein Verständigungs- oder Kompromissfrieden nur als fauler Frieden gelten, weil er nicht die dauerhafte Sicherheit gewährte, ohne Unrecht zu erleiden weiter existieren zu können. Erst der Endsieg, ein Siegfrieden, ermöglichte nach weit verbreiteter Auffassung den wahren und festen Frieden, den der Gerechte mit seiner Gerechtigkeit stiftete, wobei er den Ungerechten als Besiegten unschädlich machte. Im Ersten Weltkrieg verloren die Europäer ihre Fähigkeit, einen Krieg aus vernünftigen und praktischen Erwägungen abzubrechen und sich gütlich zu einigen. Denn sie hatten ein Konzept aufgegeben, das seit 1648 zu ihrem *Ius publicum europaeum,* ihrem europäischen öffentlichen Recht, gehörte: im Feind einen gerechten Gegner anzuerkennen, ohne ihn moralisch zu beurteilen. Seitdem gab es den *iustus hostis,* den gerechten Feind, der sich vom Kriminellen und gemeinen Rechtsbrecher unterschied. Der Krieg war ein erlaubtes letztes Mittel im Namen der Staatsräson, nach der sich alle richteten. Wer den ersten Schuss tat oder den Krieg erklärte, blieb unerheblich, solange nur dergestalt die Form gewahrt wurde, dass der Souverän sich zum Krieg entschloss und in ihm seine Truppen einsetzte – Soldaten, die sich von Zivilisten, Freischärlern oder Banditen unterschieden. Historisch-politische Ideologien wurden unter solchen Umständen gar nicht benötigt, weil mit dem Frieden praktische Unverträglichkeiten im Staatensystem vertraglich ausgeräumt wurden.

Die Macht der öffentlichen Meinung

Außerdem galt selbstverständlich die Verpflichtung, nach
dem Friedensschluss alles zu vergessen, was sich im Laufe
des Krieges ereignet hatte. Die Gegenwart und die Aussicht
auf eine möglichst nicht allzu stürmische Zukunft waren
ausschlaggebend für das kollektive Leben, das sich erfolgreich der Herrschaft von Vergangenheiten entzog und deren Ansprüchen, nicht vergehen zu wollen. Was einmal war,
konnte als Gewesenes die Historiker beschäftigten, ging die
Staatsmänner aber gar nichts an. Sie hatten konkrete Fragen
im konkreten Augenblick zu lösen, unabhängig von historischen Betrachtungen oder moralischen Einstellungen. All
diesen Weltklugheiten hatte der Wiener Kongress noch einmal allgemeine Anerkennung verschafft, nachdem sie von
den französischen Revolutionären und Napoleon grundsätzlich in Frage gestellt worden waren. Diese vernünftigen
Mittel, sich das Zusammenleben in einer gemeinsamen, alle
Staaten übergreifenden Ordnung nicht unnötig zu erschweren, verloren im Ersten Weltkrieg ihre bindende und len-
kende Kraft. Die öffentliche Meinung, die aufgeputschten
Leidenschaften, das Bedürfnis, im Feind einen Schuldigen,
einen Aggressor und einen Kriegsverbrecher zu sehen, der
bestraft werden müsse, wurden übermächtig und nötigten
allmählich auch die schüchternen Verfechter alteuropäischer
Vernunft, die es in allen Staaten gab, sich dem Lärm der
Aufgeregten zumindest nach außen hin anzuschmiegen. Es
war das erste Mal seit der Französischen Revolution, dass
sich die öffentliche Meinung als kriegführende Partei die
Kompetenz anmaßte, Politikern und Offizieren die Richt-
linien ihres Handelns vorzuschreiben.

Der Krieg gewinnt in Zeiten fortschreitender Demokratisierung unweigerlich einen demokratischen Charakter und wird, wenn das Volk unter Waffen in den Krieg zieht, zum Volkskrieg, sodass die öffentliche Meinung als Stimme des Volkes unbedingtes Gehör verlangen darf. Dieser Umstand revolutionierte den Krieg und Europa. In der öffentlichen Meinung besaß die künftige nationale Sicherheit absoluten Vorrang. Deshalb spielte das europäische Staatensystem bei allen Entwürfen zu einem Europa nach dem Kriege gar keine Rolle mehr. Der Wille, es zu rekonstruieren oder neu zu schaffen, erlahmte während der mannigfachen Überlegungen, wie Frankreich oder das Deutsche Reich vollständige Sicherheit fänden vor der jeweiligen Vorherrschaft des anderen in Europa, um unumstritten Weltmacht zu bleiben und im Konzert der Weltmächte weiter mitspielen zu können. Erstmals seit 1814 erwiesen sich die europäischen Staaten als unfähig zum Frieden untereinander. Den Endsieg konnten weder die Alliierten noch die Mittelmächte aus eigener Kraft erringen. Beide verstanden dies jedoch nicht als dringenden Hinweis, sich zu verständigen, vielmehr suchten sie außereuropäische Mächte für einen wie auch immer gearteten Siegfrieden in Europa zu interessieren, was bedeutete, diesen Mächten eine möglicherweise entscheidende Mitsprache in den europäischen Angelegenheiten einzuräumen. Europa begab sich damit zum ersten Mal in Abhängigkeit von der Welt und verzichtete darauf, Herr seiner eigenen Welt zu sein und deren Ordnung selbstständig zu bestimmen.

Auch das war eine Revolution, und wie alle Revolutionen eine gar nicht notwendige. Die Europäer hatten, von Leidenschaften aufgewühlt, den Überblick verloren. Rat- und hilflos geworden während des Zusammenbruchs ihrer alten Welt misstrauten sie der erprobten Staatsvernunft und schwärmten für Menschlichkeit, Gerechtigkeit und weitere

Wünschbarkeiten, die der amerikanische Präsident ihnen mit dem Feuer des eifernden Predigers ausmalte. Obwohl ununterbrochen die Geschichte bemüht wurde, war der Wiener Kongress und dessen Weltvernunft in Vergessenheit geraten. Der Glaube an die guten Völker, an demokratische Politik, gestützt auf eine herrschende öffentliche Meinung, sollte die kalte Berechnungskunst der Diplomaten ein für alle Mal als Betrug und Lüge entlarven und mit ihr die Staatsräson, die zu ihr gehörende Souveränität, die Staatlichkeit überhaupt ihres besonderen Ansehens entkleiden. Europa wollte nicht mehr sein, was es gewesen war, ohne sich klar darüber zu sein, was es werden wollte oder könnte. Es taumelte einer ungewissen Zukunft entgegen. Als der von Woodrow Wilson vermittelte Waffenstillstand am 11. November 1918 um 11 Uhr in Kraft trat, bestand das Konzert der fünf Großmächte nicht mehr. Die Donaumonarchie löste sich gerade auf, die Aufteilung des Osmanischen Reiches war in vollem Gange, Russland befand sich in einem Bürgerkrieg, in den sich Tschechen, Franzosen und Briten bereits einmischten und inzwischen auch deutsche Freikorps, in der Absicht, die russische Westgrenze weit aus Europa hinauszuschieben. Das besiegte Deutsche Reich wartete unruhig auf Friedensvorschläge, bereits desillusioniert vom amerikanischen Präsidenten, der sich als gar nicht so unparteiisch erwies, wie zuvor nicht nur die Deutschen gehofft hatten. Italien hatte nie als wirkliche Großmacht gegolten. So blieben von der Pentarchie allein Frankreich und Großbritannien übrig, sehr erschöpft von einem Krieg, der auch ihre Kräfte übermäßig beansprucht hatte.

Der Ausgangspunkt 1814 war ein ganz anderer gewesen. Damals schlossen sich vier Großmächte zusammen, um dem besiegten Frankreich einen angemessenen Platz in einem neuen Europa zu verschaffen. Eine Idee von Europa und seiner Staatengemeinschaft war trotz aller Umbrüche nicht verloren gegangen. 1918 fielen drei Mächte als Akteure aus. Während des Krieges hatten alle Großmächte den Zerfall Europas vorbereitet, indem sie ohne Vorstellungen von einem künftigen Europa ihren Verbündeten Versprechungen machten, welche die überlieferte Struktur des Staatensystems einschneidend verändern mussten. Sie waren im Laufe des Krieges bereit gewesen, ohne das Selbstbestimmungsrecht der Völker als Prinzip auszurufen, zum Nachteil ihrer Feinde den Völkern, die noch nicht unabhängig waren, großzügig Freiheit und Unabhängigkeit in Aussicht zu stellen, ohne die Folgen zu bedenken. Deswegen vermochten sie Wilson gar nicht daran zu hindern, dieses Selbstbestimmungsrecht nun als rettendes Prinzip zu verkünden. Noch bevor die Friedenskonferenz am 18. Januar 1919 im Spiegelsaal des Schlosses von Versailles eröffnet wurde, hatten sich im zusammenbrechenden Europas bereits neue Staaten gebildet: die Tschechoslowakei, die baltischen Staaten, Finnland, Polen, die Ukraine und Jugoslawien.

Das Selbstbestimmungsrecht der Völker

Diese Staaten, willkürliche Produkte geschichtspolitischer Phantasie, wurden teilweise sogar zur Friedenskonferenz eingeladen und erhielten dort Mitspracherecht, während Russland, das Deutsche Reich und die Überreste Österreichs und Ungarns als Staaten dieses Namens von den Verhandlungen ausgeschlossen blieben. Insgesamt fügte sich die Friedenskonferenz in diese ohne sie vollzogenen Tatsachen, statt wie einst in Wien ordnend einzugreifen. Es gab keine Pariser Friedensordnung als bewusste Konstruktion wie einst in Wien. Es waren Zufälligkeiten und keine gründlichen Überlegungen, die zu einer recht ungewöhnlichen neuen Landkarte Europas führten. Das Selbstbestimmungsrecht der Völker, in Paris anerkannt und postuliert, besiegelte den Umsturz Europas und schuf den Nährboden für weitere Unruhen. Denn sofort erwies sich, dass dieses Recht in Europa vor allem für Unordnung sorgte und gerade kein beruhigendes und schöpferisch gliederndes Prinzip sein konnte, weil die Völker in vielen Teilen des Kontinents kreuz und quer durcheinander lebten, wie seit dem Mittelalter.

Nur die Franzosen hatten im 19. Jahrhundert ihre vielen Völker und Sprachen mit erstaunlicher Energie in der einen und unteilbaren Nation vereint, indem sie das Selbstbestimmungsrecht der Völker gerade nicht sorgsam beachteten. Insofern entbehrte es nicht einer gewissen Ironie, wenn Frankreich nun als Retter der Völker für ein Grundrecht warb, das es bei sich selbst nicht anerkannte. Auch die Briten waren nie bereit gewesen, den Iren eine Art von Autonomie zu gewähren oder gar die Unabhängigkeit, die sie sich 1920 nach einem vierjährigen Kleinkrieg gegen britische Truppen ertrotzten. Die Schotten hatten sich erst nach jahrzehntelangen Bürgerkriegen 1745 in die Union der beiden Königreiche gefügt. Home rule und Autonomie, die Engländer gerne als heilsame, entspannende Einrichtungen empfahlen, hielten sie auf ihrer Inselgruppe für schädlich, und nur unwillig räumten sie Kanada oder Australien eine weitgehende Selbstständigkeit ein, da sie ohne deren Hilfe den langen, auch für diese beiden Dominions opferreichen Krieg kaum überstanden hätten. Frankreich und England waren deshalb keine besonders überzeugenden Apostel dieser neuen Lehre.

Das Selbstbestimmungsrecht der Völker, verbunden mit dem Recht einer Nation auf ihren Nationalstaat, damit sie voll und ganz zu ihrer Selbstbestimmung gelange, war für die europäischen Verhältnisse vollkommen ungeeignet und konnte keine Stabilität der Staaten und ihrer Beziehungen untereinander bewirken. Aus diesem Grund hatte der Wiener Kongress jede Berufung auf ein solches Recht der Völker verworfen. Die vielen Nationen in Europa überlebten und entfalteten sich seit jeher in staatlichen Zusammenhängen, die übernational waren. Katalanen, Basken, Wallonen, Böhmen, Mährer, Kroaten, Finnen, Polen oder Ukrainer und viele andere vermochten ganz unabhängig von dem Staat, zu dem sie gehörten, ihre Nationalität zu bewahren. Die Italiener bildeten nie eine Nation, denn ihre Staaten – und sie hatten den Staat erfunden – verfügten selten über Unabhängigkeit, weil sie eingefügt waren in das Heilige Römische Reich oder in die spanische Monarchie, zuletzt in das Kaiserreich Österreich. Dennoch prägten Italiener über Jahrhunderte die europäische Kultur und wurden zur größten geschmacklichen Erziehungsmacht. Die Italiener sind der lebende Beweis dafür, dass ein Volk, eine Sprache, eine Kultur auch ohne Nationalstaat umfassende Wirkung entfalten kann. Die Italiener waren in Europa über Jahrhunderte führend, indem sie mit ihrem Geist und ihren Talenten die Reiche durchdrangen, zu denen sie politisch gehörten. Ohne Italiener lassen sich weder Spanier noch Deutsche verstehen, die nie darin nachließen, diesen großen Erziehern zu danken.

Der Erste Weltkrieg ist die Urkatastrophe Europas, weil er die Nation und deren Besonderheiten über alles in der Welt erhob. Wie kann die Welt ruhig schlafen, wenn es kein freies, stolzes Polen gibt? Diese Frage beschäftigte die Polen immer wieder. Am Schlaf der Welt rüttelte die Nichtexistenz eines polnischen Reiches jedoch spätestens seit 1814 nicht mehr. Dennoch gab es 1919 wieder eine polnische Frage, wie 1814. Russen, Deutsche und Österreicher hatten im Krieg damit begonnen, ihren Polen eine gewisse Unabhängigkeit zu versprechen, ja sogar einen mit ihnen verbundenen polnischen Staat für eine nützliche Konstruktion zu halten. Die Mittelmächte wollten mit solchen Plänen Russland schaden, sie dachten gar nicht an Europa dabei. Den Alliierten war Polen, solange sie mit Russland verbündet waren, selbstverständlich vollkommen gleichgültig. Die polnische Frage galt ihnen als innerrussische Angelegenheit. Das änderte sich bald. Nach der Oktoberrevolution sahen Briten und Franzosen, eben noch Verbündete der Russen, diese am liebsten – wie früher im Krimkrieg – ganz weit weg von Europa. Die Polen konnten nun mit freundlicher Aufmerksamkeit rechnen. Für einen polnischen Staat hatten die Deutschen und Österreicher gute Vorarbeit geleistet. Sie begannen mit dem Aufbau eines polnischen Königreichs. Im Frieden mit Russland, im März 1918 in Brest-Litowsk diktiert, erreichten sie, was den Westmächten 1856 nicht möglich gewesen war: Russland auf ein Großfürstentum Moskau zu beschränken und Finnland, die baltischen Regionen, Weißrussland, die Ukraine und Georgien von der schrecklichen Despotie zu erlösen. Ein Völkerfrühling brach im Osten an.

Machtvakuum in Zwischeneuropa

Das Deutsche Reich musste in dem am 28. Juni 1919 unterzeichneten Vertrag von Versailles den Frieden von Brest-Litowsk widerrufen. Die Ergebnisse des deutschen Sieges

kamen den neuen Feinden der Russen allerdings sehr gelegen: eine freie Ukraine und ein freies Polen als Bollwerk
des freien Westens gegen den kommunistischen Osten. Der
russische Bolschewismus war nun die große Gefahr. Nicht
zuletzt, weil die Kommunisten das Selbstbestimmungsrecht der Völker proklamierten, da nur wirklich Freie be-
freiend im Klassenkampf tätig werden könnten. Die Nation
galt als die notwendige Form, mit Leben erfüllt durch so-
zialistischen Inhalt. Dem Klassenfeind und ideologischen
Konkurrenten konnte die Propagierung des Selbstbestimmungsrechts der Völker selbstverständlich nicht überlassen
werden. So kam es erst recht zu einem Wettrennen um die
Gunst der Nationen, die ihrem »Völkerkerker« entflohen.
Doch damit begannen auch schon die Schwierigkeiten. Wie
sollten die Grenzen gezogen werden? Die Polen etwa besaßen selber keine Vorstellung davon, welchen Umfang ihr
Nationalstaat haben sollte, ob mehr in den Osten verschoben oder in den Westen ausgreifend. Für beides gab es
historische Mythen. In jede Richtung prallte der polnische
Nationalismus aber auf andere Nationalismen, die der Litauer, Ruthenen, Weißrussen, Ukrainer oder der Deutschen
und Tschechen, die nun ihrerseits tief in die Geschichte
zurückblickten, um polnische Ansprüche zurückzuweisen.
Die Pariser Friedenskonferenz konnte nicht wie ein Jahrhundert zuvor der Wiener Kongress die Grenzen nach eigenem Ermessen festlegen. Das gelang nur für Deutschland.
Doch im Osten befand sich wegen des russischen Bürgerkriegs noch alles in unübersichtlicher Bewegung. Die Polen
waren eine aktive Partei und führten Krieg in der von den
Deutschen als unabhängige Nation anerkannten Ukraine,
in Russland, in Litauen, auch kurz gegen die Tschechoslowakei. Briten und Franzosen konnten sie daran nicht hin-

dern, die Teilnahme am russischen Bürgerkrieg fand ohnehin ihren Beifall.

Die Grenzen, die Polen im März 1921 erhielt, waren eine reine Verlegenheitslösung, das Ergebnis von keineswegs entscheidenden Siegen und Niederlagen in wirrer Folge. Aber der wiedererstandene Staat genügte den Polen nicht. Seine Grenzen waren zufällig und korrekturbedürftig. Das fanden allerdings auch die Nachbarn der Polen, nur aus anderen Gründen, weil Deutsche, Tschechen, Ruthenen, Ukrainer und Litauer auf einmal zu Polen werden sollten. Der Nationalstaat der Polen war ein Nationalitätenstaat und stand vor der alten Frage, wie mit den zahlenmäßig starken nationalen Minderheiten umgegangen werden sollte. Nicht anders verhielt es sich in der Tschechoslowakei, in Jugoslawien und in Rumänien. In Vielvölkerstaaten wie Russland und Österreich-Ungarn konnte den Nationalitäten Autonomie in vielen Bereichen zugestanden werden, die ein reiches je eigenes kulturelles Leben erlaubten. Dazu waren die neuen Nationalstaaten nicht imstande, pflegten sie doch nationale Mythen, die von der Erde, auf der viele Völker wohnten und sich mischten, als einer exklusiv polnischen, tschechischen oder jugoslawischen sprachen, was den Protest der Minderheiten hervorrief, zu der auch Polen oder Tschechen gehören konnten, nur in jeweils anderen Nationalstaaten. Die Streitigkeiten unter den Völkern gewannen jetzt erst richtig an Schärfe und Unerbittlichkeit. Überlegungen, die neuen Staaten in einer Föderation zusammenzufassen, blieben deshalb wirkungslos. Russland gelang es, sein Reich in Gestalt der Sowjetunion wieder zu konsolidieren. Auf dem Gebiet der ehemaligen Donaumonarchie blieb allerdings das Machtvakuum bestehen. Kleine, aufeinander eifersüchtige Staaten, die sich in ihren Grenzen nicht saturiert fühlten und nach Gebietserwerb auf Kosten ihrer Nachbarn trachteten, brachten das sogenannte Zwischen-europa von den baltischen Staaten bis zum Schwarzen Meer um jede Stabilität.

Was kluge Tschechen im 19. Jahrhundert gefürchtet hatten, trat nun ein: Fast all diese Nationen, die unvollkommene Gebilde in ihren willkürlichen Grenzen und mit ihren vielen Minderheiten waren, gerieten in den Sog des Deutschen Reiches, das sich trotz seiner Niederlage bald erholte und sich anschickte, seine im Krieg gehegten Ideen von einem großen Mitteleuropa unter deutscher Führung wieder aufzugreifen. Um dieses Bestreben zu unterbinden, wurde den Deutschen das Selbstbestimmungsrecht verwehrt, womit die Alliierten die Fragwürdigkeit dieses Rechtes als Ordnungsprinzip eingestanden. Denn hätten die Sieger den Deutschen in Österreich und im Sudetenland erlaubt, sich mit den Reichsdeutschen zu vereinigen, wäre das Deutsche Reich noch stärker als vor dem Krieg gewesen und hätte eine unvermeidliche Anziehungskraft auf all seine schwächeren Nachbarn ausgeübt. Das Ziel des Friedens von Versailles war, das Deutsche Reich dauerhaft zu schwächen und es möglichst lange im Zustand des Besiegten zu halten. Frankreich und England verfolgten damit eine Politik, die im völligen Gegensatz zur Politik der europäischen Großmächte von 1814 stand, die damals danach strebten, Frankreich so schnell wie möglich wieder in das Konzert der Mächte aufzunehmen. Die vier Großmächte in Wien besaßen allerdings eine Vorstellung von einer gesamteuro-päischen Ordnung von Gibraltar bis zum Ural. Frankreich dachte 1919 hingegen nur an seine Sicherheit und England an die nachhaltige Ausschaltung eines wirtschaftlichen Konkurrenten.

Das egoistische Bedürfnis nach möglichst vollständiger Sicherheit, die zugleich eine Vorherrschaft in Europa bedeutete, musste gerade deutschen Trotz wecken und das Bedürfnis, systematisch Frankreichs Position zu erschüttern. Der Nachbar auf der anderen Rheinseite kam deshalb nie zur Ruhe und fürchtete sich vor Deutschland, dem er nicht traute. Die Wiener Friedensstifter waren den anderen Weg gegangen, nämlich den ehemaligen Feind und bedrückenden Hegemon nicht zu demütigen oder als Besiegten zu behandeln, sondern ihn sofort in ein kollektives Sicherheitssystem einzubinden, das auf wechselseitiger Achtung beruhte, dem besten Mittel, vor dem einst übermächtigen Feind sicher zu sein und sich nicht allzu sehr ängstigen zu müssen. Mit seiner Sicherheitspanik ärgerte Frankreich von vornherein seinen Verbündeten, das Vereinigte Königreich. Denn aus Angst vor dem Bolschewismus und der Revolutionierung Europas wünschten die Briten ein Deutsches Reich, das kräftig genug bliebe, einen festen Damm zu bilden, an der die »rote Flut« abprallen würde. Die beiden Sieger des Ersten Weltkriegs verbanden mit Deutschland unterschiedliche Pläne und gerieten rasch in dauernde Auseinandersetzungen. Das machte die verängstigten Franzosen noch unsicherer, weil sie sich allein und verlassen vorkamen, denn auch die USA teilten ihre exaltierten Besorgnisse nicht. Auf die vielen kleinen Staaten in Zwischeneuropa, die ihren Vorteil darin finden sollten, in Frankreichs Sicherheit ihre Sicherheit garantiert zu sehen, wirkte der stets gereizte und misstrauische Verbündete zunehmend unsicher und wenig überzeugend.

Das siegreiche Frankreich, das in Europa nach 1919 die führende Macht sein wollte, verlor an Prestige und mochte sich nicht in die bittere Tatsache schicken, dass es nur noch ein Macht zweiten Ranges war. Dieser missliche Umstand legte eigentlich eine Politik im Sinne des Wiener Kongresses nahe: sich mit dem ehemaligen Feind zu versöhnen und gemeinsam mit den anderen Staaten in Europa zum Ordnungssystem eines ausbalancierten Gleichgewichts zu finden, das auf jeden Fall Schutz vor den aufgeregten Deutschen böte, wie es einst Europa vor weiteren Turbulenzen aus Frankreich kommend bewahrt hatte. Zu einem Frieden in diesem Sinne konnten sich die Sieger 1919 jedoch nicht entschließen. Die Opfer, die der Krieg gekostet hatte, seine Schrecken und Grausamkeiten, die ein dem Krieg seit Jahrzehnten entrücktes Europa schockierten, setzten die Gebote oder Ratschläge der Staatsräson außer Kraft. Die öffentliche Meinung verlangte nach Züchtigung, nach spürbarer Bestrafung des Feindes, der den Alliierten diesen Krieg aufgenötigt und ihren Wohlstand ruiniert habe. Die Verantwortlichen standen seit Beginn des Krieges fest: das Deutsche Reich und seine Verbündeten, Österreich-Ungarn, Bulgarien und die Türkei. Am Ende des Krieges gab es nur noch einen Verantwortlichen, nämlich das Deutsche Reich. Polen, Tschechen, Slowenen oder Kroaten, die loyal als österreichische oder ungarische Staatsbürger gekämpft hatten, konnten nicht mit Kriegsschuld belästigt werden, da deren Nationen doch das neue Europa der freien Völker veranschaulichen sollten. Bulgarien war eine inzwischen belanglose Balkan-Erinnerung geworden, und die Türkei und das Osmanische Reich galten 1919 ohnehin nur noch als Niemandsland, in dem Franzosen und Briten nach Gutdünken schalten und walten konnten, ungestört vor allem von Deutschen und Russen.

Die Kriminalisierung des Feindes

Die Deutschen waren empört, dass sie allein für den Ausbruch des Krieges verantwortlich sein sollten. Von Kriegsschuld war allerdings im späteren Friedensvertrag nicht die Rede, und die meisten Politiker und Offiziere vermieden diesen religiös-moralischen Begriff, der im *Ius publicum europaeum,* dem bisherigen Völkerrecht, unbekannt war. Souveräne Staaten konnten nach den bis dahin gültigen Vorstellungen nicht schuldig sein und daher auch nicht bestraft werden. Die Alleinschuld war eine deutsche polemische Überspitzung. Die Deutschen fühlten sich wegen des Vorwurfs der alleinigen Verantwortung für den Kriegsausbruch – der benötigt wurde, um die Forderung nach Reparationen und Wiedergutmachung zu rechtfertigen – in ihrer nationalen Ehre gekränkt und moralisch verletzt. Sie erklärten sich durchaus bereit, Verantwortung dafür zu übernehmen, dass das europäische Staatensystem auch aufgrund deutscher Fehler und Unaufmerksamkeiten zuletzt nicht mehr funktioniert hatte, lehnten es jedoch ab, den Zusammenbruch des europäischen Konzerts allein verursacht zu haben. Seit dem September 1914 gehörte es in Berlin zum Gesellschaftsspiel, bei viel Wein und Schnaps, um die Nerven zu beruhigen, die katastrophale Krisenpolitik im Juli 1914 mit immer neuen Vorwürfen an die immer gleichen Verantwortlichen zu erörtern. In der Öffentlichkeit beharrten jedoch Deutsche, wie auch Ungarn, auf dem herkömmlichen Standpunkt, dass es rechtlich und moralisch unerheblich sei, wer einen Krieg und aus welchen Motiven heraus begonnen hatte. Der Krieg war ein letztes Mittel der Politik. Darin waren sich auch die Sieger einig, die sich nicht wohl in ihrer Rolle fühlten, unter dem Druck der öffentlichen Meinung – dem auszuweichen die Sieger des Jahres 1814 verstanden hatten – von Verantwortung oder Verantwortlichkeit in Angelegenheiten zu reden, für die solche Kategorien juristisch keine Gültigkeit hatten. Sie flüchteten in die Moral, um umfassende Kriegsentschädigungen zu fordern, für die es keine rechtliche Grundlage gab. Sie begannen mit einer neuen, weiteren Revolution, indem sie die Moral höher einschätzten als das Recht und Forderungen moralisch rechtfertigten, die dem herkömmlichen Recht widersprachen. Die überlegene Moral zersetzte das Recht, die einzige Gewähr einer Rechtsordnung.

Zum heftigen moralischen Aufstand gegen die Siegermoral, der noch einmal, wie 1914, ohne Rücksicht auf linke oder rechte politische Bekenntnisse alle Deutschen zu einer nationalen Eidgenossenschaft verband, reizte die Forderung, den Kaiser und weitere Offiziere und Beamte als Kriegsverbrecher den Alliierten und ihrem Strafurteil auszuliefern. Sie wurden öffentlich von den Alliierten »wegen schwerster Verletzung der internationalen Moral« angeklagt. Ein internationaler Gerichtshof werde sich »bei seinem Urteil von den höchsten Grundsätzen der internationalen Politik leiten lassen« – bezeichnenderweise wurde vom Recht gar nicht gesprochen. Auch hier sollte die Moral ein höheres Recht erteilen als das rechtlich vereinbarte. *Das Ius publicum europaeum* kannte keine Kriegsverbrecher. Es gab selbstverständlich Verbrechen im Kriege, Handlungen, die dem gültigen Kriegsrecht widersprachen, doch es blieb den einzelnen Staaten überlassen, solche Vergehen zu untersuchen und die Täter gegebenenfalls zu verurteilen. Den Repräsentanten eines souveränen Staates zum Verbrecher und Kriminellen zu erklären war eine unerhörte, eine revolutionäre Anmaßung. Die Revolutionäre in Russland griffen auf solche in der Französischen Revolution üblichen Vorwürfe zurück. Die Feinde der Bolschewisten argumentierten ganz revolutionär in deren Sinne gegen die Deutschen als ihre Feinde. War Wilhelm II., der deutsche Kaiser, ein Verbrecher, dann konnten leidenschaftlich verletzte Deutsche vermuten, dass das gesamte deutsche Volk als eine Vereinigung von Kriminellen und Feinden des Rechts eingeschätzt wurde. Der ehemalige Kaiser wurde selbstverständlich von einer rechtsstaatlich denkenden holländischen Regierung den Alliierten nicht ausgeliefert. Diese ließen auch bald von ihrer rechtlich avantgardistischen Forderung ab, hatten aber die Besiegten unnötig herausgefordert und deren gereiztem Nationalismus, der durch manche Zweifel schon erschüttert worden war, zu einer leidenschaftlichen Übermacht verholfen, die den Frieden und die Versöhnung mitten in Europa nicht erleichterte.

Die moralische Ächtung empfanden die Deutschen insgesamt als die eigentliche Niederlage. Dazu gehört auch, dass mit ihnen gar nicht verhandelt wurde, dass sie vielmehr den Vertrag, so wie ihn die Alliierten entworfen hatten, annehmen sollten. Sie waren eben kein Mitglied der Staatengesellschaft »Anständiger« mehr, die bislang noch jedem Feind als *iustus hostis* seine Ehre und Gleichberechtigung zugestanden hatte. Deswegen konnten Feinde sich nach einem Waffenstillstand in höflicher Form über einen vernünftigen, maßvollen Frieden verständigen. Die Verletzung der Formen, die der Wiener Kongress vermieden hatte, veranschaulichte nach 1918 dramatisch, dass Europa zerfallen war und als politische Einheit nicht mehr bestand. Russland gehörte nicht mehr dazu. Auf die künftigen Grenzen der Sowjetunion wie auf deren innere Organisation hatte die Pariser Friedenskonferenz keinen Einfluss. Das kommunistische

Russland wurde höchstens beunruhigt als Gefahr für Westeuropa wahrgenommen. Damals begann der lange Prozess, Europa auf den Westen einzuschränken. Immerhin sprach der sowjetische Außenminister Georgi Tschitscherin schon im Februar 1920 von der möglichen Koexistenz der Sowjetunion mit den bürgerlich-kapitalistischen Staaten. Schließlich wollten die Russen Europäer bleiben und in Europa wie gewohnt mit entscheiden. Es war »der Westen«, wie er sich jetzt bildete, der aus Angst vor dem Kommunismus dazu nicht den Mut fand und Europa spaltete.

Das erwies sich insofern als ziemlich ungeschickt, als zumindest die Engländer mit einem stabilen Deutschland rechneten, um den Kommunismus von Westeuropa fernzuhalten. Einer solchen Haltung widersprach allerdings die Ächtung der Deutschen im Westen. Das Deutsche Reich war eine Republik geworden, es öffnete sich dem Geist der Demokratie, wie Woodrow Wilson ihn verkündete. Das neue Deutschland wurde aber nicht als ein neues in die westliche Gemeinschaft aufgenommen, sondern als Erbe des imperialistischen und militaristischen preußischen Junkerstaates stigmatisiert, wie ihn sich die alliierte Propaganda entworfen hatte. Die Westmächte bestätigten mit ihren ideologischen und geschichtspolitischen Vorbehalten, wie wenig hilfreich Vergangenheitsbewältigung ist, wenn es gilt, mit den Herausforderungen der Gegenwart angemessen fertig zu werden. Die Stifter der Wiener Friedensordnung enthielten sich deshalb einer polemischen Auseinandersetzung mit der jüngsten tumultösen Geschichte der Franzosen. Auch in einem westlich-demokratischen Deutschland erblickten vor allem Franzosen eine potenzielle Gefahr. Sie gaben zu erkennen, dass Deutschland, ganz gleich wie verfasst, also auch ein demokratisches Deutschland, nur dann ihren Interessen zuträglich sei, wenn es nicht als gleichberechtigter Partner handelte, sondern nur über eingeschränkte Souveränität verfügte.

Schon kamen Ideen einer langwierigen Umerziehung auf, weil man fand, dass die Deutschen erst nach einer gelungenen *Entpreußung,* nach ein oder zwei Generationen, als wahrhaft demokratische und verwestlichte Bürger einer gezähmten Nation Vertrauen verdienten. Kein Wunder, dass sich die Deutschen im Vertrag von Rapallo vom 16. April 1922 dem anderen Ausgestoßenen zuwandten, den Russen, und mit ihm bald in beinahe freundschaftliche Beziehungen eintraten. Ihre Angst vor dem unbürgerlichen Sozialismus hielt sich in Grenzen, nachdem sie erfahren hatten, dass liberal-bürgerliche Menschenfreunde deutsche Liberale eben nicht als ihresgleichen behandelten und einer deutschen Republik erhebliche Schwierigkeiten bereiteten. Die deutsch-sowjetische Annäherung bestätigte allerdings sofort den Verdacht, dass man die Deutschen zu Recht fürchten und von ihnen immer das Schlimmste erwarten müsse. Insofern hatte Europa seine Mitte verloren. In Wien war 1814 eine stabile Mitte – Preußen, der Deutsche Bund, Österreich, Ungarn und Italien – die Voraussetzung für die Ruhe Europas gewesen. 1919 hingegen ängstigten sich die Diplomaten in Paris vor einer derart vereinten Mitte Europas als einer Ordnungsmacht innerhalb der Gesamtordnung. Das Deutsche Reich war geächtet, Österreich-Ungarn bestand nicht mehr, die Italiener als Sieger gaben es bald resigniert auf, noch ernsthaft in Paris mitzuarbeiten, enttäuscht darüber, wie geringschätzig über ihre künftige Rolle mitten in Europa gedacht wurde, und die Ungarn verloren im Frieden von Trianon vom 4. Juni 1920 zwei Drittel ihres Territoriums. Sie wurden insgesamt noch härter bestraft als das

Deutsche Reich und konnten jedenfalls im Westen für sich keine Hoffnung erkennen.

Der Völkerbund und die eine Menschheit

Die USA verstanden den Westen als eine weltenumspannende politisch-ideologische Sphäre und beanspruchten in diesem Sinne eine Mitsprache in europäischen Angelegenheiten. Auf der Pariser Friedenskonferenz waren die Europäer zum ersten Mal nicht mehr unter sich. Sie hatten sich während des Krieges als unfähig erwiesen, von sich aus zu einem Frieden zu kommen. Die USA und Japan gehörten nun zu den fünf Welt- und Großmächten, um sie herum scharten sich Kanadier, Australier, Brasilianer, Argentinier, Chinesen, Afrikaner, die nichts zu sagen hatten, aber mit ihrer bloßen Anwesenheit verdeutlichten, dass Europa nicht mehr die Mitte der Welt ausmachte, von der Vorschriften und Regeln ausgingen, die unbedingte Aufmerksamkeit beanspruchen durften. Die besondere Aufgabe der Konferenz war es daher gar nicht, ein europäisches Gleichgewicht wiederherzustellen, dessen Hüter das Konzert der Mächte wäre. Das europäische Staatensystem war endgültig Vergangenheit. Es sollte durch ein Welt-Staatensystem ersetzt werden, in dem Europa als selbstständige Einheit nur gestört hätte. Den Repräsentanten dieser neuen Weltordnung sah Woodrow Wilson in dem von ihm angeregten Völkerbund, der das Konzert der Mächte mit dessen Staatsräson und Geheimpolitik durch Offenheit und demokratische Gleichberechtigung ersetzen sollte, die jedem erlauben würden, sich als freies Mitglied der einen Menschheit zu empfinden, in der jeder friedlich das Seine genoss.

In diesem Völkerbund waren Kriege nicht mehr als ein selbstverständliches Mittel souveräner Staaten erlaubt. Vielmehr entschied der Bund darüber, wie mit einem Rechtsbrecher zu verfahren sei, der die Vorschriften des Völkerrechts nicht genau beachtete. Das politische Leben wurde auf diese Art entpolitisiert und möglichst verrechtlicht und moralisiert. Denn Verstöße gegen das Völkerrecht galten nun als unsittlich und mussten wie Straftaten gesühnt werden. Die Gesetzesbuchstaben und nicht mehr der praktische, den Umständen entsprechende Ausgleich von Interessen gaben den Ausschlag dafür, dass Gerechtigkeit herrschte, die sich vor allem darin erfüllte, dass vertragliche Verpflichtungen gewissenhaft eingehalten wurden. Allerdings sollte ein Rat der Zehn, gebildet aus den Alliierten und wechselnden, aber von ihnen abhängigen Freunden, dafür sorgen, dass Verträge und Regeln gemäß der Interpretation der Siegermächte beachtet wurden. Insofern entschied doch wieder die Politik mit ihren Rücksichten auf die Interessen der Großmächte über Recht und Unrecht. Dem Völkerbund wurde die Aufgabe übertragen, den neuen Status quo, die Unverletzlichkeit der Grenzen vor jeder Veränderung zu schützen, obschon diese Grenzen insgesamt noch gar nicht festgelegt waren, als die Organisation sich am 10. Januar 1920 in Genf konstituierte. Der Waffenstillstand vom 11. November 1918 galt nur in Teilen Europas. Auf der Pariser Konferenz wurde vom allgemeinen Frieden gesprochen, während im Baltikum und zwischen Polen, Russland und der Ukraine noch Kriege geführt wurden, deren Ausgang völlig ungewiss war. Die Türkei bemühte sich erfolgreich, in Kriegen gegen die Griechen die Grenzen zu erobern, die ihr als passend und gerecht erschienen. Sie trotzte erfolgreich den Versuchen der Alliierten, sie zu einem Frieden zu zwingen.

Den Friedensvertrag von Sèvres vom 10. August 1920 ratifizierte die Türkei nicht und zwang stattdessen als Sieger über die Griechen die Alliierten dazu, mit ihr im Juli 1923 in Lausanne einen Vertrag zu türkischen Bedingungen zu schließen. Die Alliierten, die im Völkerbund vom Völkerrecht, von Gerechtigkeit und Menschlichkeit als den höchsten Idealen sprachen, hatten hilflos zugesehen, wie sich Türken und Griechen wechselseitig ohne jede Rücksicht auf Recht und Humanität massakrierten. Diese Schwäche konnte dazu verleiten, die feierliche Berufung auf Gerechtigkeit und Menschlichkeit für eine unverbindliche Redensart zu halten. Zum Frieden mit den Türken gehörten massive ethnische Säuberungen und Umsiedlungen auf dem Balkan und in Kleinasien, die mit ihren Grausamkeiten für Türken wie Griechen jahrzehntelang unvergessen blieben. Briten und Franzosen bewerteten den »Bevölkerungsaustausch« als eine insgesamt praktische Maßnahme, weil damit das Minderheitenproblem gelöst worden sei. Von Kriegsverbrechen war selbstverständlich nicht die Rede. Die Türken bestätigten drastisch allen vorerst enttäuschten Völkern, dass nur den Verträgen zu trauen ist, die mit der Waffe in der Hand vereinbart werden. Dieses Beispiel erschütterte von Anfang an das Vertrauen in die Verheißungen einer gerechten und sicheren neuen Welt, die statt mit Waffen mit dem Recht und den richtigen Prinzipien für Frieden sorgt. Ob das Prinzip des Selbstbestimmungsrechts der Völker, das Greuel und Schrecken zwischen Türken und Griechen legitimierte, tatsächlich ein richtiges und Ordnung schaffendes Prinzip war, konnte einmal mehr mit guten Gründen bezweifelt werden. Die Gewalttätigkeiten im Namen dieses Prinzips bekräftigten für Skeptiker die illusionslose Vermutung Franz Grillparzers unter dem Eindruck des Völkerfrühlings von 1848/49: »Der Weg der neuern Bildung geht / Von Humanität / Durch Nationalität / Zur Bestialität.« Die weitere Geschichte des 20. Jahrhunderts ist dafür der dramatische Beweis. Der Wiener Kongress hatte den Triumph des Selbstbestimmungsrechts der Völker für ein Jahrhundert verzögert und damit hundert Jahre Frieden in Europa ermöglicht. Der Pariser Kongress verhinderte mit diesem Prinzip jede Aussicht auf Frieden.

Der türkisch-griechische Krieg gehörte unmittelbar zu den französisch-britischen Absprachen, das Osmanische Reich aufzulösen und sich dabei im Nahen Osten mit Auswirkungen auf den islamischen Mittelmeersaum, auf die Staaten an den Küsten des Schwarzen Meeres und bis tief hinein nach Asien Einflusszonen und Protektorate zu sichern, die ihren nationalen Interessen dienten. Die französisch-britischen Kompromisse ersetzten eine leidliche Ordnung im Osmanischen Reich durch ein unleidliche Unordnung. Statt der orientalischen Fragen gab es von nun an die Krisen im Nahen Osten, in denen Appelle an das Völkerrecht oder Verträge nie beruhigend zu wirken vermochten, weil es in diesem aufgeregten Raum stets die Macht war, die je nach den Bedürfnissen der beiden europäischen Großmächte Tatsachen schuf. Großbritannien und Frankreich gebrauchten den Völkerbund als Instrument, um ihre Interessen durchzusetzen. Die USA waren ihm nie beigetreten, weil sie fürchteten, durch ihn in Affären verwickelt zu werden, die ihre Unabhängigkeit einengten, und Deutschland wie Russland blieben zunächst ausgeschlossen. In der Völkergemeinschaft gab es – entgegen aller Beteuerungen – Völker verschiedenen Ranges und mit unterschiedlicher Berechtigung, in den Belangen der Weltpolitik mitzuentscheiden.

Der neuen unbedingten Offenheit in den internationalen Beziehungen widersprachen im Übrigen die Intrigen schon auf der Pariser Konferenz. Alles wichtige wurde in unübersichtlichen Zirkeln entschieden. Die Aristokraten in Wien hatten viel offener miteinander verkehrt, schon um Vertrauen zu schaffen, zwar auch in geschlossenen, kleinen Runden der Fachleute, die abgeschirmt in schwer zu erreichenden »Kabinetten« tagten, aber häufig auch inmitten eines diffusen Publikums auf Bällen, Schlittenfahrten oder Jagden. In deren Umgebung hatte sich manches unkonventioneller, schneller und unverkrampfter erörtern, gar lösen lassen. Im Zeitalter der Öffentlichkeit, das jetzt ausgerufen wurde, hörte paradoxerweise die Offenheit auf, wie Carl Schmitt unter dem Eindruck der Pariser Verhandlungen 1924 beobachtete: »In der Öffentlichkeit hört die Offenheit auf und beginnt das Geheimnis.« Das Abhören und Auskundschaften nahm ganz neue Ausmaße an, um hinter die Geheimnisse des anderen zu kommen, da keiner keinem zutraute, vertrauenswürdig zu sein, und jeder jeden verdächtigte, sich in der Öffentlichkeit nur zu verstellen und zu maskieren, sodass er entlarvt werden müsse. Seitdem kam die Rede auf, dass alles Wichtige »hinter den Kulissen« entschieden und auf der Bühne, in der Öffentlichkeit nur für die Galerie agiert und deklamiert würde.

»A peace to end peace«

Die Pariser Friedenskonferenz erwarb sich deshalb schnell den Ruf, eine Versammlung von Lügnern und Täuschern zu sein, die einander übervorteilen wollten und vollständig eigennützig dachten und handelten. Der Vorwurf traf gar nicht so sehr zynische Aristokraten und eitle Monarchen, sondern die bürgerlich-liberale Elite, die den Ausbruch des Krieges nicht hatte verhindern können und jetzt, nach dem Krieg, älter, aber nicht klüger geworden, mit den gleichen Tricks und Mitteln einen Frieden erreichen wollte, zu denen sie sich während des Krieges nicht hatte entschließen können. Die bourgeoisen, grauhaarigen Verursacher und Verwalter der Katastrophe gewannen nie ein Ansehen, das ihnen zugetraut hätte, eine neue Friedensordnung zu ermöglichen. Statt eines Gesamtvertrages wurden viele einzelne Verträge geschlossen, die sich nicht einmal systematisch ergänzten. Keiner sah in diesen Verträgen im Sinne des Völkerbundes die Grundlage eines neuen Völkerrechts und einer neuen Völkerordnung, die nicht mehr gestört werden dürfe. Alle hielten das Friedenswerk von Paris für unzulänglich, vor allem diejenigen, die es formuliert und geschaffen hatten. Der Krieg, der gemäß Völkerbundmoral alle Kriege ein für alle Male beenden sollte, endete mit einem Frieden, der den Frieden unmöglich machte – »a peace to end peace«, eine Formel, die der britische Offizier Archibald Wavell prägte. Der französische Marschall Ferdinand Foch verurteilte das Friedenswerk als bloßen Waffenstillstand, der einen weiteren Krieg auf ungefähr zwanzig Jahre hinausschiebe. Kein Staat, ob besiegt, Sieger oder neu geschaffen, fühlte sich an Verträge gebunden, von deren Dauer er gar nicht überzeugt war.

Jeder Staat hielt seine Grenzen für skandalös, revisionsbedürftig und überlegte, während er noch stillhielt, wie er die Gunst der Stunde nutzen könntc, sobald die trügerische Ruhe endlich der ersehnten, schöpferischen Unruhe und Zerstörung weichen würde. Die Türken machten den Anfang und gaben allen ein Beispiel, auch den Mitgliedern des

Völkerbunds, die sich hochherzig verpflichteten, die Grenzen nicht wieder zu verschieben, und doch ununterbrochen auf diese Gelegenheit warteten. Die Geschichte des Revisionismus der Pariser Verträge beginnt 1921 und zieht sich bis 1939 und in den Zweiten Weltkrieg hinein. Frankreich bedachte nicht die Buchstaben des Vertrages von Versailles, als es im Januar 1923 in das Ruhrgebiet einmarschierte, in der Hoffnung auf einen verschärften Vertrag, der es möglichst doch noch den natürlichen Grenzen aus der Revolutionszeit annäherte. Für französische Revanchisten und Revisionisten sollte in Paris und daran anschließend die Schmach von Wien, die 1814 gar keine gewesen war, rückgängig gemacht werden. Die Briten vergaßen bei solchen Bemühungen, dass Napoleon schon fast hundert Jahre tot war, und erkannten in ihrem Verbündeten wieder den alten Erbfeind, von dem sie sich gereizt distanzierten. Ihre Appeasement-Politik gegenüber Deutschland begann zaghaft schon in Paris, zu einer Zeit, als Hitler noch eine skurrile Figur der politischen Folklore in München war. Die Briten verfügten aber nicht mehr über einen Staatsmann vom Format eines Castlereagh, der ganz Europa im Blick hatte, sondern lebten diplomatisch-politisch von der Hand in den Mund. Als Weltmacht glichen sie dem byzantinischen Kaiserreich, kurz bevor aus Arabien die Anhänger des Propheten den Griechen beibrachten, dass sie aus der Zeit gefallen waren. Die USA ratifizierten die Pariser Verträge gar nicht erst, weil sie sich dem mit ihnen verbundenen Völkerbund verweigerten.

Kurzum, der Versailler Frieden war der erste Friedensvertrag in der europäischen Geschichte, dessen Gültigkeit sofort in Frage gestellt wurde. Die Unordnung in Europa bestätigte er, statt in ihr die Möglichkeiten für eine neue

Ordnung aufzuspüren, wie der Wiener Kongress es getan hatte. Die Europäer hatten die Fähigkeit zum Frieden verloren. Amerikaner oder Japaner resignierten vor dem offenkundigen Chaos, aus dem die Alte Welt nicht herausfand. Die Urkatastrophe des Ersten Weltkrieges setzte sich fort in der dauernden Friedlosigkeit, die vorerst noch verdeckt blieb, weil die Staaten mit ihrer inneren Organisation beschäftigt waren. Die Verheißung des amerikanischen Präsidenten Wilson, die Welt durch mehr Demokratie sicherer zu machen, hatte schnell ihren lockenden Reiz verloren. Die liberal-bourgeoise Gesellschaft in den »westlichen Demokratien« schien unfähig zu sein, sich grundsätzlich zu erneuern. Zweifel wurden überall laut, ob die parlamentarische Demokratie das geeignete Mittel sei, um für die heftig umstrittenen Fragen vom Verhältnis von Autorität und Freiheit, Individuum und Gesellschaft, Kapital und Arbeit praktische Lösungen zu finden und deren Widersprüche aufzuheben. Die Enttäuschung der Kriegsgeneration, die im »Graben« in überraschenden Kombinationen von Verantwortung und freier Selbstbestimmung eine unbürgerliche Existenzform erlebt hatte, war allerorten groß. Es schien an der Zeit, den Bürgern, die ihre ureigensten Interessen mit den allgemeinen verwechselten, den Staat und die Nation zu entreißen.

Für welche Idee, für welche Art von Staatsnation und Nationalstaat hatten Millionen gekämpft? Der Sozialismus in seinen vielen Varianten sprach von einem friedenstiftenden Internationalismus. Als dessen Voraussetzung wurde der Sozialismus in nationaler Gestalt betrachtet. Im Vergleich zu dem »Westen«, von dem die alten Männer der Vorkriegszeit sprachen, wirkten die Versuche, die Kräfte das Nationalismus mit denen des Sozialismus zu bündeln, ungleich anziehender, weil den Ideen und Gestalten aus der abgewirtschafteten Welt von Gestern weit überlegen. In den 1920er-Jahren begannen die Experimente mit autoritären Systemen aller Art, um die Demokratie zu überwinden und zu neuen Formen politischer Mitbestimmung jenseits des sowjetischen oder amerikanischen Weges zu finden. Das Ergebnis war eine völlig neue Ideologisierung der Politik.

Demokratisierung und Amerikanisierung

Liberale Engländer konnten den Europäern ihren Konstitutionalismus gelegentlich sehr aufdringlich als Heilmittel gegen alle Übel empfehlen, dennoch unterhielten sie die meiste Zeit ganz pragmatisch vernünftige und unaufgeregte Beziehungen zu allen Staaten, ob diese nun britischen Ratschlägen folgten oder nicht. Die Beziehungen blieben in Europa bis 1914 von weltanschaulichem Übereifer frei. Das änderte sich während des Krieges und danach unter dem Eindruck des sowjetischen Kommunismus und des mit ihm konkurrierenden Demokratismus der USA – zwei Welterlösungslehren, die beanspruchten, das 20. Jahrhundert verändernd und gestaltend als ihr Jahrhundert zu prägen. Die autoritären Gegenentwürfe in Europa verfügten über keine weltweit werbende Wirkung, weil sie unabhängig von der Nation keine suggestive Bedeutung besaßen. Wollten Europäer sich der Menschheit mitteilen, mussten sie auf amerikanische oder sowjetische Vorstellungen zurückgreifen. Auch das gehört zu der Urkatastrophe, die 1914 begann. Ideologien als innerweltliche Glaubenslehren sind ihrem Wesen nach polemisch und aggressiv. Sie streben nach der Vereinheitlichung der einen Welt, in der die Menschheit sich, von allen lästigen Unterschieden befreit, an ihrer Einheit freut, weil sie sich am Ziel der Geschichte angekommen wähnt. Die US-Amerikaner hatten sich seit der revolutionären Gründung ihrer Union stets als die großen Befreier verstanden, die als das Licht der Welt wirken und sie von allen Übeln und jedem Bösen erlösen.

Das ginge nicht ohne nötigende Gewalt, wie Wilson im Juli 1917 sagte. Wenn dieser Krieg vorbei sei, dann könnten die USA die Europäer zwingen, sich ihrem Denken anzupassen: »We can force them to our way of thinking.« Ein religiös bewegter Brite – William T. Stead – erklärte im Jahr 1902 die »americanisation of the world«, die für ihn identisch war mit ihrer »westernization«, der Verwestlichung, zum Trend des 20. Jahrhunderts. Er riet den Europäern, sich gegen diese von Gott gewollte Richtung der Geschichte nicht zu wehren. Die Europäer hätten ihre Zeit gehabt. Auch eine Union der europäischen Staaten könne diese Entwicklung nicht aufhalten. Die rapide Amerikanisierung begann in den Zwanziger Jahren, bewusst in Konkurrenz zur Sowjetunion, die ebenfalls eine neue Weltordnung durchsetzen wollte. Eine umfassende Friedensordnung, wie sie zwischen 1648 und 1814 nach langen Kriegen dauerhaft geschaffen werden konnte, blieben diese beiden Mächte der Welt allerdings schuldig, obwohl sie deren Zukunft bewusst gestalten wollten. Nach dem Zweiten Weltkrieg kam es zu gar keinem allgemeinen Friedensvertrag. Der Friede, den die Welt nach 1945 genoss, bedeutete lediglich die Abwesenheit des Krieges. Er äußerte sich als Kalter Krieg, in den Gegengewichten der wechselseitigen Abschreckung, deren prekäre Balance in einer sehr bescheiden gewordenen Welt am Ende des 20. Jahrhunderts gar mit der antiken Pax Romana verglichen wurde.

Europa geht im Westen auf

Der Zusammenbruch des sowjetischen Imperiums stimmte anfänglich viele erwartungsfroh, nun der neuen Weltordnung amerikanischer Prägung entgegenzueilen, der einen Welt als einstimmiges, auch einsilbiges Universum jenseits des verwirrenden Pluriversums, als das sich die politische Welt – vor allem unter europäischen Einfluss – bis dahin organisiert hatte. Aber eine Macht, die als Supermacht die gesamte Welt als Interventionsraum betrachtet, schafft kein neues Gleichgewicht. Denn sie sieht im Wettbewerb eine Gefahr für ihre Bewegungsfreiheit und will ihre Überlegenheit vor jedem Einspruch oder Widerspruch schützen. Die Zerstörung des europäischen Gleichgewichts ab 1914 hat vorerst die Welt aus dem Gleichgewicht gebracht und zum Monopol der einen, unersetzlichen Nation geführt, die auf ihre absolute Sicherheit bedacht ist, vollständig davon überzeugt, dass alles, was den USA nutzt, für die Menschheit nützlich ist. Mit der Idee der einen zu amerikanisierenden und zu verwestlichenden Welt ist untrennbar der alte Feindbegriff verknüpft, der Ungerechte und Böse, jetzt Schurke oder Schurkenstaat genannt. Der Feind bleibt weiter, wie schon in Paris, ein Verbrecher, ein Krimineller, der mit Strafe rechnen muss. Heute sind Kriege endgültig wieder gerechte Kriege geworden und werden als Strafaktionen geführt.

Die moralische Aufrüstung »des Westens« zu einer Wertegemeinschaft hat die Welt nicht sicherer und friedlicher gemacht. Denn Werte hängen von jenen ab, die Werte setzen, sie aufwerten, abwerten, umwerten, im steten Bemühen, ihren Werten möglichst alleinige Geltung zu verschaffen. Im Einsatz für ihre Höchstwerte fühlen sie sich dazu berufen, die minderen Werte oder gar Unwerte energisch zu bekämpfen, wobei allein sie entscheiden, was wertvoll und was wertlos ist. »Der Westen« beansprucht alles Gute und Erhabene für seine Sphäre und damit auch das Recht, denjenigen als Feind zu brandmarken, der seine Werte nicht teilt oder ihn daran hindern möchte, die Welt nach seinen Vorstellungen zu führen. Der Gute ist immer im Recht, da er aufgrund seiner Werte einfach recht hat. Nach Kriegen bedarf es daher keines ausdrücklich vereinbarten Friedens mehr, weil diese Kriege zu Erziehungsmaßnahmen für Straffällige und Strafwürdige geworden sind, die anschließend der Umerziehung zu westlichem Wertebewusstsein unterworfen werden.

In Europa nahm diese Entwicklung 1914 ihren Anfang. Und Europa hat sich davon seit dem Frieden von 1919, der nur ein unverträglicher Waffenstillstand war, nie mehr erholt, trotz allen äußeren Wohlstands im wirtschaftlich vereinigten Westeuropa. Europa ist weiterhin gespalten, weil eine klassische Großmacht der Pentarchie, Russland, von ihm ausgeschlossen bleibt. Ohne Russland kann Europa nicht zu einer dauerhaften Ordnung gelangen. Die arabische Welt um das Mittelmeer und im Nahen Osten, Teil unserer gemeinsamen Welt, ist seit dem Ersten Weltkrieg nie mehr zur Ruhe gekommen. Jugoslawien hat sich aufgelöst, die Tschechoslowakei gibt es nicht mehr, und das Kriegsziel der Briten aus dem Krimkrieg von 1853–56 oder der Deutschen, erreicht im Frieden von Brest-Litowsk 1918, ist heute das Ziel der NATO: Russland tief in den Osten zurückzudrängen. Die Ungarn hadern weiter mit dem Vertrag von Trianon, die Polen bleiben beherrscht von ihrer Geschichte als Leidensgeschichte, und die Deutschen machen vor allem weltweit Geschäfte, wozu sie sich gerade wegen ihrer Geschichte ganz besonders aufgefordert fühlen. Das

Selbstbestimmungsrecht der Völker wird immer noch als Grundrecht gefeiert.

Aber die Nationen werden sich selber immer fragwürdiger, nicht weil sie sich nach Europa sehnen, sondern es sie nach kleinen, überschaubaren Einheiten verlangt wie vor der Französischen Revolution und den die Vielfalt erstickenden nationalen Konstruktionen. Die Katalanen, Basken oder Galicier in Spanien, die Norditaliener, die Flamen, die Schotten oder die Friesen streben hinaus aus ihren Staaten. Was aus diesem Begehren wird und welches seine Folgen sein werden, ist ungewiss. Europa taumelt weiter vor sich hin und sucht Halt im ideologisierten Westen, der es von der Last befreien soll, nach vielen Kriegen, Schrecken und Trostlosigkeiten mit sich selbst ins Reine zu kommen. Zu einem Frieden hat das aus dem Gleichgewicht geratene Europa als Ganzes nach 1914 nie mehr gefunden. Während des Ersten Weltkriegs hörte Europa als geistiger Begriff auf zu existieren. »Kein Zweifel, dass von seiner Wiederherstellung unser geistiges Weiterleben abhängt«, wie Hugo von Hofmannsthal 1925 anmerkte. Zu dieser Wiederherstellung ist es nie gekommen.

Zeittafel

1789   4. Juli: Sturm auf die Bastille. Beginn der Französischen Revolution.

1792   20. April: Kriegserklärung Frankreichs an Österreich. Beginn der Kriege, die sich zu europäischen Kriegen ausweiten und bis 1814 dauern.

1795   5. April: Sonderfriede von Basel zwischen Frankreich und Preußen, das bis 1806 neutral bleibt.
24. Oktober: Dritte und endgültige Teilung Polens zwischen Russland, Preußen und Österreich.

1799   9. November (18. Brumaire): Staatsstreich Napoleons. Er wird Erster Konsul der Republik.

1804   2. Dezember: Napoleon krönt sich nach der Salbung durch Papst Pius VII. in der Pariser Kathedrale Notre-Dame selbst zum Kaiser der Franzosen.

1806   6. August: Kaiser Franz II. legt unter dem Druck Napoleons die Römisch-deutsche Kaiserwürde nieder. Dies ist das formale Ende des Heiligen Römischen Reiches deutscher Nation.

1812 24. Juni: Beginn von Napoleons Russlandfeldzug. Nach dem Brand von Moskau beginnt am 19. Oktober der Rückzug seiner »Großen Armee«, die völlig aufgerieben wird.

1813 28. Februar: Bündnis von Kalisch zwischen Russland und Preußen. Beginn der Befreiungskriege. Österreich tritt der Koalition am 12. August bei. 16.–19. Oktober: Völkerschlacht bei Leipzig.

1814 1. März: Quadrupelallianz von Chaumont zwischen Großbritannien, Österreich, Russland und Preußen. 31. März: Einzug der Verbündeten in Paris. 6. April: Abdankung Napoleons. Exil auf Elba. 30. Mai: Mit der Regierung König Ludwigs XVIII. wird der Erste Friede von Paris vereinbart. 18. September: Eröffnung des Wiener Kongresses.

1815 1. März: Landung Napoleons bei Cannes. 9. Juni: Abschluss des Wiener Kongresses. 18. Juni: Gemeinsamer Sieg der Preußen und Engländer unter dem Oberbefehl Blüchers und Wellingtons bei Belle Alliance oder Waterloo. 7. Juli: Paris wird abermals eingenommen. 26. September: Unterzeichnung der von dem russischen Kaiser Alexander I. entworfenen und von Metternich redigierten Heiligen Allianz. 20. November: Zweiter Friede von Paris.

1818 29. September: Eröffnung des Aachener Kongresses, der bis zum 21. November dauert. Mit ihm beginnt die Kongressdiplomatie des europäischen Konzerts.

1819   25. November: Mit der Wiener Schlussakte kon-
        stituiert sich der Deutsche Bund. Sie tritt am 8. Juni
        1820 in Kraft.

1820   20. Oktober bis 20. Dezember: Troppauer Fürsten-
        kongress.

1821   26. Januar bis 12. Mai: Laibacher Kongress.

1822   1. Januar: Ausrufung der Unabhängigkeit Griechen-
        lands auf dem Nationalkongress von Epidauros.
        20. Oktober bis 14. Dezember: Der Veroneser Kon-
        gress ist der vierte und letzte der sogenannten Mo-
        narchenkongresse.

1823   7. April: Einmarsch französischer Truppen (»Die
        Hunderttausend Söhne des Heiligen Ludwig«) in
        Spanien, um die absolute Monarchie König Ferdi-
        nands VII. wiederherzustellen.

1825   Die britische Regierung unter Premierminister
        George Canning erkennt die Unabhängigkeit der
        südamerikanischen Staaten von Spanien und die
        Monroe-Doktrin der USA (Interventionsverbot für
        europäische Mächte in der westlichen Hemisphäre)
        an.

1830   3. Februar: Im Londoner Protokoll wird die Unab-
        hängigkeit Griechenlands von Russland, Frankreich
        und England anerkannt.
        27.–29. Juli: Julirevolution in Frankreich. Karl X.
        tritt zurück. Louis Philippe, Herzog von Orléans,

wird vom Parlament zum König der Franzosen ausgerufen. Beginn des Bürgerkönigtums.

1830   18. November: Der belgische Nationalkongress be-
schließt die Unabhängigkeit Belgiens von den Niederlanden.
29. November: Aufstand in Warschau.

1831   20. Januar: Auf der Londoner Konferenz der fünf
Großmächte wird Belgiens Souveränität anerkannt
und dessen Neutralität garantiert.
4. Juni: Leopold von Sachsen-Coburg und Gotha
wird zum König der Belgier gewählt.
7. September: General Iwan F. Paskewitsch erobert
Warschau. Die polnische Verfassung wird aufgehoben.

1833   29. September: Die dreijährige Isabella wird zur
Nachfolgerin ihres Vaters Ferdinand VII. als künftige Königin Isabella II. bestimmt. Der Infant Carlos
beansprucht seinerseits den Thron und löst damit
die Carlistenkriege, die zu einer europäischen Affäre
werden.

1839   31. August: Vertrag von Vergara. Vorläufiges Ende
des Bürgerkrieges in Spanien, Isabella II. wird als
Königin anerkannt.

1840   15. Juli: Londoner Protokoll. Die vier Großmächte
Großbritannien, Russland, Österreich und Preußen
unterstützen die Türkei gegen das rebellische Ägypten, das von Frankreich unterstützt wird.

1841   13. Juli: Zweite Londoner Konvention oder Meerengenvertrag der fünf Großmächte Großbritannien, Russland, Österreich, Preußen und Frankreich mit dem Osmanischen Reich. Die Dardanellen bleiben in Friedenszeiten für nichttürkische Kriegsschiffe gesperrt.

1848   21. Februar: Ausbruch der Revolution in Paris, die bald viele Staaten in Europa ergreift. Sie wird nach und nach überall niedergeschlagen.

18. Mai: Eröffnung der Frankfurter Nationalversammlung in der Frankfurter Paulskirche.

2.–12. Juni: Slawenkongress in Prag, auf dem die Föderalisierung Österreichs gefordert wird.

31. Oktober: Wien wird von kaiserlichen Truppen eingenommen.

2. Dezember: Erzherzog Franz Joseph wird nach der Abdankung Ferdinands I. als Franz Joseph I. Kaiser von Österreich und König von Böhmen.

5. Dezember: Friedrich Wilhelm IV. verkündet nach der Auflösung der Preußischen Nationalversammlung eine Verfassung, die 1850 in Kraft tritt.

10. Dezember: Louis Napoléon gewinnt die Wahl zum französischen Staatspräsidenten.

1849   23. März: Josef Graf Radetzky siegt in der Schlacht bei Novara über das Königreich Sardinen-Piemont.

28. März: Die Paulskirchenverfassung wird in Frankfurt am Main als Verfassung des deutschen Reiches verkündet. Preußens König Friedrich Wilhelm IV. lehnt die ihm angebotene Reichskrone im April ab.

13. August: Die Ungarn kapitulieren bei Vilagos vor den russischen Truppen, die Österreich zu Hilfe gerufen hatte.

1852   8. Mai: Londoner Protokoll der Großmächte Großbritannien, Russland, Österreich, Preußen und Frankreich sowie der Ostseemächte Dänemark und Schweden zu Schleswig-Holstein.
2. Dezember: Nach einem Plebiszit zur Wiederherstellung des Kaisertums wird Louis Napoléon als Napoleon III. zum Kaiser der Franzosen ausgerufen.

1853   28. Juli: Wiener Note der Großmächte zu den Auseinandersetzungen zwischen Russen und Türken.
16. Oktober: Mit der Kriegserklärung des Osmanischen Reiches an Russland beginnt der Krimkrieg.

1854   27./28. März: Kriegserklärung Frankreichs und Englands an Russland.

1856   30. März: Friede von Paris.

1859   24. Juni: Schlacht bei Solferino im Krieg Sardiniens und Frankreichs gegen Österreich.
10. November: Friede von Zürich. Österreich tritt die Lombardei ab. Beginn der italienischen Einigung.

1861   14. März: Viktor Emanuel II. von Sardinien wird vom italienischen Parlament zum König von Italien proklamiert.

1866   3. Juli: Niederlage Österreichs im Deutschen Krieg in der Schlacht bei Königgrätz.
23. August: Friede von Prag. Österreich scheidet aus dem Deutschen Bund aus.
3. Oktober: Friede von Wien. Italien gewinnt durch französische Vermittlung Venetien.

1870   19. Juli: Französische Kriegserklärung an Preußen.

1871   18. Januar: Im Spiegelsaal des Schlosses zu Versailles wird Wilhelm I. von Preußen zum Deutschen Kaiser ausgerufen.
10. Mai: Friede von Frankfurt zwischen dem Deutschen Reich und Frankreich, das Elsass-Lothringen abtreten muss.

1873   22. Oktober: Dreikaiserabkommen zwischen dem Deutschen Reich, Russland und Österreich.

1877   10. Dezember: Russische Truppen erobern im Krieg mit der Türkei die Festung Plevna. Vormarsch bis nach Konstantinopel.

1878   13. Juni bis 13. Juli: Berliner Kongress zur Beilegung der orientalischen Krise. Rumänien, Serbien und Montenegro werden unabhängige Staaten, Bulgarien wird zum autonomen Fürstentum innerhalb des Osmanischen Reiches, Österreich-Ungarn darf Bosnien und die Herzegowina besetzen.

1879   7. Oktober: Zweibund zwischen dem Deutschen Reich und Österreich-Ungarn.

1880   Konferenz der Großmächte in Madrid über die europäischen Schutzrechte in Marokko.

1881   18. Juni: Dreikaiservertrag – ein Neutralitätsabkommen zwischen dem Deutschen Reich, Österreich-Ungarn und Russland.

1882   20. Mai: Dreibund zwischen Italien, Österreich-Ungarn und dem Deutschen Reich.

1884   15. November: Beginn der Berliner Kongo-Konferenz zur Regelung der Aufteilung Afrikas.

1886   6. September: Fürst Alexander von Bulgarien verkündet die Vereinigung Ostrumeliens mit Bulgarien, was zum Krieg mit Serbien führt und zu einer großen europäischen Krise, welche die Großmächte bis 1888 beschäftigt.

1890   23. Mai: Nichtverlängerung des Rückversicherungsvertrag mit Russland durch das Deutsche Reich.

1892   17. August: Russisch-Französische Militärkonvention, vorerst auf drei Jahre befristet.

1898   25. April: Kriegserklärung der USA an Spanien, das im Frieden von Paris Kuba und die Philippinen verliert.

1899   18. Mai bis 29. Juli: Erste Haager Friedenskonferenz auf Vorschlag Russlands über Abrüstung und Kriegsrechtsfragen.

1904   8. Februar: Angriff der Japaner auf den Hafen Port
        Arthur. Beginn des Russisch-Japanischen Krieges.
        8. April: Verständigung Englands mit Frankreich
        über Kolonialfragen, Beginn der Entente cordiale.

1905   5. September: Friede von Boston zwischen Russland
        und Japan.

1906   16. Januar bis 7. April: Konferenz von Algeciras zur
        Lösung der Ersten Marokkokrise.

1907   31. August: Vertrag von Sankt Petersburg zwischen
        England und Russland über die Abgrenzung der bei-
        derseitigen Interessensphären in Zentralasien.

1908   5. Oktober: Österreich-Ungarn annektiert Bosnien-
        Herzegowina.

1911   29. September: Beginn des Italienisch-Türkischen
        Krieges.

1912   25. September: Montenegro erklärt der Türkei den
        Krieg und löst damit den Ersten Balkankrieg aus, an
        dem alle Balkanstaaten beteiligt sind.
        18. Oktober: Friede von Lausanne. Italien erhält Tri-
        polis und die Cyrenaika.

1913   30. Mai: Londoner Vertrag. Die Großmächte vermit-
        teln den Frieden auf dem Balkan.
        29. Juni: Bulgarien greift Serbien und Griechenland
        an, Beginn des Zweiten Balkankrieges.
        10. August: Friede von Bukarest.

1914 28. Juni: Attentat auf Erzherzog Franz Ferdinand von Österreich-Este in Sarajevo. Beginn der Julikrise, die zum Ersten Weltkrieg führt.

1918 11. November: Waffenstillstand von Compiègne.

1919 18. Januar: Eröffnung der Friedenskonferenz in Paris.
29. April: Die Verfassung des Völkerbundes wird von der Vollversammlung der am Friedenskongress beteiligten Staaten angenommen.
28. Juni: Unterzeichnung des Friedensvertrages mit dem Deutschen Reich in Versailles.
10. September: Vertrag von Saint-Germain über die Auflösung der österreichischen Reichshälfte Österreich-Ungarns und die neue Republik Deutschösterreich.
27. November: Friedensvertrag mit Bulgarien in Neuilly.

1920 4. Juni: Friedensvertrag mit Ungarn in Trianon.

Ausgewählte Literatur

Angelow, Jürgen: *Der Weg in die Urkatastrophe. Der Zerfall des alten Europa 1900–1914*, Berlin-Brandenburg 2010.

Baranger, Valérie: *Rivarol face à la révolution française*, Versailles 2007.

Baumgart, Winfried: *Vom europäischen Konzert zum Völkerbund. Friedensschlüsse und Friedenssicherung von Wien bis Versailles*, Darmstadt, 1974.

Bell, David A.: *The Cult of the Nation in France. Inventing Nationalism 1680–1800*, Cambridge, Mass., 2001.

– *The First Total War. Napoleon's Europe and the Birth of Warfare as We Know it*, Boston 2007.

Bertier de Sauvigny, Guillaume de: *La restauration*, Paris 1955.

– *Metternich et son temps*, Paris 1959.

– *Metternich et la France après le congres de Vienne*, 2 Bde., Paris 1968.

Bew, John: *Castlereagh. Enlightenment, War and Tyranny*, London 2013.

Black, Jeremy: *The Battle of Waterloo*, New York 2010.

Blanning, Timothy C. W.: *The French Revolution in Germany. Occupation and Resistance in the Rhineland 1792–1802*, London 1983.

– *The French Revolutionary Wars 1787–1802*, London 1996.

- (Hrsg.): *The Rise and Fall of the French Revolution*, Chicago und London 1996.
- *The Culture of Power and the Power of Culture. Old Regime Europe 1660–1789*, Oxford 2002.
- *The Pursuit of Glory. The Five Revolutions that Made Modern Europe: 1648–1815*, London 2007.
- *The Romantic Revolution*, London 2011.

Bobroff, Ronald Park: *Roads to Glory. Late Imperial Russia and the Turkish Straits*, London 2006.

Boemeke, Manfred F. / Gerald D. Feldman / Elisabeth Glaser (Hrsg.): *Treaty of Versailles. A Reassessment after 75 Years*, Cambridge 1998.

Bordonove, Georges: *Talleyrand*, Paris 2007.

Bosselmann, Klaus: *Der Widerstand gegen die Repräsentativverfassung. Die Bemühungen um die Errichtung des Repräsentativsystems bis zu ihrer Absage durch den k. k. Hofrath Friedrich von Gentz (1819)*, Berlin, Freie Universität, 1979.

Bourquin, Maurice: *Histoire de la Sainte-Alliance*, Genf 1954.

Brinton, Crane: *Europa im Zeitalter der französischen Revolution*. Aus dem Engl. übers., Wien 1948.

Buch, Florian: *Große Politik im neuen Reich. Gesellschaft und Außenpolitik in Deutschland 1867–1882*, Kassel 2004.

Bullen, Roger: *Palmerston, Guizot and the Collapse of the Entente Cordiale*, London 1974.

Canis, Konrad: *Bismarcks Außenpolitik 1870–1890. Aufstieg und Gefährdung*, Paderborn 2004.

- *Von Bismarck zur Weltpolitik. Deutsche Außenpolitik 1890–1902*, Berlin 1997.
- *Der Weg in den Abgrund. Deutsche Außenpolitik 1902–1914*, Paderborn 2011.

Clark, Christopher: *Die Schlafwandler. Wie Europa in den Ersten Weltkrieg zog.* Aus dem Engl. übers., München 2013.

Chamberlain, Muriel E.: *Pax Britannica? British Foreign Policy 1789–1914*, London 1989.

Charmley, John: *Splendid Isolation? Britain, the Balance of Power and the Origins of the First World War,* London 1999.

Duchhardt, Heinz: *Der Westfälische Friede. Diplomatie – politische Zäsur – kulturelles Umfeld – Rezeptionsgeschichte*, München 1998.

Echard, William E.: *Napoleon III. and the Concert of Europe*, Baton Rouge / London 1983.

Furet, François: *Penser la révolution française*, Paris 1978.

Gollwitzer, Heinz: *Europabild und Europagedanke. Beiträge zur deutschen Geistesgeschichte des 18. und 19. Jahrhunderts*, 2. neubearb. Aufl., München 1964.

Griewank, Karl: *Der Wiener Kongress und die Europäische Restauration 1814/15*, Leipzig 1954.

Gulick, Edward Vose: *Europe's Classical Balance of Power*, New York 1967.

Hayes, Bascom Barry: *Bismarck and Mitteleuropa*, London / Toronto 1994.

Hillgruber, Andreas: *Die Zerstörung Europas. Beiträge zur Weltkriegsepoche 1914 bis 1945*, Frankfurt am Main / Berlin 1988.

King, David: *Vienna 1814. How the Conquerors of Napoleon Made Love, War, and Peace at the Congress of Vienna*, New York 2008.

Holbraad, Carsten: *The Concert of Europe. A Study in German and British International Theory*, London 1970.

Kissinger, Henry A.: *Das Gleichgewicht der Großmächte.*

Metternich, Castlereagh und die Neuordnung Europas 1812–1822, Zürich 1986.

Kraehe, Enno E.: *Metternich's German Policy*, 2 Bde., Princeton 1963–83.

Kraus, Karl: *Politisches Gleichgewicht und Europagedanke bei Metternich*, Frankfurt am Main 1993.

Lahme, Rainer: *Deutsche Außenpolitik 1890–1894. Von der Gleichgewichtspolitik Bismarcks zur Allianzstrategie Caprivis*, Göttingen 1990.

Leanca, Gabriel: *La politique extérieure de Napoléon III*, Paris 2011.

Lentz, Thierry: *Le congrès de Vienne. Une refondation de l'Europe 1814–1815*, Paris 2013.

Leonhard, Jörn: *Die Büchse der Pandora. Geschichte des Ersten Weltkriegs*, München 2014.

Lieven, Dominic: *Russia against Napoleon. The Battle for Europe, 1807–1814*, London 2010.

Losurdo, Domenico: *Controstoria del liberalismo*, Mailand 2005.

Luard, Evan: *The Balance of Power. The System of International Relations, 1648–1815*, London 1992.

Mansel, Philip: *Louis XVIII*, London 1981.

– *Prince of Europe. The life of Charles-Joseph de Ligne*, London 2003.

Mitchell, Leslie: *The Whig World, 1760–1837*, London 2005.

Mombauer, Annika: *Die Julikrise. Europas Weg in den Ersten Weltkrieg*, München 2014.

Mori, Jennifer: *The Culture of Diplomacy. Britain in Europe, c. 1750–1830*, Manchester / New York 2010.

Neitzel, Sönke: *Weltmacht oder Untergang. Die Weltreichslehre im Zeitalter des Imperialismus*, Paderborn 2000.

Nofri, Gaël: *Napoléon III: visionnaire de l'Europe des nations*, Paris 2011.

Neutatz, Dietmar: *Träume und Alpträume. Ein Geschichte Russlands im 20. Jahrhundert*, München 2013.

Nicolson, Harold: *Der Wiener Kongress oder Über die Einigkeit unter Verbündeten, 1812–1822*. Aus dem Engl. übers., Zürich 1946.

– *Diplomacy*, London 1969.

Palmer, Alan: *Glanz und Niedergang der Diplomatie. Die Geheimpolitik der europäischen Kanzleien vom Wiener Kongress bis zum Ausbruch des Ersten Weltkriegs*, Hamburg, 1986.

– *Verfall und Untergang des Osmanischen Reiches*, München / Leipzig 1992.

Porter, Bernard: *Britain, Europe and the World 1850–1982. Delusions of Grandeur*, London 1982.

Pflanze, Otto: *Bismarck and the Development of Germany*, 3 Bde., Princeton 1990 (dt. *Bismarck*. Bd. 1: *Der Reichsgründer*; Bd. 2: *Der Reichskanzler*. Aus dem Engl. übers., München 1998 und 2001).

Pyta, Wolfram (Hrsg.): *Das europäische Mächtekonzert. Friedens- und Sicherheitspolitik vom Wiener Kongress 1815 bis zum Krimkrieg 1853*. Unter Mitarbeit von Philipp Menger, Köln / Wien / Weimar 2009.

Rich, Norman: *Why the Crimean War? A Cautionary Tale*, Hanover / London 1985.

Scott, Hamish (Hrsg.): *Cultures of Power in Europe during the Long Eighteenth Century*, Cambridge 2007.

Schiemann, Theodor: *Geschichte Russlands unter Kaiser Nikolaus I.* 4 Bde., Berlin 1904–1919.

Schmitt, Carl: *Der Nomos der Erde im Völkerrecht des Jus Publicum Europaeum*, Köln 1950.

- *Theorie des Partisanen. Zwischenbemerkung zum Begriff des Politischen*, Berlin 1963.

Schroeder, Paul W.: *The Transformation of European Politics, 1763–1848*, Oxford 1994.

- *Metternich's Diplomacy at its Zenith 1820–23*, Austin 1962.

Schwarz, Wilhelm: *Die Heilige Allianz. Tragik eines europäischen Friedensbundes*, Stuttgart 1935.

Sharp, Alan: *The Versailles Settlement. Peacemaking in Paris, 1919*, London 1991.

- *Consequences of Peace. The Versailles Settlement: Aftermath and Legacy 1919–2010*, London 2010.

Simms, Brendan: *The Struggle for Mastery in Germany, 1779–1850*, London 1989.

- *Europe. The Struggle for Supremacy, 1453 to the Present*, London 2013.

Sked, Alan: *Europe's Balance of Power, 1815–1848*, New York 1979.

- *Der Fall des Hauses Habsburg. Der unzeitige Tod eines Kaiserreichs*. Aus dem Engl. übers., Berlin 1993.

- *Metternich and Austria. An evaluation*, London 2008.

Srbik, Heinrich von: *Metternich, der Staatsmann und der Mensch*, 2 Bde., München 1957 (Nachdruck).

Straub, Eberhard: *Drei letzte Kaiser. Der Untergang der großen europäischen Dynastien*, Berlin 1998.

- *Kaiser Wilhelm II. in der Politik seiner Zeit. Die Erfindung des Reiches aus dem Geist der Moderne*, Berlin 2008.

Straus, Hannah Alice: *The Attitudes of the Congress of Vienna toward Nationalism in Germany, Italy and Poland*, New York 1949.

Taranto, Michela: *Un pensiero in azione: Robespierre tra democrazia liberale e democrazia radicale*, Neapel 2006.

Waresquiel, Emmanuel de: *Talleyrand: le prince immobile*, Paris 2006.

Webster, Charles: *The Congress of Vienna 1814–1815*, London 1963.

– *The Foreign Policy of Castlereagh, 1812–15. Britain and the Reconstruction of Europe*, London 1963

Wentker, Hermann: *Zerstörung der Großmacht Russland? Die britischen Kriegsziele im Krimkrieg*, Göttingen / Zürich 1993.

Zamoyski, Adam: *Rites of Peace. The Fall of Napoleon and the Congress of Vienna*, London 2007.

Abbildungsnachweis